甘肃省文化旅游发展研究丛书

新时代
甘肃省文化旅游产业发展
新战略

New Development Strategy of Cultural Tourism Industry in
Gansu Province

把多勋 张平保 陈芳婷 等 著

中国社会科学出版社

图书在版编目（CIP）数据

新时代甘肃省文化旅游产业发展新战略／把多勋等著．—北京：中国社会科学出版社，2021.4

（甘肃省文化旅游发展研究丛书）

ISBN 978-7-5203-8042-3

Ⅰ.①新… Ⅱ.①把… Ⅲ.①地方旅游业—旅游业发展—经济发展战略—研究—甘肃 Ⅳ.①F592.742

中国版本图书馆 CIP 数据核字（2021）第 040856 号

出 版 人	赵剑英	
责任编辑	马　明	
责任校对	王　帅	
责任印制	王　超	

出　　版	中国社会科学出版社	
社　　址	北京鼓楼西大街甲 158 号	
邮　　编	100720	
网　　址	http://www.csspw.cn	
发 行 部	010-84083685	
门 市 部	010-84029450	
经　　销	新华书店及其他书店	
印　　刷	北京明恒达印务有限公司	
装　　订	廊坊市广阳区广增装订厂	
版　　次	2021 年 4 月第 1 版	
印　　次	2021 年 4 月第 1 次印刷	
开　　本	710×1000　1/16	
印　　张	17	
插　　页	2	
字　　数	270 千字	
定　　价	89.00 元	

凡购买中国社会科学出版社图书，如有质量问题请与本社营销中心联系调换
电话：010-84083683
版权所有　侵权必究

《甘肃省文化旅游发展研究丛书》
编委会

主 任 委 员：把多勋
副主任委员：梁旺兵　王耀斌
委　　　员：杨阿莉　冯玉新　欧阳正宇
　　　　　　魏宝祥　毛笑文　王　力　柴亚林
　　　　　　安智海　彭睿娟　种　媛　万抒佳
　　　　　　武克军

总　序

把多勋

　　党的十八大以来，建设社会主义文化强国的国家战略摆在了更加突出、更加重要的位置，中华文化正迎来一个繁荣发展的黄金期。在中国40多年的经济发展中，文旅产业作为中国产业经济发展中的重要产业，天然承载着传播中华文化、彰显文化自信的时代使命，是推进中国文化"走出去"、提升中华文化软实力的重要途径。甘肃省作为中国文化资源大省，是中国文旅产业融合发展中的一个特殊地区，长期以来，由于发展起点、基础、条件、区位等方面的原因，甘肃省文旅产业发展长期落后于其他地区。但可喜的是，近十年来，甘肃文旅产业持续保持着高速增长的良好态势，全省旅游总收入年增长率连续多年位居全国前列，文旅产业已然跃升为甘肃省十大生态产业之首，其作为甘肃省经济社会发展的战略性支柱产业的地位也起发鲜明。在这样崭新的国家战略与时代背景下，破解甘肃文旅产业发展的潜在制约、持续拓宽甘肃文旅产业发展的增长空间、寻求提高甘肃文旅产业发展阈值的新型战略，对促进甘肃省文旅产业的可持续与高质量发展、充分挖掘与彰显甘肃省厚重的各类文化资源的巨大魅力、推进甘肃经济社会发展与现代化进程具有重大意义，也显得尤为紧迫。

　　我们将以作为我国华夏文明重要的发源地与宝库地的甘肃省为研究对象，在长时间跨度内系统梳理甘肃省文化旅游产业发展的历史逻辑和产业逻辑，探索甘肃省作为经济欠发达但文化旅游资源富集的典型区域文化旅游产业发展的一般规律和发展模式，考虑在新时代将甘肃省文化旅游产业发展的战略体系、甘肃省民族文化与旅游产业融合发展的一般规律与方式、甘肃省生态文明建设与生态旅游产业发展的关系、甘肃省放大文化旅游产业综合效应等一系列理论与现实问题作为研究内容，较为系统和有一定深度地研究甘肃省文化旅游发展的问题，以期为蓬勃发展的甘肃省文化旅游产业提供实践上的有益启示和借鉴，也试图以甘肃省为蓝本，通过对甘肃省区域文化旅游产业发展的理论与实践问题进行初步探索，为形成和成熟中的中国区域文化旅游产业发展在学理上作出一些初步的和微薄的贡献。

2021 年 3 月

以文塑旅 以旅彰文[*]

——推动甘肃省文旅产业高质量发展的思考
（代序）

把多勋

  党的第十九届中央委员会第五次全体会议审议通过了《中共中央关于制定国民经济和社会发展第十四个五年规划和二〇三五年远景目标的建议》，为甘肃省制定"十四五"经济社会发展规划提供了根本遵循和规划指引。要充分考虑甘肃省经济社会发展的资源支撑、产业经济的比较优势以及发展使命制定发展目标，要精准研究和刻画"十四五"期间甘肃省经济社会发展的定性目标，科学制定甘肃省区域经济社会发展定位，在全国生态文明建设示范区、传统优势资源型产业转型升级发展示范区定位的基础上，将基于国内国际双循环相互促进的文化旅游产业发展引领区作为"十四五"时期甘肃省文化旅游产业发展的基本定位，并据此制定甘肃省"十四五"时期甘肃省文化旅游产业发展的目标体系和重点领域。

  作为华夏文明和中国文化最重要的生成地和宝库地，中国区域文化旅游有典型特征和价值的后发型文化旅游目的地，甘肃省有着发展现代文化旅游产业的极大潜质。疫情后，甘肃省文旅产业显示了强劲的回弹和发展潜力，全省文旅产业恢复的程度在 2020 年"十一"黄金周期间位居全国前列，西北五省前十位网红文旅景区甘肃省占有 6 席，以丝绸之路甘肃段为核心区段的"甘青大环线"成为了我国国内旅游最具发展潜力的旅游目的地，以"甘青大环线"为旅游目的地的西北旅游已成为我国"国内循环为主、国内国际双循环相互促进"的新发展格局的重要实

---

[*] 本文原载于《党的建设》2021 年第 2 期。

践，因此，"十四五"时期应当大力发挥文旅产业的先导和辐射作用，带动全省经济社会的全面进步和发展。

省会城市兰州作为区域中心城市、丝绸之路经济带重要的节点城市和联接中国新疆、青藏高原、内蒙古高原和中原腹地的区位中心城市，在西部城市群发展中有着重要的地位和作用。应该加大"十四五"期间"兰州—银川—西宁城市群"的区域发展战略力度，根据目前兰州、银川和西宁等西北城市群产业经济联系和发展的实际，宜率先将业已存在文化旅游关联的文旅产业发展作为兰银西城市群发展的龙头型产业，在此基础上，考虑相关产业的产业分工、产业协作和产业布局；甚至可以考虑在全国城市群总体发展格局层面上，将兰银西城市群打造为中国以文化旅游业态关联为特色优势的新型城市群。

甘肃省是我国历史文化悠久和文化资源富集的大省，必须通过文化的保护传承和文化脉络的梳理整理，尽快形成甘肃文化具有大尺度特征的发展思路。应当加快"十四五"期间全省文化发展的速度，对甘肃省文化发展的空间格局再审视和再研判，建议形成和发展甘肃以陇东南四市和定西市为主体的始祖文化与农耕文化片区、以两州两市为主体的黄河文化片区、以酒泉阿克塞县和肃北县、张掖肃南县与临夏甘南两州为主体的民族文化片区以及纵贯全省的丝绸之路文化片区，如此，"十四五"期间应当将"一带四片区"的空间格局视为甘肃省文旅产业发展的基本思路，在发展逻辑上，先通过"一带四片区"的文化发展体现甘肃文化的发展优势和特色，通过甘肃文化的发展支撑中国文化在"十四五"时期和二〇三五年文化发展远景目标的实现，并实现在新文化空间格局下甘肃省文化和旅游的新融合和文化旅游产业的新发展。

作为中国优秀传统文化、革命文化和社会主义现代文化重要的生成地和宝库地，甘肃省在中国文化建设中具有重要的地位和作用，甘肃省又是长城国家文化公园、长征国家文化公园和黄河文化保护传承和建设发展的重要区域，要将甘肃文旅产业的发展深度融入国家文化公园的建设和运行过程之中，通过国家文化公园建设使这四大文化片区成为中国文化保护传承和转型活化发展的标杆和特色省区。将国家文化公园建设和运行与甘肃省文化旅游产业发展深度融合，是甘肃省文化与旅游深度融合发展的又一重要文化平台，是甘肃省文化旅游融合发展的升级版。

在"一带四片区"的全省文化旅游发展空间格局中，几乎全省所有区域都属于国家文化公园所覆盖的空间区域，长城、长征和黄河三大文化遗产基本上都与全省文化旅游发展的核心片区重叠或交汇，这既是甘肃文化旅游未来发展的重大机遇，同时又是我们在"十四五"时期文化旅游产业发展的重要战略突破口。

党的十九届五中全会将文化强国战略定位为中国未来重要的远景目标，给甘肃省"十四五"时期文化旅游产业的发展指出了发展目标和宗旨。甘肃省要充分发挥自身的文化特色和优势，将"旅游+"的文旅融合发展思路转化为"+旅游"的文旅融合新发展思路是当务之急；在战略时序上，宜结合国家文化公园的建设和实践，将文化的保护传承、宣传展示和中国优秀文化标识体系的建设放在首位，以文塑旅；通过在大尺度文化空间下的文旅产业升级版的形成推动旅游产业的发展，使旅游产业的发展成为彰显和传播中国文化的重要产业途径，以旅彰文。在文化旅游产业发展的基本思路上，要从过去的"以旅游定文化"初级文旅发展方式向当下的"以文化定旅游"的高级文旅发展方式转变，以文化的面、线、点定位文旅的面、线、点，全面放大甘肃省悠久而丰富的文化旅游产业发展效应，助推甘肃省经济社会的全面进步和发展，实现"十四五"时期文化大省和文旅强省的发展目标。

2021 年 2 月

目 录

第一章 发展背景：文化保护传承与文旅融合发展 ……………（1）
 第一节 改革开放四十年：中国文化旅游融合发展的
    价值与趋势 ………………………………………（1）
 第二节 市场逻辑视野下的文化传承与发展 ……………（23）
 第三节 以文旅融合发展破解文化发展"悖论" …………（26）

第二章 发展战略：区域旅游产业发展研究 ………………（30）
 第一节 区域旅游产业发展战略研究论纲 ………………（30）
 第二节 旅游经济的二维错位发展与
    二维生命周期——以中国大陆31个省区市为例 ……（39）
 第三节 基于SARAR空间计量模型的我国区域旅游经济的
    空间效应研究 …………………………………（56）

第三章 甘肃省文化旅游产业发展现状及对策研究 ………（71）
 第一节 甘肃省文化旅游发展的现状分析 ………………（71）
 第二节 甘肃省文化旅游发展的机遇与挑战 ……………（78）
 第三节 甘肃省文化旅游发展存在的问题与制约因素 …（83）
 第四节 甘肃省文化旅游发展的战略支撑 ………………（89）
 第五节 甘肃省文化旅游发展的对策建议 ………………（95）

**第四章 推进全域旅游、提升甘肃省旅游业整体水平的
   对策研究** …………………………………………（105）
 第一节 甘肃省全域旅游发展的背景 ……………………（105）

第二节　甘肃省全域旅游发展的 SWOT 分析 …………………（109）
第三节　甘肃省全域旅游发展的目标及模式 ………………（115）
第四节　甘肃省全域旅游发展的空间结构及重点领域 ………（120）
第五节　推进甘肃省全域旅游发展对策建议 …………………（127）

第五章　新时代甘肃旅游产业优势再塑与赶超模式探究 ………（135）
第一节　甘肃省旅游产业发展的基本判断、时代特征与
　　　　趋势分析 …………………………………………（135）
第二节　甘肃省旅游产业发展的模式分析 ……………………（159）
第三节　甘肃省旅游产业发展的优势分析与优势再塑 ………（172）
第四节　甘肃省旅游产业优势再塑的战略支撑 ………………（182）
第五节　国内其他省份案例研究 ………………………………（189）

第六章　甘肃省入境旅游发展研究 ………………………………（209）
第一节　甘肃省丝绸之路旅游资源丰度
　　　　评价——以河西走廊为例 ………………………（209）
第二节　基于"一带一路"建设的中国丝绸之路国际文化
　　　　旅游廊道构建 ……………………………………（222）
第三节　"一带一路"背景下西部地区入境旅游趋势与
　　　　发展研究 …………………………………………（237）

参考文献 ……………………………………………………………（252）

后　记 ………………………………………………………………（257）

第 一 章

发展背景：文化保护传承与文旅融合发展

第一节 改革开放四十年：中国文化旅游融合发展的价值与趋势

一 中国文化与旅游融合发展的历程：时代命题与伟大实践

20世纪70年代末，中国结束了长达十年的"文化大革命"，启动了波澜壮阔的改革开放伟大实践，经过40年艰苦卓绝的发展，造就了具有全球意义的"中国奇迹"和"中国模式"，并一跃成为全球第二大经济体，获得了政治、经济、社会、文化以及人的各方面的巨大成就，在这一发展过程中，文化的发展嵌入整个中国现代化进程中，成为中国在21世纪"大国崛起"的重要组成部分。在40年的文化发展进程中，文化与旅游的融合发展成为中国文化发展的独特而有价值的文化现象和产业现象，这一融合发展进程甚至在很大程度上引领了中国文化基于市场化走向的改革的重要发展，也造就了在中国传统经济结构框架下的新型文化旅游经济体量。纵观中国改革开放40年文化与旅游融合发展里程，我们可以将中国文化发展、文化与旅游融合发展形成的文化旅游产业发展大致分为四个重要的发展阶段。应当指出，中国文化发展以及文化旅游产业的发展并不是孤立的文化和产业发展，它是中国特色社会主义理论和实践的重要组成部分；同时，中国特色社会主义市场经济的运行和经济社会的进步和发展无不体现着中国共产党对这一宏伟进程的领导，无不体现着政府主导和市场作为资源配置基本方式推动中国特色社会主义文化发展这一显著"中国模式",因此,40年来的中国文化发展(尤其是中国文化与旅游的融合发展)是与党和政府在改革开放进程中每一个重要阶段的文化发展和旅游产业发展路线和政策紧密关联的。

(一)中国文化和旅游融合发展的探索期(1978—1992年)

1978年,中国启动了拨乱反正和改革开放的历史性时期,与中国全方位改革开放和发展进程同步,也启动了中国文化及相关产业在新的历史时期的新的发展,在这一时期,作为中国改革开放"总设计师"的邓小平同志应当说也是中国文化发展和旅游发展的"总设计师"。在改革开放初期,邓小平同志就指出"文化也是一门行业,一个领域,这个领域是为劳动者服务的行业。随着生产的发展,精神方面的需要就增大了"[①];"我们继承文化成果使之体现时代精神,符合今天需要,有助于解决改革中出现的种种问题;我们不是颂古非今、崇洋媚外,更不是把它当古玩藏之于密室,供人欣赏,而是为了建设有中国特色的社会主义现代化事业"[②]。嗣后,在多个会议和场合谈到了文化旅游产业的发展对构建中国社会主义市场经济体系、发展社会主义社会的生产力、改善人民生活和增强综合国力的方面的巨大作用。他谈到旅游业是改革开放大格局的组成部分,发展旅游业,一是为了加快当时国民经济"掉头",二是为了建立现代经济结构。关于建立现代经济结构,他说:"我们发展的领域要很好地研究一下,还有很多领域没有开辟,比如说旅游事业。要研究一下资本主义国家的社会结构,有些领域我们现在是没有的。我们现在的结构是工农业技术落后的结构,现代化以后,这个结构肯定就不行了,构成比例肯定要变化。生产率提高了,就逼着我们改变结构的比例。"[③]邓小平明确提出旅游是综合产业,会开发和带动多个行业。1979年7月15日的"黄山谈话"一般被认为是邓小平同志旅游经济思想的一次系统讲话,在这次谈话中他指出"要把旅游业当作国民经济的一个重要产业来

[①] 邓小平:《1978年8月19日听取文化部清查运动和工作情况汇报时的谈话》,《邓小平年谱(1975—1997)》,中央文献出版社2004年版,第361页。
[②] 《邓小平文选(第2卷)》,人民出版社1994年版,第208页。
[③] 《邓小平年谱(1975—1997)》,中央文献出版社2004年版,第296页。

发展，要突出地搞，加快地搞；提出要从整体上谋划旅游业的发展，把旅游业作为一个综合性的行业来搞，包括城市建设规划、道路交通、文化产品等都要考虑进去；提出要解放思想，打破僵化，大胆改革"，"提出搞旅游关键是搞好服务，第一位的是提高服务质量和水平；提出要通过旅游达到富民的目的，使人民群众的生活尽快好起来；提出要重视保护旅游资源，搞好绿化，治理污染，美化环境等等"①。"黄山谈话"最根本之处在于邓小平同志倡导发展旅游业并且为中国旅游产业定性、定方向、定目标；最不易之处在于具体论及旅游产业自身规律中几乎所有主要问题，是一个系统的旅游经济思想。其深刻之处在于论的是旅游，考虑的是中国改革开放的全局，体现的是中国特色社会主义思想的精神实质。邓小平发展旅游业的认识不是孤立和突兀的，其旅游经济思想形成过程与改革开放的总体设计密切相关，与其对社会主义市场经济的改革探索密切相关，与其对国民经济的战略考虑和经济统筹协调发展的思维方式密切相关。② 从1979年开始，中国的旅游产业开始起步和探索，在改革开放前沿的东部地区文化旅游产业开始迅速发展，逐渐成为区域经济发展的重要产业部门；中西部传统文化资源特别丰厚和悠久的部分区域，也很快实现了从传统"外事接待部门"向"旅游经济部门"的转型发展。当然，这一时期中国文化旅游发展基本处在探索文化旅游产业发展规律、学习国外先进国家和地区文化旅游发展经验以及初步形成我国文化旅游发展基本产业体系的阶段，文化旅游产业发展对经济社会的进步和发展正在逐渐产生影响，其产业地位和增长与发展贡献尚不显著。但是，这一阶段作为中国未来文化和旅游融合发展的探索期和基本战略的定位期，对未来中国文化旅游产业的迅速发展产生了深远的影响。

（二）中国文化和旅游融合发展的成长期（1992—2011年）

1992年10月，中国共产党第十四次全国代表大会在北京召开，江泽民同志做了题为《加快改革开放和现代化建设步伐，夺取有中国特色社会主义事业的更大胜利》的报告，报告明确指出，我国经济体制改革的

---

① 杜一力：《〈再学邓小平论旅游〉——在邓小平理论30周年研讨会上的发言》，中国旅游网，http://fashion.ifeng.com/travel/news/tourism/detail_2012_09/14/17616630_0.shtml，2012.9.14。

② 《邓小平论旅游》，中央文献出版社2000年版，第9页。

目标是建立社会主义市场经济体制,将社会主义基本制度和市场经济结合起来,充分发挥市场在资源配置中的基础性作用①。由此,中国改革开放事业和现代化进程进入一个崭新的发展阶段,中国文化发展和文化旅游融合发展旋即在市场经济体制逻辑和邓小平有中国特色社会主义思想的双重支撑和引领下开始迅速成长和发展。中国共产党第三代领导集体全面继承并发展了马克思主义、毛泽东思想及邓小平有中国特色社会主义思想体系中文化发展和旅游发展的重要观点和论述;全面启动和实施了在社会主义市场经济体制基础上的中国文化发展和文化旅游发展,2001年12月,江泽民同志就指出"只有建设面向现代化、面向世界、面向未来的,民族的科学的大众的社会主义先进文化,才能满足人民日益增长的精神文化需要,不断促进人民思想道德素质和科学文化素质的提高,也才能为发展经济、发展先进生产力指引正确的方向,提供强大的智力支持"②;在对现代旅游业发展的认识上,江泽民同志一直认为,我国幅员辽阔、历史悠久,具有发展旅游经济的资源优势,特别是西藏等西部地区,旅游经济大有可为。他在多次论述中用"得天独厚"这个词语评价我国丰富的旅游资源。在对江西、西藏、陕西、甘肃等多个地区的考察中和会议上,江泽民同志也一直认为我国西部地区潜藏着丰富的旅游资源,应当将发展旅游产业置放于经济社会的整体战略中考虑。2000年8月21日,他在山西省考察时也讲道:"山西历史文化悠久,有着'地上文物宝库'之称,要充分利用这一得天独厚的资源,大力发展旅游业,使旅游业成为优势产业。"在这一发展阶段,中国文化发展和旅游发展获得了长足的进步,文化和旅游融合发展的规模和水平显著提高;文化旅游融合后的文化旅游产业业态成为我国尤其是中西部地区旅游产业发展的基本业态;文化旅游产业体系初步形成;为文化旅游产业提供支撑的基础设施建设水平大幅提高;中国文化在以文化旅游产业为主要线索的产业发展进程中的全球影响力和传播力开始形成;通过文化旅游

---

① 江泽民:《加快改革开放和现代化建设步伐,夺取有中国特色社会主义事业的更大胜利》,人民出版社1992年版。
② 林振平:《建设三个面向的、民族的科学的大众的社会主义文化必须把握的几个重大问题》,《发展研究》2004年第8期,第61—64页。

产业的发展初步形成了国内旅游、出境旅游和入境旅游三大市场结构。可以说，这一阶段，通过中国文化与旅游向纵深融合，中国文化与旅游融合发展的基本格局已经形成，文化旅游产业已成为三次产业中重要的现代服务业和国民经济中的优势产业。

（三）中国文化和旅游融合发展的快速发展期（2011—2017年）

文化发展最具有里程碑意义的当推党的十七届六中全会，全会提出了《中共中央关于深化文化体制改革 推动社会主义文化大发展大繁荣若干重大问题的决定》（简称《决定》）。《决定》首次提出"推动文化产业与旅游、体育、信息、物流、建筑等相关产业融合发展，增强相关产业文化含量，延伸文化产业链，提升附加值"，"推进文化科技创新。科技创新是文化发展的重要引擎。要发挥文化和科技相互促进的作用，深入实施科技带动战略，增强自主创新能力"[1]。这是在党的重要文件中对文化和旅游、科技等融合发展的最明确和系统性的阐述。党的十七届六中全会首次提出建设社会主义文化强国，大力发展文化事业和文化产业，首次系统地阐述了文化和旅游、科技等融合发展是中国特色社会主义文化发展和文化旅游产业发展的主要方向。党的十八大以来，以习近平同志为核心的新一届中国共产党领导人则将社会主义文化发展提到了前所未有的新高度，业已成为习近平新时代中国特色社会主义理论体系中的重要组成部分。从党的十七届六中全会及党的十八大以来，中国文化事业和文化产业获得了长足的进步和发展，文化事业发展惠及广大人民群众，极大丰富了城乡人民精神文化需求和幸福尺度，文化产业迅猛发展，已成为我国第三产业和现代服务业的优势产业和战略性新兴产业，文化和旅游进一步向广度和深度融合，文化已嵌入观光旅游、乡村旅游、体验旅游、休闲度假旅游以及入境旅游等业态发展中。同时，各种衍生发展的新型旅游方式也无不与中国传统优秀文化和现代文化相嫁接，使中国文化旅游产业以中国文化为深刻底蕴和丰富内涵，成为名副其实的"内容经济"。在这一时期，文化产业和文化旅游产业增长速度远高于第三产业和整体经济的平均增长速度，大力助推了我国经济增长和充分就

---

[1]《中共中央关于深化文化体制改革 推动社会主义文化大发展大繁荣若干重大问题的决定》，人民出版社2011年版。

业，并以其强大的产业影响、辐射和带动力，发挥着战略性新型产业的产业功能和作用。在这一时期，文化旅游融合发展进一步向深度发展，文化旅游相互赋能，在科技的强大支撑下迅速衍生众多新型文旅产业业态；文化旅游产品创新速度迅速提高，已成为满足国内旅游消费者刚需的基本方式；国内部分区域已形成了以文化旅游产业为先导产业或支柱产业的新型产业结构；文化旅游品牌发展和品牌影响力在进一步提高，已形成一批有全球影响力的文化旅游IP；中国已成为全球第四大旅游目的地国家，文化旅游业已成为中国文化"走出去""请进来"和国际文化交流的重要产业。

（四）中国文化和旅游融合发展的全面发展期（2017年至今）

习总书记在中国共产党第十九次全国代表大会中做的《决胜全面建成小康社会 夺取新时代中国特色社会主义伟大胜利》的政治报告中又一次提出"推动文化事业和文化产业发展，满足人民过上美好生活的新期待"；"要深化文化体制改革，完善文化管理体制，加快构建把社会效益放在首位，社会效益和经济效益相统一的体制机制"；要"健全现代文化产业体系和市场体系，创建生产经营机制，完善文化经济政策，培育新型文化业态"，庄严宣称"当代中国共产党和中国人民应该而且一定能够担负起新的文化使命，在实践创造中进行文化创造，在历史进步中实现文化进步"[①]。这标志着中国文化产业发展、文化与相关产业融合发展已全面进入新时代中国特色社会主义的战略架构中，成为全面建成小康社会，实现"两个一百年"奋斗目标和中华民族伟大复兴的"中国梦"的重要组成部分，成为实现供给侧结构性改革、促进经济转型升级发展的重要产业抓手，成为惠及民生、解决新时代"人民对美好生活的需求和发展不平衡不充分"基本矛盾的重要战略，成为构建新开放经济体系以及提高我国文化软实力和国际影响力的重要途径。以习总书记为核心的新一代中国共产党领导集体全面继承了自改革开放以来党的一系列文化发展与文化旅游融合发展的基本路线和大政方针，习总书记对我国文化与旅游融合发展的战略是一以贯之的，文化与旅游融合发展的思想业

---

① 习近平：《决胜全面建成小康社会 夺取新时代中国特色社会主义伟大胜利——在中国共产党第十九次全国代表大会上的报告》，人民出版社2017年版。

已成为习近平新时代中国特色社会主义思想的组成部分。首先,文化关乎自信,在"四个自信"中具有基础性和决定性作用。2016年11月30日,《在中国文联十大、中国作协九大开幕式上的讲话》中,习近平总书记指出:"文化自信是更基础、更广泛、更深沉的自信,是更基本、更深沉、更持久的力量。"① 其次,习总书记高度强调文化发展对提高文化软实力的重要作用和影响,2014年10月15日,习近平总书记《在文艺工作座谈会上的讲话》中指出:"一部小说、一篇散文、一首诗、一幅画、一张照片、一部电影、一部电视剧、一曲音乐,都能给外国人了解中国提供一个独特的视角,都能以各自的魅力去吸引人、感染人、打动人。京剧、民乐、书法、国画等都是我国文化瑰宝,都是外国人了解中国的重要途径。"② 在强调大力发展文化产业的同时,总书记特别指出文化建设和发展关乎软实力建设,而软实力提升除了文化本体建设之外,文化传播方式的优化和改进则是文化软实力提升的重要途径。再次,习总书记特别强调要充分挖掘和整理中国传统优秀文化,强调文化发展和相关产业业态发展的融合是未来中国优秀文化发展的重要方向。他指出,"要系统梳理传统文化资源,让收藏在禁宫里的文物、陈列在广阔大地上的遗产、书写在古籍里的文学都活起来"③。最后,习总书记在高度强调文化体制机制改革,增强社会主义核心价值观教育与公共文化事业发展的同时,对文化产业及其相关产业融合发展提出了更高的要求。他指出,"旅游是综合性产业,是推动经济发展的重要动力"④。2015年12月20日,习近平总书记《在中央城市工作会议上的讲话》中指出,"要保护前人留下来的文化遗产,包括文物古迹、历史文化名城、名镇、名村,历史街区、历史建筑、工业遗产,以及非物质文化遗产,不能搞'拆真古迹,建假古董'那样的蠢事。既要保护古代建筑,也要保护现代建筑;

---

① 习近平:《在中国文联十大、中国作协九大开幕式上的讲话(2016年11月30日)》,人民出版社,第6页。
② 习近平:《在文艺工作座谈会上的讲话》,《十八大以来重要文献选编》,2016年,第134页。
③ 习近平:《在中共中央政治局第十二次集体学习时强调·建设社会主义文化强国着力提高国家文化软实力》,《习近平关于社会主义文化建设论述摘编》,2017年,第34—35页。
④ 习近平:《在俄罗斯"中国旅游年"开幕式上的致辞》,人民网,http://www.gov.cn/ldhd/2013-03/23/content_2360500.htm,2013年3月。

既要保护单体建筑，也要保护街巷街区、城镇格局；既要保护精品建筑，也要保护具有浓厚乡土气息的民居及具有地方特色的民俗"[1]，明确指出文化发展的重要前提是"保护"，要在保护中发展、发展中保护。

在相应的旅游产业发展层面，习总书记对"厕所革命"、全域旅游、文化旅游等多次做出重要批示，2016年在宁夏考察工作时指出"发展全域旅游，方向是对的，要坚持走下去"。从20世纪90年代以来习近平总书记就旅游业的产业定位、综合功能、发展理念、发展边界、发展宗旨、发展路径、发展模式、旅游与文化传播、旅游外交等多次重要批示，形成了旅游创新发展、协调发展、特色发展、开放发展、共享发展和融合发展的系列理念，一直指导着中国文化旅游产业的改革发展。

综上所述，改革开放40年来，我国文化旅游产业发展的战略性支柱地位更加巩固。据原国家旅游局统计，中国文化旅游业对国民经济的综合贡献和社会就业综合贡献均超过10%，高于世界平均水平，旅游产业社会综合效益更加凸现。2017年我国人均出游已达3.7次，其中入境旅游人数1.39亿人次，平均增长1.4%；出境旅游市场1.29亿人次，平均增长9.17%[2]。中国已成为全球规模最大的文化旅游经济体，旅游成为衡量现代生活水平的重要指标，成为传承和传播中国文化、弘扬社会主义核心价值观、提升国民素质、促进社会进步的重要渠道。尤其难能可贵的是，通过出入境旅游的发展，以及我国举办的首届世界旅游发展大会，遍布全球的中国文化日活动以及一系列中国与其他国家的旅游年活动等，文化旅游融合程度更加紧密，文化"搭"旅游快车，大幅实现了中国文化"走出去"，大大提升了中国文化的国际影响力和文化软实力，并且助推了我国大国外交、"一带一路"和"人类命运共同体"的构建。中国文化旅游产业已经以成熟的、有特色优势的和指向未来的战略姿态，在中国现代化进程和实现中华民族伟大复兴"中国梦"的进程中扮演越来越

---

[1] 习近平：《坚定文化自信，建设社会主义文化强国》，《求是》2019年第12期，第1—10页。

[2] 李金早：《2018年全国旅游工作报告——〈以习近平新时代中国特色社会主义思想为指导 奋力迈向我国优质旅游发展新时代〉》，中国新闻网，http://travel.china.com.cn/txt/2018-01/09/content_50205965.htm，2018年1月9日。

重要的角色。

二 中国文化与旅游融合发展的机理：中国经验与中国价值

改革开放40年来，中国的文化发展与旅游产业发展应当是相辅相成、互为表里和同一进程的发展。一方面，随着改革开放进程的推进，我国在社会生产力和经济建设取得重大进步的同时，文化作为综合国力的重要组成部分在同步成长与发展；另一方面，现代旅游产业作为文化发展的重要产业载体和主体发展方式，借助于积淀深厚、历史悠久的中国优秀传统文化复兴、开放体系下新型文化体系的融合以及中国特色社会主义新文化的衍生等途径，也获得了为世人瞩目的长足的发展。40年来，我国的文化发展是文化与旅游融合进程中的发展，我国的旅游产业也是在文化与旅游融合进程中获得了文化发展至关重要的支撑，从而造就了具有"双轮驱动"效应的文化旅游发展绩效与成就。

（一）文化与旅游融合下的文化价值发展

（1）以构建社会主义市场经济体制，进而驱动中国社会全面进步与发展的"市场化"价值取向的改革造就了前所未有的"中国奇迹"，在这一进程中，社会生产力和社会全面发展的结果是基本沿着市场作为社会资源利用和配置基本方式实现的，那么，文化作为一国在高速发展中的"精神"生产力，它的发展又是如何实现的？如果说市场化改革造就了从20世纪50年代初已初露端倪、初具规模的旅游业，那么，我国文化"外显"和发展则自然"搭"上旅游业这一"产业快车"，获得了经由市场化和产业化进程的新的表达和新的发展。现代旅游业的根据是社会进步和发展一般进程，当一国和一个区域经济增长和财富收入达到一定水平，恩格尔系数下降及消费者个人可任意支配收入较为富裕后的一般消费进程，以及由这一不以人的意志为转移的消费进程所形成和决定的一般需求和市场规模，而这一切的形成都基于人们对"异质"文化的向往、崇敬、学习和知晓等一系列基于文化体验和个体价值实现需求。中国在"十三五"时期已成为全球第一大旅游客源国和第四大旅游目的地国。如此巨大的基于旅游的人口流动已成为文化交流传播的前所未有的现象，极大地外显和传播了中国优秀文化，其实质是在市场化和产业化条件下中国文化的新发展。

（2）改革开放40年的伟大成就不但在某种程度和水平上，"动态"地证明中国道路、理论与制度的巨大作用，也造就了中国人前所未有的道路、文化、理论和制度自信。在文化和旅游融合发展中，国内旅游，尤其是出境和入境旅游的发展，无不在人的流动中充实和裹挟着丰富的中国文化内容和因素；在物质文化外显层面，以入境旅游的文化价值体现得最为充分；在非物质文化层面，出境旅游则更多地体现着中国道路、中国制度、中国理论、中国模式和中国价值。这一切，都集中地表达为我们对自己新时代中国特色社会主义文化的越来越深厚、越来越坚定和越来越持久的自信上，又反过来成为创造在世界体系内和全球话语中重要体量的中国当代文化创造上。当然，在这一文化经由与旅游产业融合发展进程上，我们在弘扬和传播我国民族优秀文化的同时，也通过"文明互鉴"学习着世界上其他国家和民族的先进文化，在同步地通过文化的碰撞和交流"提升"和"优化"着我们的文化，成为屹立于世界东方，为世人所尊重和崇敬的文化。

（3）如果说改革开放造就的我国在现代化进程中的物质生产力是"硬实力"，那么，同步地，支撑着物质生产力发展的价值体系、制度体系和理论体系为核心的整体文化体系就是一国发展的"软实力"。自20世纪80年代美国学者约瑟夫·奈提出这一概念以后，"软实力"迅速风靡全球，成为衡量一个国家（组织、个体）发展水平的重要概念[1]。显然，我国由于经济增长和社会发展特殊的"追赶效应"以及"文化外显"与"文化与经济发展互适"的特殊追求，文化借助于旅游业发展形成文化软实力成为特定时期中国文化建设的特征。除了国家层面和民间层面而非产业化的文化建设与交流外，借助于旅游产业发展提升和优化文化价值及内容既具有现实的产业和市场合理，又具有历史和本体的文化与价值合理：在市场化体系下，可以造就追求理性的利益最大化的市场主体，唯有将其生产的文化产品打造得越纯粹和"原汁原味"，才能获得同样越来越成熟和理性的消费者的青睐和追求。这样便实现了文化旅游的

---

[1] 蒋英州、叶娟丽：《对约瑟夫·奈"软实力"概念的解读》，《政治学研究》2009年第5期，第114—124页。

文化价值和产业价值的"双赢",使民族优秀文化既得以有效保护传承,又得以最大限度实现文化的经济价值,造就了文化软实力得以张扬和形成的体制与市场基础。当然,在40年的文化发展和旅游产业发展的"共振"中,我们也曾为文化软实力借助于市场机制的提升和发展付出了较大的代价,但这一代价随着社会主义市场经济体制的进一步确立和规范,我们对文化发展的"理性自觉"正在迅速被纠正和补偿。

(4) 改革开放40年来,我们一直也在追求与中国经济社会发展以及与中国作为一个崛起的大国相适配的具有全球意义的国际认可和推崇,这一探索也是艰辛的、波折的和不平坦的。在宏观层面,习总书记提出的"一带一路"倡议和建设进程、新型中国"大国外交"政策及其效应、"人类命运共同体"[①] 的建构等使世界更好地了解了中国,世界上许多友好国家逐步融入中国主张的世界各国共同成长和发展的新型体系中;于民间层面,我们也启动并实施了许多年有成效的民间文化交流和传播的有价值活动,比如说孔子学院、在不同国家尤其是西方国家的"中国文化年"等,获得了越来越多国家和地区政府人民对中国文化和中国的认可。但不可忽视的是,文化旅游产业的发展恐怕在建构与我国整体发展适配的文化发展方面是首要的产业举措,是我们在国际舞台上的"经济搭台、文化唱戏",文化与旅游融合发展的国际效应更加明显和强大。基于文化传播的文化旅游产业发展,尤其是跨境旅游发展在建构与我国经济发展相适配的文化发展方面,具有直接文化消费、文化旅游产品购买、近距离文化亲近及深度文化了解等其他文化传播方式不具备的优势。可以预料,随着我国文化旅游尤其是出入境旅游更大规模的发展,一定会在产业层面大大缩小经济与文化适配的差距,推动适合中国整体发展的全球文化认同和文化发展。

(5) 在近40年的文化产业与旅游产业融合发展中,我们更重视区域在不同发展条件下的文化发展。这也是由中国文化发展的特殊性所决定的。李克强总理说:"中国仍然是世界上最大的发展中国家,发展不平

[①] 习近平:《共同构建人类命运共同体——在联合国日内瓦总部的演讲》,《人民日报》2017年1月20日第002版。

衡、不协调和不可持续问题依然突出。"① 从全国看，中国地大物博、人口众多、文化差异巨大，各个区域文化发展的资源、条件和形式有重大差异，文化旅游产业发展不平衡，必须通过有中国特色的区域文化产业发展战略，才能充分发挥各地区比较优势，全面提升国家的文化软实力。40 年来，在区域文化发展上，以基本形成的长三角、珠三角、京津冀等地区为代表的国际化大都市文化旅游产业发展模式；以北京、上海、重庆、成都等为代表的工商业强市和专业街镇文旅产业发展模式；以许多"共和国长子型"区域为代表的工业资源型和资源枯竭型地区文旅产业发展模式；以一些生态发展条件良好的区域为代表的生态功能型文旅产业发展模式；以广袤的民族地区为代表的民族文化文旅产业发展模式等②。囿于我国不同区域、东中西不同经济地带在经济社会的发展差距，在广大的中西部尤其是西部地区，文化产业发展的基本业态主要是文化旅游产业。研究表明，西部地区的西藏自治区、甘肃省、陕西省等文化旅游产业业态增加值要占文化产业 60% 以上和旅游业的 80% 以上，整个国家文化产业发展和文化与旅游融合发展的区域分工和合作格局业已形成，极大地推进了我国区域文化与旅游融合发展的程度和水平，并显著地支撑和助推着西部地区的结构优化、经济发展和社会发展。

（二）文化与旅游融合发展下的产业价值发展

（1）在我国文化和旅游融合发展的进程中，有两个基本的判断，一是"文化是旅游的灵魂，旅游是文化的重要载体"；二是文化旅游是旅游产业的基本产业业态，也是旅游产业历史和逻辑出发点③。从我国现代旅游业衍生的角度讲，中国作为世界文明体系中的主要国家，"四大文明古国"中文化脉络传承得最好的国家和民族，没有文化作为核心内容和价值的旅游是无法想象的，同时文化如果不以旅游业为载体，那么实现保护传承、传播外显和价值提升也是不可能的。另外，从我国旅游业发展

---

① 李克强：《政府工作报告——2018 年第十三届全国人民代表大会第一次会议讲话》，《人民日报》2018 年 3 月 6 日第 002 版。

② 花建：《论文化产业与旅游联动发展的五大模式》，《东岳论丛》2011 年第 32 卷第 4 期，第 98—102 页。

③ 把多勋、彭睿娟、程容：《文脉视角下的区域旅游产业可持续发展研究》，《兰州大学学报》（社会科学版）2007 年第 35 卷第 1 期，第 119—125 页。

的历史和逻辑序列看,在近20年旅游业成为国民经济序列中的独立产业始,其业态经历了"观光旅游—旅游与相关产业融合发展后的体验旅游—休闲度假旅游—建立在文化创意产业基础上的沉浸式深度体验旅游"等几个重要发展阶段。从这一发展的历史次序和逻辑上不难看出,文化始终不但是我国旅游产业发展的主要支撑和核心内容,而且是我国旅游产业发展的历史和逻辑的起点,中国现代旅游产业是建构在中华民族具有悠久历史和多元体系的文化基础之上的:中华民族文化的价值决定了旅游产业的产业价值;文化的内涵决定了旅游产业的产业和产品内涵;文化的走势决定了旅游产业发展的总体趋势。

(2)中国优秀传统文化、民族文化、现代文化为旅游产业赋能,造就了我国文化旅游产业在全球文化旅游格局中的独特气质。在中国历史发展的长河中,形成了"一体多元"的中国区域文化、丰富多彩的民族文化和走向现代文明进程中的现代文化三大文化源流和体系,在三大文化源流下又形成了众多内涵迥异、不同特质的文化"支流"和"涓流",如中国区域文化中的岭南文化、江浙文化、海派文化、燕赵文化、三秦文化、巴蜀文化、陇右文化等,民族文化中的汉民族文化、藏民族文化、西南少数民族文化、傣族文化、朝鲜族文化等,现代文化中的现代创意文化、影视文化、演艺文化、现代科技文化、游戏动漫文化等,这些优秀的中国文化为旅游产业发展"赋能",形成了我国文化旅游产业发展中百花齐放、精彩纷呈的文化旅游产业发展气象,也造就了众多在国内旅游市场尤其是入境旅游市场中有强大竞争力和可持续发展潜质的品牌文化旅游目的地。在经济社会发达的东部地区,一般与其经济发展相适应,文化旅游产业成为产业结构和体系中不可或缺的重要产业。可以说,40年来,尤其是近20年来中国旅游业的发展最重要的动能来自中国文化,造就了中国文化旅游业的产业规模和水平,并以独特的、具有鲜明的东方特质和悠久历史文化价值的形象为世人所瞩目。

(3)改革开放40年来,我们一直在探索我国优秀文化得以保护、传承和可持续发展的路径。以市场化、产业化和全球化为特征的改革开放确实也在一定阶段、一定程度上造成了我国优秀文化在以经济发展为基本目标的发展进程中的弱化,譬如一些优秀文化遗产和遗存人为遭到破坏、一些非物质文化遗产传承的中断,以及在文化发展中一些优秀文化本真状态的失真和扭曲等。但是,随着社会主义市场经济体制的规范和法治化进程,随着在改革和发展中我们对自己优秀传统文化保护传承意识和理念的理性自觉,随着科学技术的进步和发展对文化在"保护中发展"、在"发展中保护"的越来越有力的支撑,我们探索了一条"政府—产业—企业"并经由市场机制形成的"三位一体"的有机的文化保护传承和文化发展的有效机制。这一机制通过文化和旅游融合发展得到良好的实现,越来越多的地方政府、产业层面和文化旅游市场主体认识到,只有越来越好的保护和传承,才会有越来越好的文旅产业发展;只有越来越有规模和规范的文旅产业发展,才会反哺文化的保护与传承,使我们优秀的民族文化得以永远存续下去。这一"双向良性互动"的文化与旅游保护与发展机制是我国文化旅游产业发展获得的宝贵经验,并将持续优化,支撑我国文化旅游产业价值的提升和"走出去""请进来"战略。

(4) 中国在纵向意义上悠久的历史文化积淀、横向意义上有差异的多元文化结构为文化与旅游的融合发展及文化旅游产业规模的形成提供了独特的发展条件和环境。中国是有着五千年文明史的文化古国,在广袤的华夏大地上,留下了年代久远、丰厚且多元的物质文化和非物质文化遗存。在民族文化的形成和发展上,又形成了许多的文化源流和不同的区域文化、民族文化,以及经由"分合"和"融合"后的多元文化,在地理学意义上又有着相当大的文化跨度和文化差异。这种纵向时间意义的文化悠久丰厚和横向空间意义上的文化多元共生是文化和旅游融合发展的重要条件。在文化旅游产业发展上,文化的这种历史久远性和空间差异性造成了中国有着世界上最大的文化旅游市场和产业规模,它的文化交流程度甚至高于欧美范围内的跨境旅游,因为中国国内区域文化差异度甚至高于欧美国家之间的文化差异度,从而造就了蓬勃发展的中国国内旅游市场及相应的产业规模和价值;同时,也造就了世界上第一大旅游客源市场规模和第四大旅游目的地入境市场规模。有理由相信,只要文化能够在发展中得到更有效的保护和传承,在保护和传承中文化资源能够更好、更多地融入旅游产业发展中,中国文化旅游产业便可以一直成为现代服务业和跨境服务贸易中重要的支柱产业,持续地放大产业价值和文化价值。

（5）在中国文化与旅游融合发展进程中，伴随着文化旅游产业的纵深发展，文化旅游国内、国际消费市场的发展和中国文化符号越来越鲜明的文化旅游产业品牌的形成与发展，又衍生出了越来越丰富和多元的文化旅游产业形态，譬如横向意义上的中国不同区域、不同民族和不同产业融合下的区域旅游、民族旅游、产业旅游、红色旅游、体育旅游、乡村旅游等，纵向体验意义上的观光旅游、休闲旅游、度假旅游、深度体验旅游、沉浸式体验旅游等不同的旅游业态，与经济社会发展、收入水平和闲暇时间提升相关联的组团旅游、自由游、自驾游、背包客旅游、越来越具有个性且与"优质旅游"关联的"定制旅游"以及"说走就走"的随意性旅游等。同时，不同区域又根据区域文化资源特色优势和文化旅游产业理论运行的阶段性，形成了不同区域文化和不同旅游产业在方式和阶段上的不同进行的有机融合，又形成中国不同区域文化旅游融合发展的区域类型和特色。2017年，我国经济平均增长6.9%的同时，旅游经济增速15.9%，远远高于整体经济增长速度[①]。需要特别提及的是，中国文化与旅游产业融合发展提高了国人的消费水平，优化了消费结构，使文化旅游业成为"五大幸福产业"之首，显著地提高了中国人民的福利水平和幸福程度。旅游消费过程造就的旅游教育也是提高国民素质的重要途径，成为中国人以"活的文化载体"融入世界文明体系的重要环节和途径。

三　中国文化与旅游融合发展的愿景：发展要义与未来趋势

（一）中国文化与旅游融合发展必将在建设社会主义文化强国、提升国家文化软实力方面发挥重要作用

我国社会主义现代化建设的发展、改革开放的进程和中华民族屹立于世界民族之林，必然伴随着中国社会主义先进文化的发展和中华优秀文化与价值体系为世界所认同与尊重，也必然伴随着中国文化成为世界先进文化和优秀文化体系中最有价值和分量的民族文化。必须高度关注在市场化、产业化、现代化和全球化进程中我国优秀文化的发展方式和

---

① 中华人民共和国国家统计局：《中华人民共和国2017年国民经济和社会发展统计公报》，《中国统计》2018年第3期，第7—20页。

表达方式，必须将建设社会主义文化强国的目标与现代文化旅游产业体系紧密结合、有机联系，使文化与旅游融合而形成的文化产业和文化旅游产业发展成为建设中国特色社会主义文化强国和提高中国文化在全球的影响力、感召力和竞争力的重要产业途径。随着文化与旅游产业向广度、深度的进一步融合，必然逻辑地和历史地以产业发展为载体，实现建设社会主义文化发展、建设社会主义文化强国的目标，使文化软实力成为中国特色社会主义综合实力不断提升的核心支撑。

（二）中国文化与旅游融合发展将成为文化"走出去"战略的重要传播途径

中国特色社会主义文化发展涵盖了文化建设、文化创新、文化发展以及文化传播等各个方面，在文化发展系统工程中，文化传播尤其具有非常重要的地位，习总书记在多个场合都谈到要"讲好中国故事"[1]，现代文化旅游产业体系及其运行方式是"讲好中国故事"最基础、最简捷、最有效率和最具传播力的产业途径和方式。随着文化与旅游融合的发展，同时根据文化旅游产业的发展规律，一方面，跨境文化旅游在整个旅游体量中的占比将会越来越高，无论是跨境旅游中的出境旅游还是入境旅游，其实质都是异质文化和文明之间的融通及交流；另一方面，跨境文化旅游中的入境旅游发展速度将会越来越快，随着中国的发展和国际地位的迅速提升及相应的中国文化感召力和影响力的扩大，必然产生越来越庞大的中国入境旅游市场，中国作为入境旅游目的地国家的重要性将会大大提升，入境文化旅游将成为文化"走出去"战略实践中的重要环节。

（三）中国文化与旅游融合发展是"一带一路"建设的题中应有之义

古老的丝绸之路本来就是古代中西文化、经贸、人文、社会等交流的最重要通道，也是旅游产业最早的产业形态，萌芽的重要区域[2]。随着具有全球意义的国家"一带一路"建设的发展，"一带一路"也必将成为东西文化旅游发展的重要空间，文化旅游融合发展则将成为我国"一带

---

[1] 蒋建国主编：《凝聚在共同理想和信念的旗帜下——学习贯彻习近平总书记"8·19"重要讲话精神》，人民出版社2013年版，第24页。

[2] 宋海岩、吴凯、李仲广：《旅游经济学》，中国人民大学出版社2010年版。

一路"产业发展中既具有产业价值，又具有在"五通"中的"民心相通"中发挥更重要作用的不可替代的文化功能，又反过来助推政策沟通、设施联通、贸易畅通和资金融通。目前在"一带一路"框架下文化旅游发展的重要障碍在一一排除，"中蒙俄文化旅游长廊"、"长安—天山廊道"以及"河西走廊国际文化旅游廊道"等建设都在实质性推进，道路交通设施建设正在迅速推进，已经建成了蒙内铁路、亚吉铁路等境外铁路，助推实现了中老、中泰等跨境铁路开工建设。公路方面，推动中巴经济走廊两大公路、中俄黑河公路桥等重大基础设施的开工建设。海运方面，国家参与建设了希腊比利埃夫斯港、斯里兰卡汉班托塔港和巴基斯坦瓜达尔港等34个国家42个港口的建设和经营。"中欧班列"开行突破9000列，国际通道客货运输线开通356条，增加国际航线403条，与沿线43个国家实现直航，每周约4500个直航航班[①]。交通的连通可以直接带动基于"一带一路"的文化旅游发展，必将成为我国文化与旅游融合发展的一个新的亮点。

（四）中国文化与旅游融合发展必然以"讲好中国故事"为基本的文化发展主线

我们要充分发挥好现代旅游业这一重要产业载体的文化传播与价值传播功能，讲好中国文化。现代文化旅游产业作为三次产业中的现代经济部门，有别于其他产业的一个重要特征是其产业价值的多重性，作为基本的经济产业具有巨大的正外部性，即在实现一国或一个区域产业经济价值的同时会带来巨大的诸如意识形态、价值影响、文化价值信息对称与传播、本体文化价值升值与作为文化活的载体的人的发展等一系列衍生价值。在这一过程中，关于一国或一个区域主流价值体系和文化的传播功能最为强大，它通过文化消费过程又大大提升了对目的地国家文化的接受程度和正确认知水平，在所有产业的文化传播功能上，无出其右者。目前，在以"讲好中国故事"为主线的文化传播中，虽然我国优秀文化已越来越为世界上大多数国家和人民所认识、认同和尊重，但还是存在与我国大国地位不相适应的文化认同问题。未来文化旅游产业可

[①] 王天津：《实施"一带一路"倡议创建对外开放新格局》，《国家治理》2018年第20卷。

以而且主动承载"讲好中国故事"的文化承载与传播功能，最大可能发挥好文化与旅游融合发展过程中的产业的综合功能，使其成为"讲好中国故事"的基本渠道。

（五）中国文化与旅游融合发展将越来越多地依赖于科技创新的支撑

在现代社会的发展中，科技创新居于至关重要的地位，人类自工业革命始，国与国之间的发展竞争基本主要取决于科技创新的水平和实力。全球在当代文化旅游产业发展中的内容支撑、动能转换及市场形成也无不与科技创新水平紧密相关。科技创新水平决定文化旅游产业的竞争力和可持续发展潜力，其决定因素是传统文化的产业化和现代表达、科技渗透的文化内涵的深度挖掘以及文化的跨界发展、科技创新加速文化表达的迭代，进而造就文化旅游业态与产品的迭代。在文化借助于科技创新日新月异发展的今天，文化旅游产业发展的水平与区域和国际竞争力根本取决于科技支撑水平，进而决定了谁据有未来的文化旅游消费市场，执文化旅游消费市场之牛耳。在全球文化旅游市场上，美国、日本、法国、德国及中国香港等国家和地区强大的文化影响力和文化旅游发展水平在根本上取决于其同样强大的科技创新水平和文化与科技融合发展水平；在我国文化旅游产业发展规模和水平处于前列的上海、北京、广东、浙江等省区市，同样也有着很高的科技创新水平。我们必须高度注意到全球文化旅游消费偏好的市场的飞速发展与结构分化，不单在实体经济和其他产业体系中加强科技创新的作用，还要在战略上高度重视科技创新在文化与旅游融合发展领域以及现代服务业诸多领域中的决定性作用，推动我国具有全球意义的价值体系和文化体系与现代旅游业在科技创新层面更高水平、更有效率方式和符合全球视野中不同民族人民可接受方式的创新发展。文化强国也是文化旅游强国，更是文化与旅游融合的科技强国，它一定是我国未来文化与旅游融合发展的必然选择。

（六）中国文化与旅游融合发展必将注重品牌建设，构建具有中国文化精神的独立 IP

纵观全球现代文化产业和文化旅游产业发展的历程，文化品牌和产业品牌发展应当是当今文化发展最重要的特质之一，全球最具有文化旅游产业竞争力的国家和地区，同样也是文化品牌价值最大、数量最多和衍生速度最快的国家和地区，以文化 IP 为标志的文化品牌发展业已延伸到了文化旅游产业，成为大幅提升文化旅游产业和产品竞争力的重要手段。同时，2014年被称为中国的IP元年，IP概念最早诞生于戏剧产业，之后在泛娱乐文化产业链中延伸，并且迅速与影视、传媒、动漫及旅游等跨界融合，旋即成为中国文化发展中最具影响力的"粉丝经济"。在文化与旅游融合发展中，无论是全球视野还是中国市场，随着经济增长、社会发展与中产阶级的迅速崛起，对具有个性的、独特优势的和真正文化原创性的文化旅游产品的需求正在替代传统的、共性的、同质的和文化的浅表表达的文化旅游产品的需求，这种变化对应的一定是分化的、分众的和分异的多元化文化消费时代。近年来，我国文化旅游市场上已经有腾讯、华强、宋城演艺及华侨城等一大批具有独立IP的知名文旅企业组织，代表了未来中国文化与旅游融合发展的方向。在中国文化和中国文化旅游产业与产品逐渐融入世界的当下，在注重有竞争力的大型文旅企业组织培育和科技创新支撑的同时，我们必须更加注重有强烈中国文化色彩、性质和元素的文旅IP的独创与打造，无论是在"走出去"的文化旅游产品输出还是"请进来"的文化旅游入境，都有迭代的、有竞争力和可持续的文化旅游IP为基本平台和产业载体，大大提升中国文化旅游市场中的跨境尤其是入境市场规模和比重，推动我国成为有全球价值的文化旅游强国。

（七）中国文化与旅游融合发展正在面向世界、面向未来，打造"目的地—客源地"系统的升级版

中国文化旅游产业的发展肇始于改革开放，成为独立于产业体系的发展也已有20余年历史，在文化旅游产业体系中最基本的"目的地—客源地"系统建设中，中国业已经过了"传统景区—国内游客""传统景区—国内、国际游客""多元景区—国内、国际游客"等几个重要的发展阶段。目前，在"全域旅游"和"优质旅游"战略和理念框架下，正在向"全域、优质目的地—全球游客"的新系统转型发展，这一转型发展体现在目的地上更加重视中国优秀文化内涵注入、打造游客与当地居民共享空间、城乡和区域一体发展及多要素文化旅游共生发展；体现在客源地上则更加重视中国文化旅游目的地构建的全球市场打造、"中国文化为核、全球标准为形"的"中体西用式"游客观览与服务体系建设、针对不同客源市场的文化旅游IP的形成，以及加强在"一带一路"建设中的

境外旅游客源市场的营销与建设等。总之,在文化旅游产业的"目的地—客源地"系统的发展中,中国未来的建设方向一定会更加重视与国际一般文化旅游产业标准的接轨;中国优秀文化一定是产业和产品迭代发展中的"不变之魂";随着经济社会的全面进步与发展更重视文化与旅游的"城乡融合"、"区域融合"、"产业融合"、"景城融合"、"资源融合"和"要素融合",打造空间尺度更大的文化旅游目的地。目前,我国文化旅游发展正在"全域旅游"和"优质旅游"新型发展理念下全面转型升级,"全域旅游"是"优质旅游"实现的文化旅游战略,而"优质旅游"则是我国文化旅游业与国际文化旅游业接轨和新型产业发展阶段,其实质都是构建全新的"目的地—客源地"产业体系。新型的"目的地—客源地"文化旅游系统的升级版一定会成为未来中国文化与旅游融合发展强大的产业体系支撑。

(八) 中国文化与旅游融合发展必将在乡村振兴和区域协调发展战略中扮演重要角色

习总书记在十九大报告中指出,要"构建现代农业产业体系、生产体系、经营体系",要"促进农村一二三产业融合发展,支持和鼓励农民就业创业,拓宽增收渠道",要"建立更加有效的区域协调发展新机制"[1]。中国发展的关键在乡村均衡发展,主阵地在乡村,难点也在乡村,而传统乡村社会是中国文化的"富矿",是文化旅游融合发展的核心空间。近年来,文化旅游发展要素向乡村社会的涌入,"特色小镇"、"田园综合体"、"特色村落"、"乡间客栈与民宿"和"美丽乡村"的建设使得传统乡村社会越来越成为国内旅游和入境旅游重要的目的地,正在迅速消解城乡发展的樊篱和鸿沟,在我国乡村振兴战略中发挥着越来越重要的作用;中国发展的重点在于区域协调发展,主阵地在中西部地区,难点也在中西部地区。地域辽阔的中西部地区经济社会欠发达,但恰恰是中国文化和中华文明的发祥地,也是宝库地,我国中西部许多地区在发展中"反弹琵琶",依据区域独特区位、资源及产业比较优势大力发展文化旅游产业,已成为支撑区域经济社会发展的战略性龙头产业或支柱产

---

[1] 习近平:《决胜全面建成小康社会 夺取新时代中国特色社会主义伟大胜利——在中国共产党第十九次全国代表大会上的报告》,人民出版社 2017 年版。

业，已有相当多的中西部地区文化旅游产值超过 GDP 8% 的比重，文化旅游业增长速度远高于本地区经济平均增长速度和文化旅游业全国平均增长速度，大大推动了经济社会进步和发展，在缩小东西部发展差距和协调发展方面功不可没。

（九）中国文化与旅游融合发展将助力中国经济结构优化、动能转换和高质量发展

对迅速发展和走向世界舞台的中国而言，在不断的结构优化、发展方式转变和科技与制度创新过程中推动增长和发展，当是一个永恒的命题。在这一过程中，革故鼎新和推陈出新的产业与产品变迁与创新也是发展中的中国的常态。当前，在供给侧结构性改革及"三去一降一补"的结构调整和改革中，同时伴随着我国整体经济结构的动态优化；在传统发展和增长优势逐渐弱化、创新引领新的增长的过程中，也同时伴随着具有创新和替代特质的新型产业涌现；在从高速增长到高质量同步增长的过程中，也同时伴随着战略性新型服务业的产业替代和发展替代。从文化产业产值看，2018 年实现营收 91950 亿元，同比增长 10.8%；文化产业进出口总额 1265.1 亿美元，同比增长 11.1%；2017 年国内旅游总收入 50001 亿元，同比增长 12.8%；入境旅游总人数 2.7 亿人次，同比增长 3.7%；全年实现旅游收入 54000 亿元，同比增长 15.1%；初步测算全年全国旅游业对 GDP 的综合贡献 913000 亿元，占 GDP 总量 11.04%；旅游直接就业 2825 万人，占全国就业总人口 3.63%，间接就业 7990 万人，占全国就业总人口 10.28%[1]。据国家统计局的分析，2017 年中国经济增长 6.9%，一、二、三产业分别增长 3.9%、6.1%、8.0%[2]，文化产业和文化旅游业的产值增长速度远远高于经济平均增长速度，也高于第三产业的增长速度，对 GDP 的贡献越来越高。文化旅游产业以其环境友好与资源节约的"两型"特质、文化发展与产业发展的"双赢"特质、充分释放内需和满足外需的"双需"特质、扩大国内旅游市场和满足入

---

[1] 李金早：《2018 年全国旅游工作报告——〈以习近平新时代中国特色社会主义思想为指导 奋力迈向我国优质旅游发展新时代〉》，中国新闻网，http://travel.china.com.cn/txt/2018-01/09/content_50205965.htm，2018 年 1 月 9 日。

[2] 中华人民共和国国家统计局：《中华人民共和国 2018 年国民经济和社会发展统计公报》，《中国统计》2018 年第 3 期，第 7—20 页。

境旅游市场的"双市"特质、满足我国优秀文化"走出去"和"请进来"的"双向"特质等必然成为我国结构调整和动能转化中首选的战略性新型服务业。

（十）中国文化与旅游融合发展将成为构建开放型经济体系的重要产业途径

2015年9月，中共中央、国务院印发了《中共中央 国务院关于构建开放型经济新体制的若干意见》[①]，全面提出了新时期构建开放型经济新体制的目标体系和重大举措。习总书记在党的十九大报告中指出，"要推动形成全面开放新格局"，"要以'一带一路'建设为重点，坚持'引进来'和'走出去'并重，遵循共商共建共享原则，加强创新能力开放合作，形成海陆内外联动、东西双向互给的开发格局。拓展对外贸易，培育贸易新业态新模式，推进贸易强国建设"。现代文化旅游产业是天然的、典型的开放型产业，在发达的旅游经济体中，出入境旅游服务贸易要占到整个旅游总收入的一半以上，是实现服务贸易价值的重要产业途径。我国文化旅游产业经过了过去20年的飞速发展，外向型旅游服务贸易产值在全部旅游总产值中已约有9.5%的比重，但距离发达旅游经济体的平均值还有很大差距。可以预料，随着中国经济的整体增长和开放型经济体系的逐步建立，我国外向型旅游服务贸易在全部外向型服务贸易中和文化旅游产值中的比重一定会大幅提升，以全面助推我国在21世纪和"一带一路"建设中构建现代开放型经济体系战略的实施。这一趋势是不可逆转的。

2013年8月，习近平总书记在中央政治局的集体学习会上指出，"实践发展永无止境，解放思想永无止境，停顿和倒退没有出路，改革开放只有进行时，没有完成时"。他在党的十九大报告中指出，"改革开放是当代中国发展进步的必由之路，是实现中国梦的必由之路。我们要以庆祝改革开放40周年为契机，逢山开路，遇水架桥，将改革进行到底"。中国文化与旅游融合发展形成的中国文化旅游产业得益于宝贵的改革开放，从无到有，从小到大，从弱到强，从国内到全球，已经成为中国现

---

① 《中共中央 国务院关于构建开放型经济新体制的若干意见》，《人民日报》2015年9月18日001版。

代服务业中最具有优势和前景广阔的新型产业，成为国民经济中的优势产业和支柱产业，并且天然地承载着传播中国文化、"讲好中国故事"、提升中国文化软实力、实现大国外交和国与国之间人民相亲以及服务于我国综合国力提升的重大使命。国运兴则文化兴，文化兴则文化旅游产业兴，我们有理由相信，中国文化与旅游融合发展的进程和文化旅游产业一定有着广阔的发展前景。

第二节 市场逻辑视野下的文化传承与发展

时下，文化的存续传承与发展的话题，依然是文化研究和实践领域的一个显性话题。实际上，从市场化改革的基本走向以来，这一话题经久不衰，体现了在市场逻辑下我们深刻的文化忧虑，当然也有文化自觉。为什么市场逻辑成为这个社会的基本运行逻辑之后，文化保护、传承和发展这一命题会显得如此敏感，如此成为学术界、实践界乃至全社会的一个重要话题呢？显然，以市场化为基本价值追求的改革和发展逻辑一定存在文化保护与传承这一文化本体价值的冲突，这一冲突甚至可能是以剧烈乃至矛盾的方式存在于我们这个社会的，因此，在理论上厘清市场逻辑与文化传承、文化发展的关系，就显得十分必要和迫切了。

何为市场逻辑？市场的狭义解释是商品和要素交易的场所或空间，广义的理解是"现代社会一切交换关系的总和"，综合经济学则表达为"资源稀缺条件下，资源有效配置和合理利用的基本方式"，其逻辑前提是有独立产权且追求最大利益经济主体的存在。在市场逻辑或市场经济成为社会资源配置和利用的基本方式后，就可以断定，大凡存在稀缺性、可交换且能为经济当事人带来经济价值的一切有形无形的要素，都可以进入市场进行交换，获得其该获取的经济收益；不能进入市场——换句话说，没有交换价值从而不能给经济主体带来收益的物品和要素——就不能进入市场，不能进行生产或再生产，从而可能游离于社会主体运行之外，其生存、成长和发展的"边缘化"就在所难免。文化是一个国家和民族之所以成为一个独立文化体的个性所在，是一个民族的基本性格、价值体系和灵魂。文化在这个社会上既有有形的存在形式（如器物文化、方式文化），也有无形的文化存在（如非物质文化遗产、价值文化），有些文化可以由于其所有的文化特质进入市场获取经济价值（如古建筑、考古遗址、寺庙、佛窟等），有些文化则很难进入市场无法获取经济价值（如民族的观念、文化典籍、思想、价值体系等）。由是，经由市场逻辑的筛选，可能产生两个结果：一是市场选择的文化进入市场，获取其经济价值，根据市场经济的规范和法制化程度的差异，此类文化有可能获得了很好的保护和发展，也有可能在不规范和缺乏法制化保护的条件下，导致文化本体内容和价值的变形和扭曲；二是产生文化经济价值且不能进入市场进行生产、再生产和交换的文化（此类文化恰恰是一个国家民族文化的内核），很有可能被市场逻辑抛弃，文化的保护、传承和存续就成为社会的问题。这也是"市场失灵"的一个特定表现形式。特别需要指出的是，市场化改革初期，政府往往可能因为经济增长和发展的迫切使命使然和增长初期财力有限，加之文化保护、传承和发展的自觉尚不到位，文化的保护和传承在内的"文化危机"就发生了。

必须明白，文化是一个民族的基因和灵魂，无论社会选择什么样的体制和运行方式，无论社会处在什么样的发展阶段、增长和发展压力有多大，保护好、传承好和发展好自己的文化，获得与经济发展水平适配的文化发展，以自己的民族优势文化屹立于世界民族之林，为世人所认可和尊崇，是一个民族的首要使命和发展的核心命题。

窃以为，在市场化走向的改革成为社会走向现代化的必由之路的前提下，文化保护、传承和发展不外乎以下几个基本的路径和方式。首先，必须将文化的保护、传承和发展纳入社会公共产品和财政支出序列，必须保证文化事业所需的基本人力、物力和财力，对无法进入市场交换层面获得市场化的保护和发展的"隐性"文化尤为如此；其次，在文化保护、传承和发展中，政府绝对不能缺位，政府要有效地匡正市场经济条件下的"市场失灵"，核心是要对市场的"选择"进行有效的"选择匡正"，表现在我们必须建构关于市场逻辑的法制体系，有效约定和约束文化产品和服务的供给者与消费者的经济行为，先以外部力量介入保证在文化经济价值实现的同时实现文化的最大可能的保护和传承，在这个意义上讲，"市场经济也是法治经济"这一铁律在文化经济领域更是刚性要求；再次，要建构更加规范和合理的市场经济体制，尤其是文化产业和文化经济体制。许多发达国家有着发达的经济，但同样有着发达的、发展的和内容完整的民族文化，就是因为它们在长达几百年的市场经济运行中逐渐建构起了一个和现代市场经济运行适配的文化产业和文化经济体制，实现了文化保护传承和文化发展的"双向"发展。如果我们对改革开放40年以来的文化事业进行反思，根本问题是我们没有建立一整套规范的现代文化产业和文化经济体制，没有实现文化最有效的保护和最大可能发展之间的平衡，没有建立起与经济发展"自觉"适配的文化发展"自觉"。当然，中国从不发展甚至贫困状态进入改革开放，首先选择经济体制和经济增长为发展的第一要务是可以理解的，但在我们基本实现了小康和现代化的今天，建构规范的既有利于文化保护与传承，又有利于文化价值发展的新型文化产业的文化经济体制，必须是题中应有之义。

只有最好的文化保护，才有最好的文化传承；有最好的文化保护和传承，也才有最好的文化发展；同时也唯有最好的文化发展，才有最好的文化保护和传承，三者一定是对立统一的关系。我们不可能设想我们所有的文化都无一例外地让政府财力"供养"和"保护"，既不现实，也不可能；我们必须理解和承认市场经济既是我们走向现代化和现代文明的必然选择，同时也是文化进入市场、发展文化产业的体制条件。长期以来，有一种流行的观念认为文化的保护和文化的产业发展是矛盾的甚至对立的，其实，恰恰是最规范和有效的文化产业和文化经济体制才最有利于文化的保护和传承。200多年前的经济学和哲学巨匠亚当·斯密在其鸿篇巨制《国民财富的性质和原理》中早就阐明了其中的逻辑和原理。今天我们要做的是进一步扩大改革开放，建立有法制体系保驾护航的现代市场经济和文化产业与文化经济体制，运用市场本应有的内在的规约匡正和校正的机制，实现文化保护传承和发展双赢，此其时也，正当时也。

如果说文化保护传承是一种"方式价值"，那么文化的发展则应当理解为经济"终极价值"。纵观文化发展的历史，只有那些以开放、开明和包容的心态，勇敢地置自己的文化在文明中碰撞、交互和融合发展的文化才可以永续传承，经久不衰。当下，我们必须厘清政府和市场两个领域，至于文化的有效"边界"，政府必须保护支持那些无交换价值和经济价值的"隐形文化"，规范和规约进入市场，形成产业化发展的"显性文化"；市场必须在公正、公平、虔敬、互利、有效等基本理念和法治规则下实现文化的经济价值。同时必须实现文化的保护、传播、弘扬、升华、传承以及发展等文化本体价值，以完成中华民族文化发展和复兴的历史使命。

第三节　以文旅融合发展破解文化发展"悖论"

在文化的保护传承与文化产业化发展的当下，一直存在着两种不同的观点：一是文化的保护与传承和文化产业化发展是矛盾的，因为文化保护传承历来应当是公共事业，政府必须拿出足够经费用于文化保护传承，并且要保持文化的纯真性和经典性。如果将文化产业化和产品化，那么一定会使文化丧失本真，会使伪文化取代真文化，发生文化领域中的"劣币驱逐良币"现象，此即"文化保护"与"文化产业化"的悖论。但是，显然还存在另一种文化保护与文化产业化发展的"正论"，即认为文化的保护与传承与文化产业化发展并不一定必然矛盾，因为一方面，文化的保护与传承应当是全球视野中民族文化存续和多元文化格局的必然要求，同时也是文化自身存在与发展的必然要求；另一方面，在假定存在规范的、产权关系明晰且激励相容的市场体制机制条件下，文化保护传承恰恰得借助于现代市场经济体制，良好的现代市场体制运行与规则一定会既使文化在产业化层面获得更加多元和增长的价值，又使得文化借助于市场经济运行获得有效的保护与传承，使一国、一个民族和区域的文化得以有效地保护和存续下去。要想在当下很好地保护中华民族这一"根本"文化，使这一"根本"文化有效存续，就必须通过大力发展文化产业使黄河文化获得新生，创造性地与现代文明和其他文化体系相融相习，相得益彰，必须创造这种有效克服"文化悖论"的条件。换言之，使文化在保护中发展、在发展中保护，形成文化保护传承与产业化发展的共赢、经济效益和社会效益的统一。

必须认真思考、仔细梳理和系统整理我国黄河文化的丰富内容、历史形成、文化总成与文化分流、文化整合与文化分化、文化本体与文化融合等重要文化流变，尽快在学理上形成并完善黄河文化的基本文化谱系、"平面结构"与"立体结构"。这是当务之急。历史长河中的纵向时间跨度上的黄河文化和流域中的横向空间意义上的黄河文化是理解黄河文化的两个重要维度,既需要我们从文化史、国史、民族史等角度深入准确地把握黄河文化的历史形成、变化和基本内涵,又要从流域和空间形态上把握上、中、下游黄河流域不同区域文化与黄河文化的关联。源头的青藏民族文化,上游黄土高原的陇右、河套与晋陕文化,中下游的中原与齐鲁文化等,与宏观的黄河文化到底是什么关系?如何把握其一般与特殊的关系?如何理解社会变迁和历史进程中的黄河文化?这些问题都需要我们深度思考和研究。

要认真、全面和分类进行文化遗存和资源的赋存状况的调查,大力推进黄河文化的资源普查、整理等数据库工作,对整个历史中形成的黄河文化和大流域空间中并存的黄河文化"建档立卡",做到心中有数。这是黄河文化保护传承和黄河文化产业化发展的基础和前提。要尽快明确我们的黄河文化目前存在的状态和"样式",要清楚黄河文化的序列和分类,要深入研究黄河流域中不同民族和不同区域文化与黄河文化的关系和关联。在黄河作为中华民族母亲河的保护和发展上,我国很早就成立了"黄河水利委员会"(简称"黄委会"),一直在统领和管辖黄河水资源的保护、利用和开发等重大问题,是否也必须有一个全国、全流域性质的黄河文化研究、整理、保护和发展较为权威的组织来保护和发展黄河文化?至少,目前应当启动我国黄河文化资源普查和数据库建设工作,这应当具有重大的历史意义和现实意义。

要深入、科学和全面地研究黄河文化资源存续现状和开发状况,研究黄河文化的物质遗产、非物质文化遗产及融合发展文化遗产的保护与开发现状,充分知晓黄河文化在当下,尤其是市场化走向的改革开放以来保护和开发的现状。毋庸讳言,改革开放以来,尤其是1992年中国共产党十二大上确立社会主义市场经济体制以来,我国经济迅速发展,也同时带来了与经济发展相适配的文化发展,而由于我国社会主义市场经济体制的逐渐确立与尚不十分完善的性质,也带来了在文化产业化发展尤其是文化与旅游融合发展中对文化保护的示威和文化的扭曲失真等问题。因此,要充分地、科学地和理性地把握我国黄河文化产业化发展和"在发展中保护,保护中发展"的有效边界;搞清楚黄河文化中哪些文化要素是可以转型为文化产业资源进行产业化发展的,哪些是不能进行产业化发展的，建立科学、有效和合理的文化保护与发展的格局，更是黄河文化保护传承和发展中的当务之急。

在不同的历史条件和发展框架的约束下，文化的保护与传承以及文化资源利用的方式都有很大的差异，特定社会的人们的文化观及文化偏好会深刻影响文化的保护与发展；文化赋存状态，文化遗存的规模、数量与结构，以及物质文化与非物质文化在文化赋存中的比重，也会导致文化保护与传承的状态有差异；更重要的是不同国家和民族在文明进步的不同发展阶段关于经济增长和发展的压力不同，对"财富价值"和"非财富价值"便会产生不同的偏好，往往会产生对"财富价值"的偏好强于对"非财富价值"的偏好，会制约对文化的保护与传承。当然，如果社会的消费时尚和文化偏好发生了变化，文化资源可以转化为文化经济资源，造就文化产业并显著地驱动增长和发展时，又会产生基于"财富价值"追求的文化偏好。一国对于以意识形态价值为核心的文化建设理念与追求则更是决定着文化存续与发展的方向，决定着文化保护传承和文化产业化发展水平。因此，在现代社会，文化保护传承与文化发展的成因比较复杂，我们必须厘清时代的命题、特征和环境等各种影响因素与文化保护传承和发展的关系，找出在每个时代文化保护传承与发展的最佳方式。

黄河文化作为中华民族的"源文化""根文化"，保护传承与发展同样刻不容缓。其实在当今社会，科技进步与发展、市场化及全球化发展日新月异，总体上是一个不利于文化保护与传承的"大环境"，事实上，也就不利于文化发展。因此，我们更要孜孜找寻这一古老的、丰厚的和悠久的文化得以有效保护传承和合理合规利用和发展的途径。我们曾为中华文化在世界几大文明体系中是唯一没有中断的文化而自豪，我们有理由和使命让我们的民族文化在新的时代、在未来的历史发展长河中长久长新，与作为文化载体的国家和民族一起屹立于世界东方，成为这个世界最优秀的文化之一。

必须正视市场经济是我们这个时代最基本的经济体制和各种资源利用和配置的基本方式，我们不得不承认，包括文化的"去留"和"命运"都基本是由市场这只"看不见的手"支配的，这个道理不难理解。但是，在一个规范的、法治的和理性的社会框架下，市场经济体制却完全可以为文化保护传承与利用发展提供良好的运行机制。我们发现，当文化进入市场序列中成为产业资源，理性的市场主体会意识到当组织创新的文化产品越具有文化的本真和纯粹时，才会越来越多地具有市场份额和可观营收，如此便会反过来对文化的保护与传承给予更多投入，即必须保持文化资源的本真和纯粹；而本真和纯粹的文化保护与传承有赖于文化的产业化发展，反哺文化的保护与传承。在这一"双向驱动"的基于市场经济体制和文化保护传承与发展的机制中，除了完善和规范的市场体制本体以外，更重要的是拥有"选择"权利的文化消费群体，文化消费者的基本态度、价值观、偏好、素质和支付能力对这一良好机制的有效运行起着重要的决定作用；同时，政府更不可以在文化产业化发展中缺位，政府必须为具有公共文化产品性质的某些文化产品"买单"，政府必须引领社会文化消费时尚，政府必须扶持和支持主流社会文化消费，同时为社会文化保护传承和有序发展"托底"。

我们必须找到黄河文化保护传承和利用发展的最佳方式。黄河文化几千年的中华文化发展史，以及长2000多千米、流域面积达80万平方千米的广阔空间，文化积淀和赋存的状态千差万别，以黄河文化为基本文化底蕴和内涵的文化产业化发展水平也不平衡，应加大对黄河文化梳理整理和有效保护的力度，尤其要深度挖掘包括文物典籍、考古发现、文学遗产、人物古迹及农耕文化印记等在内的非物质黄河文化遗产，施以最有效和严格的保护；要大力发展以黄河文化为内容的创意、设计、动漫游戏、演艺、主题文化园区及影视等黄河文化业态及产品；要将黄河文化保护传承与发展与乡村振兴和区域协调发展战略关联，在黄河文化赋存条件好、文化特质鲜明、资源较为完整的城市和乡村尝试进行"黄河文化特色小镇"、"黄河文化特色村落"及"黄河文化街区"等的空间产品打造，将黄河文化与旅游、农业、体育、城市及科技等深度融合，发育现代黄河文化系列产品与业态。文化发展与文化保护是一样的"文化自觉"，也同时决定着民族的"文化自信"。我们必须在时代发展中不断探索和推动黄河文化的保护传承与现代发展。这是我们不可推卸的责任和使命。

第 二 章

发展战略：区域旅游产业发展研究

第一节 区域旅游产业发展战略研究论纲

一 旅游产业发展战略研究述评

（一）战略管理的概念及其缘起

"战略管理"概念及战略研究的基本理论与探索，最早由美国学者巴纳德在探讨企业管理中的战略与战术框架时提出，著名的组织战略管理学家波特（1997年）则系统地提出并概括了在组织这一微观单元之中为高效率地实现组织发展目标而须遵循并实施的系统战略框架，这一战略框架涵盖的主要内容是：（1）由一系列价值目标、成本目标、利润目标、品牌目标、市场目标等组成的目标体系；（2）战略实施的环境分析，包括以自然、政治、经济、技术、社会、文化为内容的宏观环境分析和由顾客、竞争者、替代品生产商、要素供应商、政府与中介组织所组成的微观环境分析，波特认为，组织战略目标的实现与战略内容的实施必须是给定环境支持系统的产物，是环境的函数；（3）由目标与环境参数所决定的包括基本战略姿态、成长战略（核心能力组织内外成长的战略）、收缩战略在内的战略模式选择；（4）战略实施过程控制与绩效的评价与反馈。20世纪60年代以后，战略分析框架及其方法被广泛运用于经济、社会、文化等领域，由此，战略管理上升到了中观和宏观国民经济与社会发展层面，成为一国或区域进行国民经济与社会发展总体规划的新的视角与框架。

（二）我国旅游产业发展战略研究回顾

20世纪70年代以后，战略管理框架逐渐被引入包括旅游产业在内的广义服务产业的发展研究和管理中，旅游经济研究中有关战略研究的专著和论文大量涌现，如 Olson[①]、Auliana Poon[②] 以及 Sandra Carey 和 Y. Gountas[③] 等，从旅游产业成长、运行和发展的内在规律性和特征入手，阐述了旅游产业战略研究的基本思路和分析框架，提出了旅游产业战略管理理论、旅游产业可持续发展战略理论和旅游产业战略模式理论等。我国学者对旅游作为一种经济现象和产业运行的本质的认知和研究始于20世纪80年代[④][⑤][⑥][⑦]。在90年代中期以前，学者们大多将旅游产业视为一种脱胎于计划经济体制时期的政治与外交领域的新型行业来探讨其发展的意义和价值，并就一些传统旅游区、旅游城市和景区适应于行业成长、具有市场特征的需要的开发和建设进行了广泛的探讨，研究的角度和领域主要停留在资源开发与规划、旅游产业成长与管理、旅游产品开发与市场营销、旅游市场的成长与形成、旅游政策、旅游文化及旅游经济运行系统等方面；从战略管理高度看，真正意义上的产业战略研究开始于20世纪90年代以后，一开始也仅仅是对区域旅游产业发展模式的研究；2000年以后，旅游经济研究逐渐趋于成熟和理性，伴随着旅游产业的飞速发展和许多省区将旅游产业定位为区域发展的支柱产业、优先发展产业或龙头产业，对旅游作为一个产业的战略研究才开始成为旅游经济研究的一个重要领域，云南、四川、贵州、海南、陕西、北京等省市和一大批地级行政区域（如桂林、杭州、井冈山地区、都江堰地区等）都进行了本地区旅游产业发展战略研究，产生了一批高质量的旅游经济研究成果，成为区域旅游产业发展战略的理论依据、政策理论背景与行动指南。

---

① Olsen, Tze and West, Strategic Management for the Hospitality Industry, Van Nostrand Reinhold 1994：89.
② Auliana Poon, Tourism, Technology and Competitive Strategies, C. A. B International, 1993：96.
③ Sandra Carey, Y. Gountas, "Tour Operators and Destination Sustainability", *Tourism Management*, Vol. 18, No. 7, 1997.
④ 伍宇峰、荆子玉、刘国平：《旅游经济学》，北京出版社1981年版，第210页。
⑤ 魏小安、冯宗苏：《中国旅游业：产业政策与协调发展》，旅游教育出版社1993年版，第126—138页。
⑥ 肖潜辉：《中外旅游业管理》，中国旅游出版社1993年版，第67页。
⑦ 张辉：《旅游经济学》，陕西旅游出版社1991年版，第128页。

（三）简要述评

肇始于 20 世纪 90 年代的战略研究无疑是我国旅游经济研究水平和档次不断提升的一个重要标志，在某种意义上，也是我国旅游产业飞速发展的产业推力的必然结果。在区域经济的宏观层面和产业层面的战略研究与制定，无疑具有深刻的意义和价值——它标志着我国旅游产业从 80 年代的自发与经验层面发展向成熟与理性发展阶段的过渡；标志着旅游产业从某种具有初级性质的萌芽模式向与现代市场经济运行规律相适应的政府主导加市场推力相结合的新型模式的过渡；标志着旅游产业发展从无政府干预的无序状态向有政府推动的有序状态的过渡；标志着旅游产业从某种特定"产业现象"向区域经济发展的独立产业甚至龙头或支柱产业的过渡。但这一阶段旅游产业发展战略研究也存在如下一些缺陷：首先，作为旅游产业战略研究，缺乏较为规范和被普遍认可的一种标准范式，在学理层面缺乏"组织战略—产业战略 旅游产业战略"的研究思路与框架的廓清，旅游产业战略研究的基本体系、框架、基本概念及范畴不甚清晰。其次，这一阶段旅游产业发展战略研究与旅游产业发展实践的适应不够，理论研究给定的区域旅游产业发展的思路、模式、路径、步骤和方式与特定区域旅游产业发展实践之间缺乏应有的、高度的"呼应"，对实践的指导力不够。这也与学者们的研究基础、宏观视野、对实践的认知和信息水平有关。再次，一般地看，我国区域旅游产业模式从 90 年代初以前的自发模式到我国社会主义市场经济体制运行基本规范后的新模式的选择带有强烈的政府推动色彩，即政府主导型旅游产业模式，这就要求旅游产业发展战略研究应该对区域国民经济发展战略和区域旅游政策的制定产生高度的影响，实现区域旅游发展战略研究向旅游产业政策的转化。这也是理论尤其是应用经济理论研究的本质使命。但这一阶段的研究就其对产业政策制定的影响力还是有限的，缺乏战略研究结论与政策制定在理性和规律层面的对接。最后，一部分区域旅游发展战略研究的基本结构尚不完整和不尽合理，譬如，将单一的资源开发与产品创新及线路安排方面的研究视为战略研究；将旅游产业发展模式研究视为战略研究的框架，或将战略研究定位为组织战略、市场战略、营销或推销战略的某一方面，鲜见从宏观和产业视角对区域旅游产业发展战略进行整体、科学、合理和全方位的探索。

二 区域旅游产业发展战略的基本体系和框架

（一）区域旅游产业发展战略的概念及研究框架

战略泛指重大的、全面性的、规律性的或决定全局的谋划。旅游产业发展战略（Developmental strategy of tourist industry）则特指建立在对旅游产业发展基本规律认识基础上的一个相对独立的经济体（国民经济或区域经济）关于旅游产业发展的目标体系、产业定位、资源分析、环境支持、产品设计与安排、市场形成与成长、产业形象与产品推广、战略实施效应预测与反馈、战略评价等的产业发展总体步骤、程序、路径与方式的总和。旅游产业发展战略的基本框架应包括：目标体系的确立，建立在密切关联的更大区域内竞争性环境分析和区域内产业发展环境分析基础之上的资源分析、分类和整合，给定资源和环境约束条件下的产品线路设计与组合，建立在区域产业形象定位和产品销售推广基础上的市场规模的形成与成长，各类旅游微观企业组织和消费者的收益实现以及宏观经济社会效益实现的评价，战略结果及其评价，以及对目标体系等各战略步骤的反馈（如图2—1）。

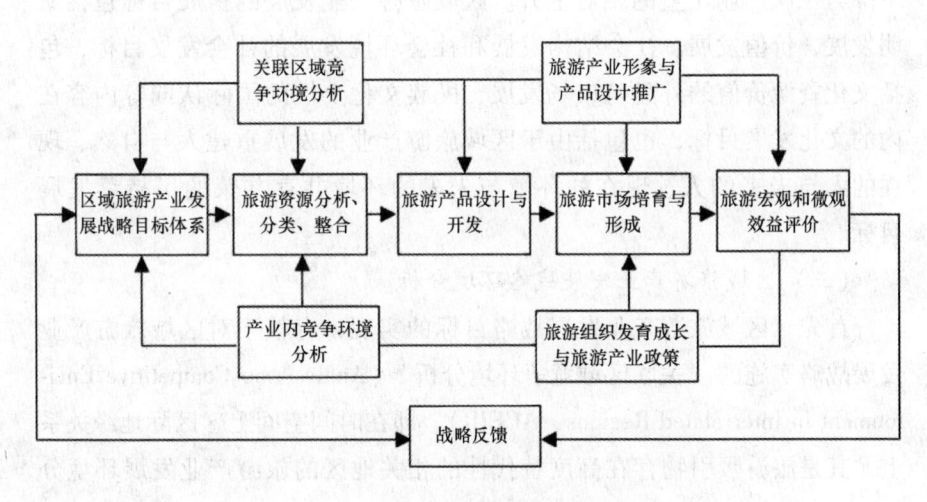

图2—1 区域旅游产业发展战略研究框架

（二）区域旅游产业发展战略目标体系

任何一个区域旅游产业发展都应建立包含一个或若干个核心目标和

系列扩展目标在内的目标体系，其核心目标一般为产业发展目标和实现产业在区域经济中作用和地位的贡献率目标（即静态价值贡献，Static Value Contribution，SVC）。产业发展目标由区域旅游产业的消费集中度和离散度（即市场规模及其维系水平和扩延水平）、旅游生产供给的专业化水平、旅游经济运行的规范化程度以及区域旅游产业的可持续性等指标来衡量；贡献率目标则指动态的旅游产业产值在区域 GDP 中的比重和增长率，以及决定这两个指标的可预测区域旅游产业发展潜力（Predictable Development Potentials of Regional Tourists Industry，PDPRTI）。另外，核心目标还应涵盖区域经济中旅游产业对国民经济的动态发展贡献（Dynamic Development Contributions，DDC），即投资乘数、需求乘数、就业乘数与国民收入乘数的水平，据此可以判断区域旅游产业在区域经济中和区域经济运行周期的各阶段中的性质、地位与作用；同时，核心目标中也应涵盖区域旅游产业发展对区域经济结构高度化和经济发展的贡献率。一般而言，旅游产业发展必然带动结构优化，它并不仅指由于旅游产业的三次产业属性必然在产业结构既定状态下绝对加大三次产业的比重，而且旅游产业发展必然带动产业结构内部一、二次产业就业、产值比重的下降与三次产业比重的相对上升。区域旅游产业发展的扩展目标包括文明发展、价值发展、社会结构发展和社会环境发展的社会发展目标，包括文化资源价值的外显与市场发展、民族文化个性的国际认同等内容在内的文化发展目标，也包括由于区域旅游产业的发展重建人与自然、现在的人与未来的人、现在的环境与未来的环境共存共荣的可持续发展目标。

（三）区域旅游产业发展战略环境分析

首先，区域旅游产业发展战略目标的实现，有赖于对区域旅游产业发展战略实施的"关联区域竞争环境分析"（Analysis on Competitive Environment in Interrelated Regions，ACEIR），即在时间空间上、区际地缘关系上尤其是旅游吸引物存在高度替代性的相关地区的旅游产业发展环境分析，这一分析的主要目标是认识相关地区与本地区存在高度产业替代的情况下本区域产业发展的竞争力、比较优势与比较成本，以及消费者对旅游效价比（Tourists Ratio of Utility and Price，TRUP）的可能判断及决策。其次，要进行"区域内产业环境分析"（Analysis on Industrial Environmentinan Individual Region, AIEIR), 这一分析的主要目标是认识本区域基础设施建设水平——包括与旅游产业高度相关的其他组织的发育水平、其他行业和组织与旅游产业的协同效应（coordinate deffects）、关于旅游产业发展的制度安排及其支持力、其他关联产业与组织的服务水平以及旅游消费者由以上条件决定的在本区域的旅游交易效率（Tourists Transaction Efficiency, TTE）。

（四）区域旅游产业发展战略中的资源认知

资源认知即资源的分析、分类、整合以及资源的潜价值分析，是旅游产品设计和生产的前提。资源认知应分解为原生性的资源认知与再生性的资源认知。资源认知的基本原则，一是资源的替代性分析即资源的相对垄断程度是否具有较高的影子价格（reference price）；二是进行资源开发成本与收益分析，通过资源开发规划预测市场化后的资源生命周期（resources life cycle）各阶段的效益与资源开发的固定成本与变动成本之和的比较，预知资源的经济价值；三是需将资源认知过程置于区域经济、社会、自然大背景下考证其间的配置效率与发展的可持续性；四是必须进行资源开发的外部性分析，其中的关键是要寻求将外部性内部化的有效途径与补偿方式。

（五）区域旅游产业发展战略中的产品设计与生产

产品设计与生产阶段应是区域旅游产业发展战略实施的关键。首先应该探讨资源价值向产品价值转型的可能性，具有潜在资源价值未必一定具有现实的产品价值，产品价值要求考虑其满足消费市场需求的可能性与愿望，前者决定了产品的供给价格可以满足消费者的支付能力，后者决定了消费者有一定强度和可持续的需求偏好，从而决定了潜在的市场规模。其次，要着力打造产品的核心价值（core value），核心价值决定了产品的竞争力与市场相对垄断程度（the monopolist of relative market），从而也就决定了产业的竞争力和相对垄断程度，同时也要考虑旅游产品的中间价值（secondary value）与扩展价值（extend value）。这是由消费的整体效应决定的，尤其在旅游消费中更为明显，旅游产品的核心价值、中间价值和扩展价值的相互关联程度比一般物质产品要高得多，因此产品设计和生产一定要考虑到消费者旅游消费活动的外部性、交易成本以及由此决定的旅游性价比，要进行消费者的旅游效价比模拟分析和预测，这也是决定产品和产业竞争力的重要因素。再次,旅游产品的设计、生产与空间布局要有效地考虑到外部性的规避和交易成本的节约,消费者在特定区域内旅游消费时间的延长和时间价值的提升,要求各类旅游产品、日间和晚间旅游产品、旅游和休整等结构的技术安排合理。最后,以上合理性有在一个区域内产业发展的纵向和横向协同效应,前者反映了政府提供的基础设施建设等公共产品的支持度,后者反映了由旅游产业的产业关联性决定的其他产业和产品的配套程度。

(六) 区域旅游产业发展战略实施的市场形成

在区域旅游产业发展战略研究框架中,关于市场发育、形成和成长的机理和方式的研究应是核心内容。首先,产业规模决定市场规模,要根据现有的产业与产品设计供给能力及增长幅度预测区域旅游产业总的市场容量及增长幅度,依据各阶段的均衡市场价格水平预测区域旅游产业的总收益水平(即旅游产值)。其次,要根据产业内产品结构及类别特征进行市场细分,确定几个具有可控制的规模及发展潜力的目标市场,目标市场必须是有效市场,是否是有效市场则要进行旅游客源国(地)旅游消费倾向、经济增长水平、人均国民收入水平及可自由支配收入水平、客源国与目的地相关阻力等因素的综合分析,据此推测旅游消费总量。应该指出,旅游产业及其产品的市场结构具有强烈的垄断竞争特质,当区域旅游产业及产品结构和总量与市场规模在经济技术层面相互适应后,现实市场的形成与区域旅游产业目标的实现便取决于区域旅游产业推广与产品形象的推广,取决于这一形象与客源国(地)目标市场或顾客的信息对称水平。作为垄断竞争性质的旅游产品具有很高的广告弹性,所以区域产业形象推广和产品营销推广是非常重要的市场培育和开拓环节。旅游产业形象是政府和微观企业组织及其消费者的共享资源,具有强烈的产权与消费的非排他性,是公共产品,当区域将旅游产业作为优先发展产业甚至支柱或龙头产业予以扶持时,应该以政府为主体进行区域旅游产业的整体形象的包装设计与推广,财政支出中应有合理比例(并保持合理的年度增长)用于区域旅游产业形象推广。一般而言,区域旅游产业形象推广的主体是双重的,在政府的产业形象推广中也涵盖了主要的核心的产品推广,但由于区域旅游产业形象的整体性质,它不可能涵盖所有的区域旅游产品,所以区域旅游产品营销的另一主体应是微观企业组织。微观企业组织的广告模式创新应是区域旅游产业发展战略中的重要内容,在广告行为存在负外部性、旅游产品无品牌的条件下,微观企业组织一般只发布信息性广告,但更重要的广告类型应是品牌树立和推广性质的广告,它是造就差异性消费市场和垄断竞争市场结构的重要基础,是区域旅游企业战略目标实现的重要推力。

(七) 区域旅游产业发展战略的绩效细分

区域旅游产业发展战略的绩效结构涵盖了消费者效用的实现、微观企业组织效益的实现与政府宏观经济效益的实现。消费者效用的实现是微观企业组织效益实现的基础,而微观企业组织效益的实现又是政府宏观经济效益实现的基础。消费者效用实现的程度决定着市场规模的维系水平和扩展水平,决定着区域旅游产业和产品的外部形象及其需求弹性,整体上决定着区域旅游消费总量和总收益,进而决定着微观企业组织的平均效益与利润水平。在市场化条件下,政府的财政、税收、就业、创汇、结构优化等目标实现的基本载体是微观企业组织,其效益和利润水平与政府的旅游产业发展战略绩效成正比。反映和测定消费者效用的重要指标应是旅游交易效率(TTE)、效用折扣率(utility discount)及旅游效价比(TRUP),以及由此决定的消费者重游率、旅游频度、入境人数(次)增长率及旅游总收益增长率(即广义的市场规模扩展水平);反映微观企业组织效益的重要指标应是企业组织静态物质技术意义上的投入产出效率,动态的、经济意义上的成本与收益水平,组织规模经济和范围经济水平,品牌价值和与此关联的市场占有率及相对市场垄断程度。在区域旅游产业发展战略绩效的评价中,虽然微观经济主体效益的实现是宏观经济效益的基础,但重点还在于对宏观经济效益或旅游产业经济效益的评价。旅游产业经济效益的评价体系与前述的区域旅游产业发展战略目标体系是一致的,故在此不再赘述。

(八) 区域旅游产业发展战略的绩效反馈

从区域经济发展和旅游产业发展的规律看,旅游经济运行周期与国民经济运行周期是一致的,都以年度进行测算。因此,区域旅游产业发展战略必须包含战略绩效评价与反馈。战略绩效评价应测算上一年度旅游产业经济运行绩效与预测的目标绩效之间的目标差(target differences),如果目标差太大,则意味着战略目标体系的制定有缺陷,或战略目标实施过程中存在问题,在区域旅游产业运行的下一周期则必须予以修正,使目标差≥0。战略实施评价应建立一系列自然的、经济的、社会的、伦理的、环境的、可持续的评价指标与原则,这一系列评价指标和原则一般与战略目标体系是吻合的。

三 区域旅游产业发展战略研究和实施的意义与价值

区域旅游产业发展战略研究有着重要的学术价值与理论意义,它将区域旅游产业发展战略研究框架嵌入了整体宏观旅游经济分析的框架中,使之更加完善。在我国现行的旅游经济学体系中,一般只分析区域旅游产业发展模式及其选择,学者按不同分类标准进行区域旅游产业发展模式的分类和不同产业模式选择原则的探讨,因此关于战略框架的探讨就显得尤为迫切和必要。

区域旅游产业发展战略的研究丰富了区域经济学和产业经济学的学术体系和内容。区域经济学研究涉及区域经济发展的理论基础(如产业布局、规模经济、地域生产综合分析、梯度推移、经济区划等理论)、区域特征分析、目标系统与政策手段、产业结构演进、区域国土规划、比例关系等,但区域发展战略研究却一直未进入区域经济研究的理论视野。产业经济学成熟的理论体系由五个模块组成:增长理论、增长方式、产业结构、产业组织与产业运行机制。本文认为,产业发展战略研究也应当成为产业经济理论的重要的组成部分。区域旅游产业发展战略研究开辟了一条理解区域经济、产业经济和区域产业经济发展规律的新路径,将发展战略研究引入区域产业发展的理论研究体系中,无疑使区域经济学和产业经济学对区域产业发展规律和方式的认知更加全面。"经济学的本质在于认识世界",但经济学也应当给予"改造世界"的人一个理性的知识体系和框架。这也是经济学的责任。经过多年的发展,区域经济学、产业经济学和旅游经济学使我们得以全面地把握区域经济发展和产业经济运行的规律,但在对"规律"的理性认知基础上,通过"战略"这一跳板更进一步地接近现实世界,会使我们更加深刻地理解现实世界并为更好地"改造世界"奠定学理基础。

区域旅游产业发展战略研究具有重要的实践意义。中国区域旅游产业经过改革开放以来20多年的发展,在旅游基础设施建设、旅游市场规模、旅游产业规模、旅游产业化水平、对国民经济的贡献率水平以及旅游产业带动区域社会发展和现代化进程中都有了很大的进步，在经过20世纪80年代的初步发展和90年代的高速发展，21世纪的前10年应该是我国区域旅游产业发展的内涵式、集约式、生态式和可持续的发展阶段，这一阶段及后续的区域旅游产业发展与前两个阶段发展的不同在于区域旅游产业发展是遵循区域经济发展和旅游产业发展规律的科学发展；是旅游产业经过20年的发展后产业自身成熟度日趋提升的理性发展；是区域旅游产业被认定为区域经济中的优先发展产业、重点产业、龙头产业或支柱产业后的主动发展；是在科学发展观和可持续发展理念支配下充分考虑与社会、文化、伦理、生态环境良性互动的可持续发展。这种新的发展观和发展模式都要求制定一个建立在以上认识基础上的全面、完整、科学、长远和有序的战略规划，以便正确引领和科学指导区域旅游产业的发展，实现区域旅游产业发展目标和区域经济社会宏观发展目标。

第二节　旅游经济的二维错位发展与二维生命周期
——以中国大陆31个省区市为例

据世界经济论坛《全球旅游业竞争力报告》显示，中国旅游业综合竞争力居全球第17位，与美国、法国、西班牙等世界旅游强国仍然存在较大差距。全国旅游工作会议指出，到2040年要将我国建设成为世界旅游强国。"强"就意味着旅游经济数量与质量的统一、产业规模与效益的统一[①]。然而区域旅游经济错位发展作为区域旅游经济发展不平衡的一种重要表现，已然严重阻碍了旅游经济的协调统一发展。因此，充分认识区域旅游经济错位发展现象、掌握旅游经济发展的一般规律对于解放旅游经济生产力、促进旅游经济统一发展、加快我国建设世界旅游强国具有重要的理论价值与实践意义。

有关区域旅游的错位发展，已经有很多学者从不同角度进行了大量的探讨。如王红艳、马耀峰基于空间错位理论和重力模型等方法分析了

---

① 邹统钎、黄鑫：《从旅游大国加快走向旅游强国》，《经济日报》2018年10月7日，第001版。

陕西省十个地市旅游资源与入境旅游流之间的错位程度，指出了陕西省 A 级旅游景区与入境旅游流流质中心存在空间错位，并利用二维组合矩阵给出了陕西省十个地市的五种错位类型[①]；李跃军、周秋巧等人从旅游资源错位现象、"旅游资源诅咒"的形成以及政策差异性三方面对旅游资源错位与"旅游资源诅咒"进行了概念辨析，指出如果缺乏旅游业挤出效应的论证，那么简单地将旅游资源错位现象等同于"旅游资源诅咒"的推断则存在严重的缺陷[②]；孙根年、王美红等人利用三个组合矩阵研究了我国景观资源、名牌景点和旅游财务业绩的空间错位，指出名牌景点与旅游财务业绩存在空间错位[③]；李连璞就旅游资源、旅游收入和游客数量三项指标对区域内各项要素进行比较分析，进而按照三项指标的不同组合关系给出了区域旅游发展的不同类型，表明我国区域旅游发展存在不同程度的错位现象[④]；黄震方、方叶林等人通过构建错位指数研究了中国大陆 31 省区市旅游资源与旅游经济的错位发展，指出大陆旅游资源总体上存在负向错位现象[⑤]；此外，尹贻梅等人利用重力模型与二维组合矩阵方法分析了旅游资源、区位和入境旅游收入三者之间的空间错位现象，并利用二维组合关系划分了五种类型来描述我国各省区市的旅游发展状况[⑥]。

以上研究证明了旅游资源与旅游收入、旅游流、区位等因素之间确实存在错位现象，但是这些研究总体上多聚焦于考察特定研究对象的旅游资源与其他各种因素之间的单对匹配错位，即大多以旅游资源为中心

[①] 王红艳、马耀峰：《基于空间错位理论的陕西省旅游资源与入境旅游质量研究》，《干旱区资源与环境》2016 年第 30 卷第 10 期，第 198－203 页。

[②] 李跃军、周秋巧、姜琴君：《"旅游资源错位现象"与"旅游资源诅咒"辨析》，《旅游论坛》2018 年第 11 卷第 2 期，第 43—50 页。

[③] 李连璞：《区域旅游发展"同步—错位"诊断及差异分析——基于中国 31 省（区、直辖市）国内旅游统计数据》，《人文地理》2008 年第 2 期，第 87—90 页。

[④] 王美红、孙根年、康国栋：《中国旅游 LR－NS－FA 空间错位的组合矩阵分析》，《人文地理》2009 年第 24 卷第 4 期，第 115—119 页。

[⑤] 方叶林、黄震方、张宏、彭倩、陆玮婷：《省域旅游发展的错位现象及旅游资源相对效率评价——以中国大陆 31 省市区 2000—2009 年面板数据为例》，《自然资源学报》2013 年第 28 卷第 10 期，第 1754—1764 页。

[⑥] 邓祖涛、尹贻梅：《我国旅游资源、区位和入境旅游收入的空间错位分析》，《旅游科学》2009 年第 23 卷第 3 期，第 6—10 页。

将其与其他因素——比对进而分析旅游资源错位情况，而对旅游经济错位的研究显得相对较为次要。另外，对错位类型的划分基本都是基于某一特定区域的旅游资源与另外一种研究变量的单一组合关系，分类的目的仅仅停留在将研究对象归类识别上。这使得对错位发展的认识很难上升到具有普遍意义的理论认知。鉴于此，本文将区位交通、基础设施建设水平、人均消费水平等影响旅游经济的非旅游资源因素和旅游资源价值、旅游资源规模、旅游资源品牌等旅游资源因素分别统一纳入区域经济发展水平与旅游资源禀赋两个指标，以旅游经济作为主要研究对象，综合研究区域经济发展水平、旅游资源禀赋和旅游经济之间的错位发展情况，并在此基础上提出一种新的旅游经济生命周期的认知视角。

一　旅游经济的二维错位发展与二维生命周期理论

（一）旅游经济的二维错位发展理论建构

理论上讲，在某一具体的研究范围内，区域经济、旅游经济和旅游资源禀赋三种指标一定都可以按照某种分类方法被划分为不同的等级，研究范围内的每一个研究单元也一定可以归属到相应的组合等级之中。据此，本文给出错位发展与二维错位发展的定义。如果某一研究单元的区域经济、旅游经济和旅游资源禀赋三者之中有任意两者处于不同的等级，那么称该区域存在错位发展。众所周知，旅游资源禀赋是旅游经济发展的重要基础，旅游经济又是区域经济的组成部分。因此，不妨将旅游经济视为旅游资源禀赋与区域经济之间的中间变量，那么区域经济与旅游经济的错位、旅游经济与旅游资源禀赋的错位就是旅游经济与区域经济、旅游资源禀赋的双重错位。本文将这种双重错位称为旅游经济的二维错位。

（1）旅游经济二维错位发展的类型。

为方便讨论，本文将区域经济、旅游经济和旅游资源禀赋全部简单划分为"高""中""低"三种等级，那么研究范围内的每一个研究单元一定都可以归属为 27 种不同组合等级当中的一种。据此，可以按照旅游经济与区域经济、旅游资源禀赋的错位方向将旅游经济的二维错位发展划分为二维正向错位、二维负向错位、二维相交错位和二维零错位四种类型。

二维正向错位（以下称正向错位）指代旅游经济所属等级低于区域经济所属等级且不低于旅游资源禀赋所在等级，或者旅游经济所在等级高于旅游资源禀赋所在等级且不高于区域经济所在等级的二维错位类型。也就是，某区域旅游经济相对全区域的发展水平（以下简称旅游经济相对水平）比该区域经济相对全区域发展水平（以下简称区域经济相对水平）低时，该区域旅游经济相对水平不能低于该区域相对于全区域的旅游资源禀赋水平（以下简称旅游资源禀赋相对水平）或者旅游经济相对水平比旅游资源禀赋相对水平高时，旅游经济相对水平不能比区域经济相对水平高。

正向错位依据正向重数（本文表示正向错位的次数，即区域经济所在等级高于旅游经济所在等级的次数与旅游经济高于旅游资源禀赋所在等级的次数之和）的不同又可分为双重正向错位（正向重数为2）与单重正向错位（正向重数为1）。在此分类上根据正向错位的强弱（错位等级不连续即为强，错位等级连续则为弱）可将双重正向错位与单重正向错位分别划分为双重强正向、双重弱正向、单重强正向、单重弱正向四种类型。在"高""中""低"三种等级27种组合类型中，双重强正向不存在，双重弱正向错位仅含"高—中—低"一项，单重强正向包括"高—低—低""高—高—低"两项；"高—中—中""高—高—中""中—中—低""中—低—低"四种皆属于单重弱正向错位。

二维负向错位（负向错位）为旅游经济所在等级高于区域经济所在等级且不高于旅游资源禀赋等级，或者旅游经济等级低于旅游资源禀赋等级且不低于区域经济等级的二维错位发展类型。即某区域旅游经济相对水平比该区域区域经济相对水平高时，该区域旅游经济相对水平不能高于该区域旅游资源禀赋相对水平或者旅游经济相对水平比旅游资源禀赋相对水平低时，旅游经济相对水平不能比区域经济相对水平低。

与正向错位同理，负向错位按照负向重数也可以划分为双重负向错位与单重负向错位两种错位类型。其中，双重负向错位又可分为双重强负向错位（不存在）与双重弱负向错位，单重负向错位可分为单重强负向错位与单重弱负向错位。

二维相交错位（相交错位）表示旅游经济等级同时高于区域经济等级与旅游资源禀赋等级或者同时低于区域经济等级与旅游资源禀赋等级

的二维错位发展类型，其特点为一正一负两向并存。在本文中，旅游经济等级同时高于区域经济等级与旅游资源禀赋等级的称为正负相交错位，另外一种称为负正相交错位。同理，依据错位强弱的不同，相交错位又可分为正负强错位、正负弱错位、负正强错位和负正弱错位四种类型。

最后一种类型便是二维零错位（零错位），它指的是旅游经济等级同时等于区域经济等级和旅游资源禀赋等级的二维错位类型。这种类型的特点是区域经济、旅游经济与旅游资源禀赋三者等级要么同时高，要么同时中，要么同时低。其中，同时处于高水平的称为高零错位，其余两种分别称为中零错位与低零错位。

（2）旅游经济四种二维错位发展类型的特征。

正向错位最大的特征就是经济无低性（区域经济）与资源无高性（旅游资源）。所谓经济无低性有两重含义：一是指在正向错位发展类型中的所有个体的区域经济发展水平都不会处于"低"这一等级，即正向错位发展的区域经济发展水平要么属于高级，要么属于中级；二是指每一个具体的正向错位发展个体，其区域经济等级至少等于其旅游经济或者旅游资源禀赋的等级。资源无高性同样也有两重含义：第一，凡是正向错位发展，旅游资源禀赋等级永远都不会高；第二，凡是正向错位发展，旅游资源禀赋等级都不会高于各自的旅游经济、区域经济的等级。

负向错位与正向错位恰好相反，其特征表现为经济无高性与资源无低性。在所有负向错位发展类型中，任何个体都不会是研究范围内区域经济等级高的个体且每一个个体的区域经济等级都不高于旅游经济等级和旅游资源禀赋等级。此为负向错位的经济无高性。而资源无低性一方面表现为所有负向错位的个体其旅游资源禀赋等级永远不会处于"低"这一等级，即所有负向错位个体的旅游资源禀赋在研究范围内总是处于中级或高级的，另一方面表现为每一个负向错位发展个体的旅游资源禀赋等级总是不低于各自的区域经济等级与旅游经济等级。

相交错位最明显的特征就是无界性与普遍性。需要注意的是，这里的无界不是指绝对的无界，而是指在一定的范围内可以随意存在于任意位置的相对无界。在相交错位中即指区域经济、旅游经济、旅游资源禀赋三者均可以处于"高""中""低"三种等级中的任意一级。所谓普遍性是指相交错位包含的个体类型在理论上要比正向错位、负向错位、零错位包含的个体类型都要多，换言之，相交错位更多样、更丰富。

极端性和无差异性是零错位最典型的特征。这两种特征可以分别从零错位的整体和局部来进行阐述。在讨论极端性之前，首先需要重新界定极端的概念。通常意义上讲，极端意味着事物发展运动的两个完全相反的方向的极致。然而如果把"中"这一等级也看作一种具有特殊意义的端点，那么当区域经济、旅游经济、旅游资源禀赋三者都一致位于中等级时，也可以将其称为一种"极端"。如此，从整体来看，零错位的极端性表现为仅仅包含高零错位、中零错位、低零错位三种毫无交叉的类型的特点；从局部来看，零错位的三种个体类型的内部等级都是一致的，区域经济等级、旅游经济等级、旅游资源禀赋等级不是全部处于高等级，就是全部处于低等级或者中等级。这便是零错位的无差异性。

通过以上对四种二维错位发展类型的特征的分析，不难发现，从各自的整体看来，正向错位更侧重于推动区域经济发展；负向错位更注重旅游资源禀赋的培育，或者说，负向错位发展类型的旅游资源都较为富集；相交错位对于区域经济、旅游经济、旅游资源禀赋的侧重具有较强的随机性，也就意味着区域经济、旅游经济和旅游资源禀赋三者都有可能成为某一研究单元的优势或劣势；而零错位发展类型更加注重区域经济、旅游经济和旅游资源禀赋的均衡发展。另外，值得关注的是，以上四种错位发展类型的所有特征不仅在"高""中""低"三级划分中成立，而且在更多等级数目划分下也同样成立，只不过将"高""中""低"的意义扩展到了相应等级划分中的最高等级、最中间等级与最低等级。

（二）旅游经济的二维生命周期理论建构

一般来讲，在一定历史阶段内，旅游资源禀赋的变化速率相对于经济增长水平的变化速率总是较慢的，甚至基本保持不变。旅游资源禀赋更大程度上取决于一些"先天条件"，比如自然资源、历史遗存、地方文化等，这便决定了旅游资源禀赋具有比经济增长更强的相对稳定性。因此，在相同的时间节点上，区域之间的旅游资源禀赋自然会存在差异。基于此，本文不妨在"高""中""低"的等级划分下，分别讨论不同资源禀赋等级区域的旅游经济的发展路径。首先，假定所有区域经济、旅游经济的发展起点都是一样的，都处于"低"这一等级，那么"低"

"中""高"三种不同旅游资源禀赋等级的区域在一定阶段内随着旅游经济与区域经济之间不同方式的协同发展,最终分别可以达到"高高低"、"高高中"和"高高高"的理想发展目标。不难发现,区域经济与旅游资源禀赋就像是旅游经济的两条生命线,旅游经济的发展要么依靠区域经济,要么依靠旅游资源禀赋。接下来,将旅游资源禀赋纵向排列,区域经济与旅游经济的递进组合横向排列,横轴自左向右分别命名为"双低潜伏期"、"缓冲起飞期"和"双高平稳期",纵轴自上而下分别命名为"匮乏期"、"过渡期"和"富集期",得到旅游经济的二维生命周期图(见图2—2)。

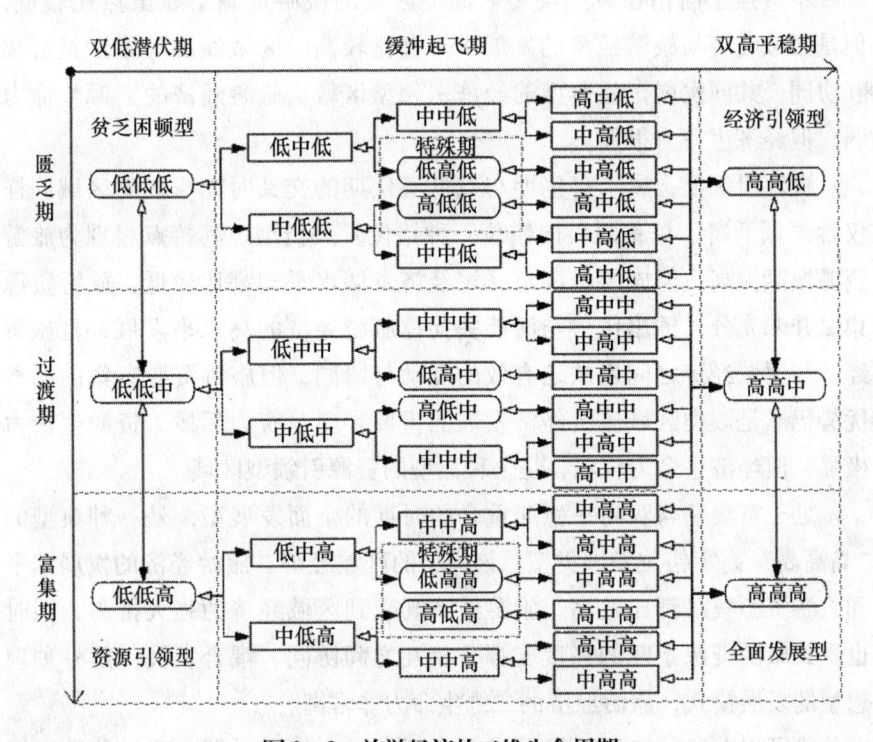

图2—2 旅游经济的二维生命周期

如图2—2所示,如果将区域经济与旅游经济都笼统地一并视作经济发展,那么旅游经济的二维生命周期图就是由经济发展生命周期和旅游资源禀赋生命周期共同组成的九宫格。可以看到,在九宫格的四个边角存在四种典型区域,它们分别为"贫乏困顿型"、"经济引领型"、"资源引领型"和"全面发展型";在缓冲起飞期内还存在两个特殊期、四种特殊发展类型。下面分别就这四种典型区域与四种特殊类型展开分析。

贫乏困顿型处于匮乏期与双低潜伏期交叉重叠的区域,这种类型仅仅包含"低低低"的低零错位发展类型,其特征表现为旅游资源禀赋与区域经济、旅游经济的发展水平都比较低,既没有比较良好的经济发展基础,同时也没有优异的旅游资源禀赋,是典型的资源贫乏、经济困顿型区域,旅游经济的二维生命力(指代资源生命力与经济生命力的组合)比较弱。

经济引领型,位于匮乏期与双高平稳期的交会区,只含有"高高低"一种单重强正向错位发展类型。此类区域的旅游资源禀赋虽然比较低,但是区域经济与旅游经济的发展水平都比较高,区域经济与旅游经济相互协同、共同发展,是典型的经济引领型区域,旅游经济的资源生命力弱,但经济生命力很强。

资源引领型,属于富集期与双低潜伏期的交叉时期。该类区域同样仅含"低低高"单重强负向错位一种错位发展类型。其特点表现为旅游资源禀赋极高,但旅游经济与区域经济发展水平却都比较低,旅游资源禀赋并未充分发挥出优势与潜能去支撑旅游经济的高水平发展,且旅游经济与区域经济之间也缺乏有效的互动与协同,但旅游资源富集的明显优势仍然是该类区域旅游经济发展的重要导向与有力后盾。资源生命力极强,但经济生命力较弱,是一种典型的资源引领型区域。

处于富集期与双高平稳期重合的时期的全面发展型,是一种典型的"高高高"高零错位发展类型。该类型的区域经济、旅游经济的发展水平和旅游资源禀赋都比较高,旅游经济既受到区域经济的强大推力,同时也受到旅游资源禀赋的高度支撑,相互之间协同、耦合发展,是一种理想型的发展模式,旅游经济的二维生命力非常高。

除了以上四种典型的发展类型,还有两个特殊时期、四种特殊区域值得引起研究者们的重视。一个特殊时期是匮乏期与缓冲起飞期的部分重叠期,包含"低高低"和"高低低"两类错位发展类型,这两种类型特殊在前者具备较高的旅游经济发展水平,但旅游资源禀赋与区域经济发展水平都比较低;后者具备较高的区域经济发展水平,但旅游经济发展水平与旅游资源禀赋都比较低。另一个特殊时期是富集期与缓冲起飞期的部分重叠期，包含"低高高"和"高低高"两种错位发展类型，这两种类型的特殊之处在于前者的旅游经济发展水平与旅游资源禀赋都比较高，但区域经济发展水平却很低；后者区域经济发展水平与旅游资源禀赋都很高，但旅游经济发展水平很低。

（三）旅游经济的二维错位发展与二维生命周期的区别与联系

为了更加深刻地利用旅游经济的二维错位发展与二维生命周期理论来观察旅游经济的生产实践活动，本文有必要对这两者之间的区别与联系作进一步阐述。

首先，旅游经济的二维错位发展与二维生命周期之间的区别在于分类标准不一样。前者是按照旅游经济与区域经济、旅游资源禀赋两者的错位反方与错位强弱的不同分类的，而后者是按照区域经济与旅游经济协同发展的过程以及旅游资源产生、开发、运营的过程来划分的。换言之，前者是横向划分，而后者是纵向划分。其次，两者的"二维"含义也是不同的。前者的"二维"分别指旅游经济与区域经济的错位和旅游经济与旅游资源禀赋的错位，而后者的"二维"分别是指旅游经济与区域经济协同发展的方向与方式和旅游资源禀赋多样化、品质化富集的成长过程。最后，两者侧重的观察点不一样。前者突出强调旅游经济与区域经济、旅游资源禀赋三者之间的协同关系、错位类型而忽视此三者的动态演变，而后者更加强调旅游经济与区域经济、旅游资源禀赋的动态演变和综合发展过程，却忽略此三者内部的协同、错位关系。

旅游经济的二维错位发展与二维生命周期之间的联系主要在于，二维生命周期图中从双低潜伏期到双高平稳期的横向演变过程和从匮乏期到富集期的纵向演变过程，其实就是二维错位发展类型不断双向优化的过程。这一点可以从以下两个方面来理解。第一，双低潜伏期到双高平稳期的发展过程正是低零错位与负向错位分别走向正向错位与高零错位的渐进过程。从四种二维错位发展的类型的特征可知，这与正向错位与高零错位两种错位发展类型都表现出有利于促进区域经济发展水平的特点相吻合。第二，由匮乏期到富集期的成长过程恰好是低零错位与正向错位分别渐进于负向错位与高零错位的过程。而负向错位与高零错位也都具有旅游资源禀赋极高的性质。所有相交错位皆位于缓冲起飞期。由此可见，旅游经济的二维错位发展与二维生命周期是相辅相成的。

二 二维生命周期视角下旅游经济发展的一般规律

(一) 旅游经济发展的全局规律

区域旅游产业发展战略、规律的研究有着重要的学术价值与理论意义，它将区域旅游产业发展战略、规律的研究框架嵌入了整体宏观旅游经济分析的框架中，使之更加完善。如图2—2所示，如果将旅游资源禀赋置于足够长的历史时间内来考察，那么旅游经济的整个发展过程其实就是从贫乏困顿型最终走向全面发展型的过程，所有处于不同二维生命周期内的一切二维错位发展类型都只不过是整个旅游经济发展过程中的一个阶段而已。

如此来看，贫乏困顿型最终成长为全面发展型，从旅游经济发展战略上讲，共有三种发展战略，其一就是交互发展区域经济与旅游经济（区域经济与旅游经济是否交互当视具体区域而言，如果区域经济发展速度比旅游经济发展速度慢，则可优先发展旅游经济，反之则优先发展区域经济），逐步形成以区域经济与旅游经济相互促进的发展格局以后再进行旅游资源开发、提升旅游资源禀赋等级，进而转变为区域经济与旅游资源禀赋双力驱动的全面发展型；其二则为先进行旅游资源开发、着力提升旅游资源禀赋等级以后再发展区域经济与旅游经济（优先发展哪种经济当视具体区域而言）；其三是先提升旅游资源禀赋至中间水平，然后发展区域经济与旅游经济至较高水平，最后再提升旅游资源禀赋以巩固旅游经济的持续发展。另外，这三种发展战略在区域经济、旅游经济、旅游资源禀赋不发生反向发展（沿图2—2中空心箭头的方向）与跳跃发展（发展过程没有遍历图2—2中任何一条路径的全部阶段）的条件下，发展路径数目与每条路径的步数都是完全相等的。这说明，在特定的足够长的历史时期内，这三种旅游经济的全局发展战略的优化程度在理论上都是一样的，其效率与适用性仅取决于所走路径每一步的时长，也就是取决于发展过程中每个具体阶段的自身情况。

(二) 贫乏困顿型区域与资源引领型区域的旅游经济发展规律

一般情况下，旅游资源禀赋在一定时期内相对于区域经济与旅游经济发展速率总是相对稳定的，且比起旅游资源禀赋，人们更加关心的是旅游经济与区域经济的发展水平、增长水平以及旅游经济与区域经济之间的相互作用。因此，旅游资源禀赋不同的区域的局部旅游经济发展规律（发展目标不一定非得达到全面发展型的旅游经济发展规律）便有了更加重要的现实意义。下面分别就贫乏困顿型与资源引领型区域给出各自的局部旅游经济发展规律。

贫乏困顿型区域由于处于匮乏期与双低潜伏期的交叉时期，旅游资源禀赋比较低，因此应当考虑以区域经济与旅游经济交互引领发展的发展战略。至于每一步是优先发展区域经济还是旅游经济，应当视具体情况而定。如果该区域在某一阶段发展其他产业的预期收益要比旅游业高，则优先发展其他产业以促进区域经济发展；反之则紧紧依靠仅有的少量特色旅游资源优先发展旅游业。如图 2—2 所示，这样的发展路径共有六条，其中经过特殊期的两条路径正是以区域经济促进旅游经济和以旅游经济反哺区域经济两种发展战略的典型。发展路径经过"低高低"这一特殊类型的发展战略从双低潜伏期到双高平稳期始终坚持优先发展旅游经济并以旅游经济促进区域经济发展的发展理念。而发展路径经过"高低低"这一特殊类型的则一直奉行优先发展区域经济并以区域经济带动旅游经济发展的发展战略。由此可见，旅游资源禀赋低的区域也未必不可先行发展旅游经济，只要该区域的旅游资源禀赋在该区域范围内比其他产业的资源禀赋好、旅游业发展水平比其他产业发展水平高，那么该区域同样可以优先发展旅游经济；反之则优先发展其他产业以提升区域经济发展水平，而后再反向带动旅游经济发展。

资源引领型区域的特点是旅游资源禀赋高、区域经济与旅游经济发展水平很低。通常来讲，凭借富集的旅游资源优先发展旅游经济是这一类区域首先考虑的发展战略，但理论上并不尽然如此。与贫乏困顿型区域一样，资源引领型区域也应当认识到在最终走向全面发展型的过程中，不论走哪条发展路径，都必然要经历三个阶段。在这三个阶段中，每一个阶段的发展都面临着先行发展旅游经济还是先行发展区域经济（即先行发展其他经济业态）的问题，只不过经过特殊期的两条发展路径，一条恰好在这三个阶段一如既往地选择了先行发展旅游经济的发展战略，另一条恰好全部选择了先行发展其他经济业态提升区域经济发展水平的发展战略。这说明，旅游资源禀赋高的区域也未必一定要先行发展旅游经济。每一发展阶段优先发展旅游经济还是优先发展其他经济业态，都应当根据该阶段的具体情况来判断。对于旅游资源禀赋高的区域,其旅游经济虽然在研究范围内所有区域中可能处于低水平发展阶段,但如果相对于本区域其他经济业态来讲,仍然是高水平、高潜力发展的经济业态,那么有优先发展旅游经济的可能;反之,如果旅游经济发展水平在研究范围内所有区域中以及在本区域所有经济业态中都比较低,则优先考虑发展其他经济业态提升区域经济总体水平,而后再以区域经济促进旅游经济发展最终走向全面发展型。

此外,显而易见的是,资源引领型区域在理论上要比贫乏困顿型区域更加具备发展旅游经济的先天优势。这同样是由旅游资源禀赋的相对稳定性决定的,资源引领型区域可以经过区域经济与旅游经济的不断发展最终走向经济与资源双力驱动的旅游经济发展形态,然而贫乏困顿型区域在经历相同的发展阶段后最终只能走向全靠经济单力驱动的旅游经济发展形态。因此,资源引领型区域的区域经济发展水平一旦接近或者高于经济引领型区域的区域经济发展水平,则旅游经济发展水平理论上势必要比经济引领型区域高。此时,贫乏困顿型区域与经济引领型区域要想使旅游经济发展水平永远高于资源引领型区域唯有始终保持区域经济发展水平远高于资源引领型区域,以此弥补自身旅游资源禀赋不足的缺陷。

三 中国大陆31个省区市旅游经济的二维错位发展与二维生命周期

(一)区域经济与旅游经济、旅游经济与旅游资源禀赋错位发展比较

为考察我国大陆31个省区市区域经济与旅游经济以及旅游经济与旅游资源禀赋的错位发展情况,首先需要对各省区市的经济发展水平、旅游经济发展水平和旅游资源禀赋做一初步分析。为此,本文选取区域人均GDP、国内旅游收入、资源整体优势度[①]分别衡量区域经济发展水平、旅游经济发展水平和旅游资源禀赋,并据此给出了31个省区市在这三种衡量指标下的各自排名(见表2—1)。为保证数据的一致性与可比性,重庆市旅游资源整体优势度完全采集文献中数据获取时限内的数据并依据该文献计算方法得出(见表2—2)。

---

① 王凯:《中国主要旅游资源赋存的省际差异分析》,《地理学与国土研究》1999年第3期,第69—74页。

表 2—1 中国内地 31 个省区市区域经济与旅游经济、旅游经济与旅游资源禀赋错位发展比较

省区市	区域经济 人均GDP（美元）	名次	旅游经济 国内旅游收入（亿元）	名次	旅游资源禀赋 资源整体优势度	名次	省区市	区域经济 人均GDP（美元）	名次	旅游经济 国内旅游收入（亿元）	名次	旅游资源禀赋 资源整体优势度	名次
北京	21188	1	5556	18	64	23	甘肃	4735	31	2058	27	182	5
天津	18021	3	3481	24	66	21	陕西	9769	12	5788	17	158	8
上海	20421	2	4477	20	36	29	青海	7207	23	464	30	80	20
重庆	10007	11	4200	21	55	24	四川	7387	20	10013	4	257	1
内蒙古	10032	10	3924	23	33	30	湖北	10079	9	6344	15	167	7
新疆	7567	19	2497	25	28	31	安徽	7250	21	7030	13	103	16
西藏	6500	27	490	29	65	22	江苏	17445	4	12851	1	100	17
宁夏	8175	15	311	31	53	26	浙江	14907	5	10006	5	131	13
广西	6270	28	7436	12	153	10	福建	13838	6	6033	16	109	14
黑龙江	6529	26	2208	26	52	27	江西	7193	24	8096	10	157	9
吉林	8748	14	4166	22	90	19	湖南	8001	16	8255	8	125	15
辽宁	9593	13	5255	19	150	11	贵州	6233	29	9471	6	55	25
河北	7219	22	7580	11	99	18	云南	5629	30	8991	7	240	2
河南	7577	18	8120	9	171	6	广东	13058	7	12255	2	228	4
山东	11525	8	10461	3	137	12	海南	7851	17	950	28	44	28
山西	6850	25	6670	14	239	3							

注：各省区市 2018 年人均 GDP（美元）、国内旅游收入（亿元）来源于国家统计局。

表 2—2 重庆市旅游资源整体优势度

省区市	A 值	C 值	F 值	配合指数	整体优势度	名次
重庆	0.607	0.248	0.388	70	55	24

如表 2—1 所示，可以明显看出，不论是区域经济与旅游经济，还是旅游经济与旅游资源禀赋，我国大陆 31 个省区市区域除了新疆、西藏、黑龙江、青海、广东、海南以外，均存在不同程度的错位发展现象。在

区域经济与旅游经济错位发展层面，尤以北京、上海、天津、四川、贵州、云南显著，其中，北京、上海、天津的区域经济排名远高于旅游经济排名，而四川、贵州、云南则恰好相反；在旅游经济与旅游资源禀赋错位发展层面，甘肃、陕西、河南、山西、湖北表现出旅游经济排名远低于旅游资源禀赋排名的特点，江苏、浙江、山东等地的旅游经济排名却远高于旅游资源禀赋排名。

（二）中国大陆31个省区市旅游经济的二维错位发展与二维生命周期

由上述研究可知，我国大陆31个省区市区域经济与旅游经济、旅游经济与旅游资源禀赋整体存在二维错位发展现象。下一步，本研究将进一步讨论各省市二维错位发展的类型与二维生命周期，以此检验旅游经济二维错位发展与二维生命周期的可描述性与合理性。

由于平均数易受极值的影响，本例中将区域经济、旅游经济和旅游资源禀赋依据各自的第二四分位数和第三四分位数简单划分为"高""中""低"三种等级，大于相应第三四分位数的区域则属于高值区域，小于对应第二四分位数的区域即为低值区域，处于两者之间的区域则为中值区域。若区域经济、旅游经济与旅游资源禀赋三者各自的等级属于"高""中""低"中任意一级则用"1"标记，不属于则用"0"标记（见表2—3）。

表2—3　　中国大陆31个省区市旅游经济的二维错位类型

省区市	区域经济 高	区域经济 中	区域经济 低	旅游经济 高	旅游经济 中	旅游经济 低	旅游资源禀赋 高	旅游资源禀赋 中	旅游资源禀赋 低	区域类型	错位类型
北京	1	0	0	0	0	1	0	0	1	高—低—低	(＋＋, 0)
天津	1	0	0	0	0	1	0	0	1	高—低—低	(＋＋, 0)
上海	1	0	0	0	0	1	0	0	1	高—低—低	(＋＋, 0)
重庆	0	1	0	0	0	1	0	0	1	中—低—低	(＋, 0)
内蒙古	0	1	0	0	0	1	0	0	1	中—低—低	(＋, 0)
新疆	0	0	1	0	0	1	0	0	1	低—低—低	(0, 0)
西藏	0	0	1	0	0	1	0	0	1	低—低—低	(0, 0)
宁夏	0	1	0	0	0	1	0	0	1	中—低—低	(＋, 0)
广西	0	0	1	0	1	0	0	1	0	低—中—中	(＊, 0)
黑龙江	0	0	1	0	0	1	0	0	1	低—低—低	(0, 0)

续表

省区市	区域经济 高	区域经济 中	区域经济 低	旅游经济 高	旅游经济 中	旅游经济 低	旅游资源禀赋 高	旅游资源禀赋 中	旅游资源禀赋 低	区域类型	错位类型
吉林	0	1	0	0	0	1	0	0	1	中—低—低	(＋, 0)
辽宁	0	1	0	0	0	1	0	1	0	中—低—中	(＋, ＊)
河北	0	0	1	0	1	0	0	0	1	低—中—低	(＊, ＋)
河南	0	0	1	0	1	0	0	1	0	低—中—高	(＊, ＊)
山东	0	1	0	1	0	0	0	1	0	高—高—中	(0, ＋)
山西	0	0	1	0	1	0	1	0	0	低—中—高	(＊, ＊)
甘肃	0	0	1	0	0	1	0	1	0	低—低—高	(0, ＊＊)
陕西	0	1	0	0	0	1	1	0	0	中—低—高	(＋, ＊＊)
青海	0	0	1	0	0	1	0	0	1	低—低—低	(0, 0)
四川	0	0	1	1	0	0	1	0	0	低—高—高	(＊＊, 0)
湖北	0	1	0	0	1	0	1	0	0	中—中—高	(0, ＊)
安徽	0	0	1	0	1	0	0	1	0	低—中—中	(＊, 0)
江苏	1	0	0	1	0	0	0	0	1	高—高—低	(0, ＋＋)
浙江	1	0	0	1	0	0	0	1	0	高—高—中	(0, ＋)
福建	1	0	0	0	1	0	0	1	0	高—中—中	(＋, 0)
江西	0	0	1	0	1	0	0	1	0	低—中—中	(＊, 0)
湖南	0	1	0	1	0	0	0	1	0	中—高—中	(＊, ＋)
贵州	0	0	1	1	0	0	0	0	1	低—高—低	(＊＊, ＋＋)
云南	0	0	1	1	0	0	1	0	0	低—高—高	(＊＊, 0)
广东	1	0	0	1	0	0	1	0	0	高—高—高	(0, 0)
海南	0	0	1	0	0	1	0	0	1	低—低—低	(0, 0)

注：错位类型一栏中横坐标记旅游经济与区域经济的错位，纵坐标记旅游经济与旅游资源禀赋的错位；"＋""＊""0"分别表示正向弱错位、负向弱错位、零错位；"＋＋"表示正向强错位，"＊＊"表示负向强错位。

从二维错位发展类型来看，中国大陆 31 个省区市旅游经济发展四种错位发展类型都存在。其中，正向错位共有 11 个省区市，北京、天津、上海、江苏属于单重强正向错位，重庆、内蒙古、宁夏、吉林、山东、浙江、福建属于单重弱正向错位，双重弱正向省市不存在；负向错位共有九个省区市，其中甘肃、四川、云南属于单重强负向错位，广西、湖北、安徽、江西属于单重弱负向错位，河南、山西属于双重弱负向错位；相交错位共有五个省区市，其中辽宁、陕西属于正负相交错位，河北、湖南、贵州都属于负正相交错位，零错位共有六个省区市，其中五个低零错位，分别为新疆、西藏、黑龙江、青海、海南，一个高零错位即广东，没有中零错位。

从二维生命周期来看，新疆、西藏、黑龙江、甘肃、青海和海南六省区市都处于双低潜伏期，其中除甘肃省属于资源引领型以外，其余五省都属于贫乏困顿型，没有任何省区市处于双低潜伏期与过渡期的交叉重叠期。山东、江苏、浙江、广东四省区市皆位于双高平稳期，其中仅有江苏属于经济引领型，广东属于全面发展型，山东与浙江处于双高平稳期与过渡期的交叉重叠期。其余各省区市均处于缓冲起飞期，北京、天津、上海、贵州四省市均处于缓冲起飞期与匮乏期交叉重叠期中的特殊时期，其中北京、天津、上海属于区域经济引领旅游经济发展的"高低低"特殊类型，而贵州则属于旅游经济引领区域经济发展的"低高低"特殊类型；而在缓冲起飞期与富集期交叉重叠中的特殊期，仅有四川、云南两省属于以旅游资源禀赋驱动的旅游经济促进区域经济发展的"低高高"特殊类型，不存在区域经济与旅游资源禀赋皆高但旅游经济很低的"高低高"特殊类型（即中国大陆31个省区市不存在严格意义上的"资源诅咒"型省市）。

四 结论与讨论

本节聚焦旅游经济与区域经济、旅游资源禀赋的错位发展，通过建构旅游经济的二维错位发展与二维生命周期理论框架与实例检测，最终得到以下主要结论。

第一，旅游经济的二维错位发展类型包括正向错位、负向错位、相交错位和零错位四种一级类型，双重（强/弱、正/负）向错位、单重（强/弱、正/负）向错位、正负相交错位、负正相交错位以及低零错位、中零错位、高零错位13种二级错位类型。正向错位具有资源无高性与经济无低性的特征，负向错位具有资源无低性与经济无高性的特征，相交错位具有无界性与普遍性的特征，而零错位具有极端性与无差异性的特征。以上分类方法或许可以为认识旅游经济错位发展现象提供更加深刻的见解，从而有助于科学制定区域乃至整体旅游经济发展战略。

第二，旅游经济的二维错位发展与二维生命周期既有区别又有联系，综合两者可以为研究区域旅游经济发展规律提供新的视角。在旅游经济二维生命周期视角下，任何区域的旅游经济发展的起点都为贫乏困顿型，终点都为全面发展型，而区域旅游经济的所有错位发展类型都只是从贫乏困顿型到全面发展型整个发展过程中的一个阶段而已。在相对有限的时间范围内，贫乏困顿型和资源引领型地区都可以通过施行区域旅游经济与区域经济交互引领的发展战略最终分别走向经济引领型与全面发展型。在此过程中，贫乏困顿型与资源引领型必然都将经历三个阶段，每一阶段优先发展区域经济还是区域旅游经济都应当视具体情况而定，资源引领型地区不一定非得每一阶段优先发展区域旅游经济，同样贫乏困顿型地区也不一定一直偏向于优先发展区域经济。这与以往我们对资源富集地区就理所应当优先发展区域旅游经济和经济落后、资源贫乏的地区就必然先行发展区域经济的认知略有不同。因此，区域旅游经济发展要时刻审视自身所处的发展阶段，既要做到因地制宜，又要做到因时而变，从而及时交换区域旅游经济优先发展战略与区域经济优先发展战略，以此作为区域旅游经济发展的根本战略。

第三，中国大陆31个省区市确实存在不同的二维错位发展类型，同时也都处于不尽相同的二维生命周期。这与二维错位发展与二维生命周期理论不谋而合，在一定程度上检验了二维错位发展与二维生命周期理论的可描述性与合理性。

本节试图给出认识旅游经济错位发展与生命周期的一种新的视角与方法，在旅游经济的发展规律上取得了一些新的发现。但仍然在以下方面存在不足，这些不足之处也为下一步研究指明了方向。

第一，错位发展不仅表现在等级错位，还有空间错位、属性错位、形式错位、结构错位等多种表现形式。因此本节以等级为基准的错位发展的概念显得过于片面，可考虑从其他角度给出更加全面精准的错位发展定义，进而对错位发展产生更清晰的认知。

第二，研究对象内部的错位发展同样是一种不可忽视的错位现象，比如旅游经济与该区域内部其他经济业态的错位、旅游资源禀赋与该区域内部其他资源禀赋的错位。因此，将内部错位纳入旅游经济的错位发展研究中，进一步深刻认知内外部多重错位的综合错位效果，以及寻求一种理解这种内外部的错位发展关系的新型研究范式也将是本研究下一阶段的重点工作。

第三，二维生命周期图不仅反映了旅游经济的经济生命力与资源生命力的成长过程，同时也给出了不同错位发展类型的发展路径。可考虑将此图看作一种复杂网络或者动力系统，进而将其与复杂网络与动力系统知识结合起来，考察旅游经济演变的网络特性或其他未知的规律。

第三节　基于 SARAR 空间计量模型的我国区域旅游经济的空间效应研究

旅游业作为我国的一种新兴经济业态，近年来在国民经济中扮演着越来越重要的角色，然而区域旅游经济差异依然是旅游经济发展中普遍存在的问题。另外，旅游活动与生俱来的空间移动性势必造就区域旅游经济之间的频繁交互。随着 2017 年全域旅游作为国家战略在全国范围内广泛展开，区域旅游经济之间的联系更加紧密，同时也促使旅游经济发展不得不考虑研究对象所处的地理位置等更多空间因素。根据地理学第一定律，"所有事物都与其他事物相关联，但较近的事物比较远的事物更关联"[1]。经济数据大多都涉及一定的空间位置，旅游经济数据也更是如此。因此，研究区域旅游经济的空间差异及其影响因素是我国经济进入新常态下全域旅游研究、缩小区域旅游经济差异的重要课题。

总体来看，国内外学者对旅游经济空间效应的关注是在近十年前才开始的。2013 年以后，有关旅游经济空间效应的研究逐渐增多，截至 2018 年，年发文量已有 30 篇左右。经过十年左右的深入研究，学者们已经取得了丰硕的成果。从研究内容上看，可以大致分为三类。第一类，研究区域旅游经济有无空间效应。如把多勋[2]在提出的区域旅游经济发展

---

[1] Tobler, W. R., "A Computer Movie Simulating Urban Growth in the Detroit Region", *Economic Geography*, 1970 (46), pp. 234–240.

[2] 把多勋:《区域旅游产业发展战略研究论纲》，《旅游科学》2005 年第 3 期，第 10—15 页。

战略的研究框架中认为区域旅游产业发展战略目标的实现，首先有赖于对区域旅游产业发展战略实施的"关联区域竞争环境分析"，即在时间空间上、区际地缘关系上对相关区域的旅游产业发展环境进行分析。这表明区域旅游经济存在一定的空间效应；杨友宝[1]以"空间"视角为切入点，探讨旅游地域系统动态演化的效应问题，并以我国东北老工业地域为区域指向，建构了"旅游地域系统演化—空间效应发挥—区域转型发展"的研究范式；白洋等[2]人根据新经济地理学理论，基于2001—2014年"一带一路"省际面板数据，构建空间杜宾模型，实证分析了交通基础设施等因素对区域旅游专业化的空间效应，结果发现"一带一路"旅游专业化的全局变动表现出明显的空间关联特征，区域旅游专业化水平之间具有显著的空间溢出效应，不同形式交通基础设施等因素对区域旅游专业化的直接影响和空间溢出效应存在空间差异。第二类，基于空间效应研究旅游发展与经济增长之间的关系。如刘佳等人[3]运用全局空间自相关 Moran's I 指数、空间关联局域指标 LISA 分析，考察中国大陆 31 个省级区域旅游产业集聚与旅游经济增长的空间相关，对中国旅游产业集聚与旅游经济增长的关系进行了理论分析和实证检验；赵磊[4]利用中国30 个省份 1999—2009 年面板数据，实证检验了旅游发展与经济增长之间的影响关系，研究表明旅游发展对经济增长具有显著正向促进作用。第三类，基于空间效应研究旅游经济增长的影响因素。朱海艳等[5]选取当地人口、景区质量、客运能力和第三产业水平作为自变量，应用空间滞后模型和地理加权回归模型从"全域"和"局域"空间分析了四个因素对31 个省区市国内旅游经济的影响，研究表明客运能力、第三产业水平和

---

[1] 杨友宝：《东北区域旅游地域系统演化的空间效应研究》，东北师范大学硕士学位论文，2016 年。

[2] 白洋、艾麦提江·阿布都哈力克、邓峰：《我国"一带一路"交通基础设施对旅游专业化的空间效应》，《中国流通经济》2017 年第 31 卷第 3 期，第 79—87 页。

[3] 刘佳、赵金金、张广海：《中国旅游产业集聚与旅游经济增长关系的空间计量分析》，《经济地理》2013 年第 33 卷第 4 期，第 186—192 页。

[4] 赵磊、方成、吴向明：《旅游发展、空间溢出与经济增长——来自中国的经验证据》，《旅游学刊》2014 年第 29 卷第 5 期，第 16—30 页。

[5] 朱海艳、孙根年、李君轶：《中国 31 省市国内旅游经济差异影响因素的空间计量研究》，《干旱区资源与环境》2019 年第 33 卷第 5 期，第 197—202 页。

国内旅游经济空间滞后项的影响显著，而当地人口对旅游经济发展没有影响。向艺等[1]构建了旅游经济增长影响因素的空间计量模型，并运用2000—2009年大陆31个省区市的数据进行实证研究，结果发现在考虑空间效应的影响下，旅游接待设施数量的增加、居民消费水平的提高对旅游经济增长具有显著的促进作用；旅游景区数量的增长对旅游经济的增长作用不显著；而交通里程的增长对旅游经济的增长具有反向作用。从研究方法上看，可大致归为两类。第一类，空间计量分析法。从上述文献可以看出，空间计量分析法是当前旅游经济空间效应研究的一种主要方法，不同的学者根据不同的研究目的在不同程度上又创新了空间计量分析方法。第二类，地理学空间结构理论与社会学社会网络分析等非计量方法。如汪德根等[2]运用"核心—边缘"和"板块旅游"空间结构理论，结合京沪高铁线六个都市圈基本特征以及高铁旅游流空间网络结构和空间效应特征，最终建构出京沪高铁旅游带；王俊[3]等人利用2000—2015年中国省域旅游经济发展数据，结合修正的万有引力模型和社会网络分析方法，实证分析了中国省际间旅游经济发展的空间关联网络结构特征及其效应。结果表明：中国旅游经济发展空间网络结构特征明显，省际间关联系数总体在波动中呈上升趋势；中国省域旅游经济关联网络等级度较高。

以上研究在不同程度上丰富了旅游经济研究与旅游地理研究的理论宝库，同时也加深了对旅游经济空间效应的认识，但仍然在以下几方面存在不足。第一，大多空间计量分析中空间权重矩阵的设定都为基于地理位置相邻关系的二元邻接矩阵。这使得一些重要信息得不到真实反映。第二，仅考虑旅游经济的空间滞后效应或者空间误差效应，几乎没有综合考虑两种效应同时存在时的旅游经济发展水平。第三，对旅游资源禀赋这一影响因素，大多数研究将其视为一个解释变量。这忽视了旅游资

---

[1] 向艺、郑林、王成璋：《旅游经济增长因素的空间计量研究》，《经济地理》2012年第32卷第6期，第162—166页。

[2] 汪德根、牛玉、陈田、陆林、唐承财：《高铁驱动下大尺度区域都市圈旅游空间结构优化——以京沪高铁为例》，《资源科学》2015年第37卷第3期，第581—592页。

[3] 王俊、徐金海、夏杰长：《中国区域旅游经济空间关联结构及其效应研究——基于社会网络分析》，《旅游学刊》2017年第32卷第7期，第15—26页。

源等级对旅游经济发展的影响。

鉴于此，本文将同时考虑两种空间效应并将资源禀赋划分为两类，通过构建SARAR空间计量模型，在三种不同的空间权重矩阵下来研究我国大陆31个省区市的区域旅游经济发展的影响因素。

一 模型构建

（一）SARAR空间计量模型

空间效应通常表现为两种形式，一种表现为依赖于其"相邻"区域的被解释变量或解释变量的空间滞后效应，一种表现为依赖其误差项的空间误差效应。对应的空间计量模型有空间自回归模型（SAR）、空间杜宾模型和空间误差模型（SEM）。鉴于关于区域旅游经济差异影响因素的相关研究中多一致强调经济发展水平、旅游资源禀赋、旅游客流量等因素，本文选取全国大陆31个省区市2018年GDP、5A级景区数量、4A级及其以上景区数量、旅游接待人次四个因素作为旅游经济的解释变量，采用带空间自回归误差项的空间自回归模型（SARAR），即SAR模型与SEM模型的组合模型来考察我国大陆31个省区市旅游经济的空间效应。其中，大陆31个省区市的GDP、国内旅游收入、国内旅游接待人次数据均来源于国家统计局，景区数据来源于《中国旅游年鉴（2018）》。模型构建如下：

$$TR = \lambda WTR + \beta_1 GDP + \beta_2 A + \beta_3 QTR + \beta_4 TT + u \quad (2—1)$$

$$u = \rho Mu + \varepsilon, \varepsilon \sim N(0, \sigma^2 I_n) \quad (2—2)$$

式中：n为样本容量，TR为国内旅游收入，衡量该区域旅游经济发展水平，GDP、A、QTR、TT分别表示对应区域的GDP、4A级景区数量、5A级景区数量以及年旅游接待人次，W和M分别为被解释变量y和扰动项u的空间权重矩阵，λ、ρ分别为各自相应的空间自回归系数，ε为球形扰动项。

（二）空间权重矩阵设定

空间计量分析的前提是空间权重矩阵的设定，即方程式（2—1）与式（2—2）当中W和M的设定，空间权重矩阵的选取关系到对被解释变量真实空间效应的拟合效果。为此，本章选取了三种不同的空间权重矩阵w_1、

w_2、w_3 来拟合我国大陆 31 个省、自治区、直辖市（以下简称省区市）旅游经济的空间效应。其中，w_1 为二进制的邻接空间权重矩阵，w_2 为基于 31 个省区市省会城市之间的直线距离的空间距离矩阵，w_3 为基于 31 个省区市 2018 年区域 GDP 的经济空间矩阵。为在 0—1 邻接矩阵中反映出海南省的空间自相关性，假设广东省与其相邻。矩阵 w_1 记省份 i 与省份 j 之间的空间权重为 w_{ij}，则 w_1，w_2，w_3 的空间权重可分别表示为：

$$w_{ij} = \begin{cases} 1 & \text{当区域 } i \text{ 与区域 } j \text{ 相邻} \\ 0 & \text{当区域 } i \text{ 与区域 } j \text{ 不相邻} \end{cases} \quad (2—3)$$

$$w_{ij} = \frac{1}{d_{ij}}, \text{其中，} d_{ij} \text{ 为区域 } i \text{ 与 } j \text{ 的距离} \quad (2—4)$$

$$w_{ij} = \frac{1}{|g_i - g_j|}, \text{其中，} g_i, g_j \text{ 为区域 } i \text{ 与 } j \text{ 的 GDP} \quad (2—5)$$

（三）空间自相关检验

在确定是否使用空间计量方法之前，首先要考察国内 31 个省区市旅游经济是否存在空间自相关性。本文利用 Moran's I 与 Geary's C 同时对国内旅游收入进行全局与局部空间自相关检验。其中，全局 Moran's I 考察整个空间序列 $\{x_i\}_{i=1}^n$ 的空间集聚情况，局部 Moran's I 指数区域 i 附近的空间集聚情况，分别表示如下：

$$I = \frac{\sum_{i=1}^n \sum_{j=1}^n w_{ij}(x_i - \bar{x})(x_j - \bar{x})}{S^2 \sum_{i=1}^n \sum_{j=1}^n w_{ij}} \quad (2—6)$$

$$I_i = \frac{(x_i - \bar{x})}{S^2} \sum_{j=1}^n w_{ij}(x_j - \bar{x}) \quad (2—7)$$

Moran's I 的值域为 [-1, 1]，当 $I > 0$，则表示 $\{x_i\}_{i=1}^n$ 空间序列正自相关，即高值与高值相邻，低值与低值相邻；当 $I < 0$，则表示 $\{x_i\}_{i=1}^n$ 空间序列负自相关，即高值与低值相邻，当 $I = 0$，则不存在空间自相关。局部 Moran's I 与全局 Moran's I 含义相似。Moran's I 并非唯一的空间自相关指标，为增强模型可靠性，引入另一常用指标 Geary's C，其表达式如下：

$$C = \frac{(n-1) \sum_{i=1}^n \sum_{j=1}^n w_{ij}(x_i - x_j)^2}{2(\sum_{i=1}^n \sum_{j=1}^n w_{ij})[\sum_{i=1}^n (x_i - \bar{x})^2]} \quad (2—8)$$

一般认为，Geary's C 对于局部空间自相关比 Moran's I 更敏感。

Geary's C 的值域为 [1, 2] (2 不是严格上界), C>1 表示存在空间负相关, C<1 表示存在空间正相关, 当 C=1 表示不存在空间自相关。

二 模型检验

为避免因模型设定不当引起"设定误差", 在进行空间计量分析之前, 需要对模型 (2—1) 进行检验。首先, 解释变量个数的选择会影响到模型的解释力与简洁性。其次, 数据本身也会对回归结果产生极大影响。如果在解释变量中, 有一解释变量可由其他解释变量线性表出, 则存在"严格多重共线性"。实际数据中更为常见的是近似的(非严格)多重共线性, 多重共线性会致使变量系数估计不准确。

为此, 本文利用校正可决系数 $\overline{R^2}$、赤池信息准则 (AIC)、贝叶斯信息准则 (BIC) 来综合确定模型 (1—1) 的解释变量。采用方差膨胀因子 (VIF) 来检验各省市国内生产总值 GDP、5A 级景区数量 A、4A 级及其以上景区数量 QTR 和旅游接待人次 TT 四个解释变量是否存在多重共线性 (见表2—4)。

表2—4　　　　　　　变量选择与多重共线性检验

变量 Var	$\overline{R^2}$	AIC	BIC	VIF
GDP	0.6514	134.3315	137.1995	
GDP、A	0.6651	134.0057	138.3077	
GDP、A、QTR	0.7046	130.9844	136.7204	
GDP、A、QTR、TT	0.8885	101.6039	108.7738	2.97

检验结果显示: 当模型 (2—1) 选取全部解释变量时, 校正可决系数 $\overline{R^2}$ 达到最大值 (0.8885), 表明同时选取变量 GDP、A、QTR、TT 作为对旅游收入 TR 的解释变量时, 整个回归方程的拟合优度达到最高。此外, AIC、BIC 值分别在选取全部变量作为解释变量时, 同时达到各自的最小值 (AIC=101.6039, BIC=108.7738), 表明该模型必须至少同时含有这四个解释变量才能保证该模型简洁性与解释力的平衡。最后, 当选取全部变量作为解释变量时, 方差膨胀因子 VIF 的最大值为 2.97, 远远

小于10,故不必担心这四个变量存在多重共线性。通过以上检验,可以确定模型(2—1)对旅游经济具有一定程度的拟合力与解释力,因此,可以利用该模型进行下一步空间分析。

三 模型求解与结果分析

(一) 0-1邻接矩阵、空间距离矩阵、经济空间矩阵下旅游经济空间自相关性检验对比分析

第一步是检验空间自相关性,本文设定了三种不同的空间权重矩阵来检验旅游经济的空间自相关性。如表2—5所示,用0-1邻接矩阵、空间距离矩阵作为空间权重矩阵时,我国旅游收入的Moran's I、Geary's C均强烈拒绝了"无空间自相关"的原假设,且0-1邻接矩阵比空间距离矩阵的显著性水平更高,表明我国大陆31个省区市区域旅游经济存在全局空间自相关性,并且0-1邻接矩阵下这种空间自相关性更为显著。然而,经济空间矩阵对应的Moran's I、Geary's C并未全部通过显著性检验,表明使用经济空间矩阵并不能很好地刻画我国区域旅游经济的空间效应。

总体而言,我国大陆31个省区市区域旅游经济存在全局空间自相关性,使用0-1邻接矩阵、空间距离矩阵可以更好地反映这种空间自相关性。0-1邻接矩阵、空间距离矩阵对应的Moran's I都大于0、Geary's C都小于1,说明我国大陆31个省区市区域旅游经济存在全局空间正自相关,即高旅游收入区域与高旅游收入区域相邻(近),低旅游收入区域与低旅游收入区域相邻(近)。

表2—5 三种空间权重矩阵下我国大陆31个省区市旅游经济全局空间
自相关性检验对比分析

权重矩阵 W	Moran's I	Geary's C
w_1	0.299 ***	0.620 ***
	(0.002)	(0.005)
w_2	0.082 ***	0.817 ***
	(0.005)	(0.009)
w_3	0.144	0.502 ***
	(0.117)	(0.002)

注: *** $p<0.01$, ** $p<0.05$, * $p<0.1$。

下面进行局部空间自相关分析，表2—6列出了三种空间权重矩阵下我国大陆31个省区市的Moran's I及检验结果。可以看到，使用0-1邻接矩阵时，某些区域存在空间自相关性。其中，新疆、江苏、海南三省均强烈拒绝了"无空间自相关性"的原假设（显著性水平均低于0.01），山东、甘肃、青海三省的Moran's I在5%水平上显著，表明这些省市的旅游经济与相邻的省市存在较强的空间自相关。此外，新疆、江苏、山东、甘肃、青海都呈现空间正自相关性，唯有海南存在空间负自相关性。

表2—6　　　三种空间权重矩阵下我国旅游经济局部空间自
相关性检验对比分析

省区市	w_1	w_2	w_3
北京	0.033 (0.942)	0.286 (0.858)	-1.100 (0.977)
天津	-0.252 (0.892)	-3.501 (0.722)	0.193 (0.871)
上海	-1.409 (0.324)	-6.908 (0.311)	-1.643 (0.929)
重庆	-1.525 (0.505)	-1.936 (0.751)	2.369 (0.667)
内蒙古	2.441 (0.265)	0.436 (0.646)	0.364 (0.903)
新疆	4.474*** (0.005)	0.834** (0.045)	8.935* (0.060)
西藏	0.928 (0.565)	0.099 (0.473)	40.279*** (0.000)
宁夏	3.011* (0.058)	3.480* (0.098)	70.070*** (0.000)
广西	1.878 (0.279)	1.387 (0.404)	-2.064 (0.950)
黑龙江	1.257 (0.331)	1.322 (0.615)	2.960 (0.817)
吉林	1.025 (0.493)	1.922 (0.564)	-11.230 (0.816)

续表

省区市	w_1	w_2	w_3
辽宁	0.143 (0.882)	0.417 (0.744)	0.295 (0.879)
河北	0.222 (0.844)	1.407 (0.665)	8.193 (0.825)
河南	2.732 (0.201)	3.159 (0.207)	1.908 (0.181)
山东	4.484** (0.013)	3.006 (0.344)	2.909*** (0.000)
山西	0.091 (0.904)	0.514 (0.741)	-7.534 (0.878)
甘肃	4.350** (0.038)	9.017** (0.029)	16.998*** (0.000)
陕西	0.103 (0.879)	-0.010 (0.737)	0.176 (0.886)
青海	4.208** (0.020)	9.507** (0.024)	66.272*** (0.000)
四川	-3.607 (0.146)	-1.424 (0.788)	3.569 (0.553)
湖北	0.174 (0.865)	0.903 (0.571)	1.262 (0.778)
安徽	1.798 (0.362)	5.057 (0.287)	-1.539 (0.989)
江苏	6.009*** (0.002)	13.584** (0.023)	9.170*** (0.000)
浙江	2.964 (0.125)	8.860 (0.102)	2.199** (0.030)
福建	0.053 (0.925)	0.085 (0.721)	0.498 (0.944)
江西	2.547 (0.210)	4.848* (0.073)	-3.994 (0.775)

续表

省区市	w_1	w_2	w_3
湖南	2.325 (0.249)	4.066 (0.104)	8.504 (0.697)
贵州	2.692 (0.161)	5.188* (0.057)	-36.850 (0.344)
云南	0.899 (0.579)	1.656 (0.245)	-23.181 (0.315)
广东	0.461 (0.758)	5.408** (0.016)	8.671*** (0.000)
海南	-2.713*** (0.006)	-9.155*** (0.000)	46.262*** (0.000)

注：*** $p<0.01$，** $p<0.05$，* $p<0.1$。

空间距离矩阵作空间权重矩阵时，同样也有一些区域存在空间自相关性，且基本包括0—1邻接矩阵5%显著性水平以上的省市。除此以外，广东省的Moran's I为正，且在5%水平上显著；海南省依旧呈现空间负自相关；江西、贵州、宁夏三省也在10%的显著性水平上存在空间自相关性。

经济空间矩阵作空间权重矩阵时，可以明显看到，西藏、宁夏、山东、甘肃、青海、江苏、广东、海南均在1%的显著性水平上存在空间自相关性；浙江和宁夏也分别在5%和10%的显著性水平上存在空间正自相关。但是，需要注意的是，这种空间自相关性仅仅是指在经济空间意义上的空间自相关，即区域旅游收入会与和自己GDP水平接近的区域的旅游收入存在相关性，GDP水平越接近的区域，旅游经济发展水平相关性越强。

（二）SARAR空间自回归估计与结果分析

以上研究发现，我国大陆31个省区市区域旅游经济存在空间自相关性，下面来估计这种空间效应的来源、大小与方向并考察旅游经济的影响因素。在SARAR模型中，空间效应来源于两个部分，一个是空间滞后项，另一个是空间误差项。为了探明我国旅游经济空间效应的来源与强弱，本研究分别考虑三种空间权重矩阵依次同时作为空间滞后项权重矩阵W、空间误差项权重矩阵M时，我国大陆31个省区市区域旅游经济的空间效应。

如表 2—7 所示，当选取 w_1 同时作为空间滞后项权重矩阵 W、空间误差项权重矩阵 M 时，空间自回归系数很不显著（p 值高达 0.471），而空间误差系数 $\rho = 0.301$ 非常显著（$p = 0.000$），表明我国大陆 31 个省区市区域旅游经济的空间效应来源于误差项，而非来源于空间滞后项，即我国旅游经济的空间效应与相邻区域的旅游经济无关。

表 2—7　相同空间权重矩阵 SARAR 空间自回归估计对比分析

变量 Var	w_1 Coef.	w_1 Std. Err	w_2 Coef.	w_2 Std. Err	w_3 Coef.	w_3 Std. Err
GDP	0.700 *** (0.000)	0.091	0.831 *** (0.000)	0.135	0.764 *** (0.000)	0.121
A	0.132 *** (0.007)	0.049	-0.016 (0.833)	0.737	0.057 (0.410)	0.069
QTR	-0.002 (0.516)	0.004	-0.004 (0.397)	0.005	-0.006 (0.235)	0.005
TT	0.714 *** (0.000)	0.110	0.818 *** (0.000)	0.095	0.732 *** (0.000)	0.095
cons	-1.080 ** (0.029)	0.496	1.244 ** (0.022)	0.543	-0.235 (0.698)	0.607
lambda	-0.010 (0.471)	0.014	-0.007 * (0.067)	0.004	0.002 (0.133)	0.001
rho	0.301 *** (0.000)	0.023	-0.032 (0.381)	0.037	0.004 (0.513)	0.005

注：*** $p < 0.01$，** $p < 0.05$，* $p < 0.1$。

若选取 w_2 同时作为空间滞后项权重矩阵 W、空间误差项权重矩阵 M，结果与 w_1 相反，空间误差系数并不显著（$p = 0.381$），空间自回归系数 $\lambda = -0.007$ 在 10% 水平上显著。这说明，以空间距离矩阵 w_2 作空间权重矩阵时，我国大陆 31 个省区市区域旅游经济的空间效应来源于空间滞后项，与空间误差项无关。

若选取 w_3 作为这两项的空间权重矩阵，空间自回归系数与空间误差系数均不显著。这说明我国区域旅游经济并不存在任何经济空间效应。

这与全局 Moran's I 检验结果相一致。

在旅游经济的影响因素研究中，区域 GDP、年旅游接待人次 TT 的回归系数在三种空间权重矩阵下均显著为正（p 值均为 0.000），5A 级景区数量 A 的回归系数仅在 0—1 邻接矩阵 w_1 下显著为正，而 4A 级及其以上景区数量 QTR 在三种空间权重矩阵下均未通过显著性检验。这表明，区域经济发展水平、年旅游接待人次对区域旅游经济存在较为显著的影响，而 4A 级及其以上景区数量对区域旅游经济的影响并不显著。

（三）我国区域旅游经济 OLS 回归与 SARAR 空间自回归估计对比分析

根据以上分析结果，接下来选取 0-1 邻接矩阵 w_1 和空间距离矩阵 w_2 分别作为空间误差项矩阵 M 和空间滞后项矩阵 W 代入式（1—1）、式（1—2）中进行最大似然估计，并将其与经典最小二乘法（OLS）回归进行对比分析。

如表 2—8 所示，空间自回归系数 $\lambda = 0.012$（$p = 0.035$），空间误差系数 $\rho = 0.293$（$p = 0.000$）均强烈拒绝了"无空间自相关"的原假设，表明空间距离矩阵 w_2 可以较好地拟合我国 31 个省区市区域旅游经济的空间滞后效应，0-1 邻接矩阵 w_1 可以较好地拟我国旅游经济的空间误差效应。换言之，省会城市距离越近的省市，旅游经济空间滞后效应越明显；地理位置相邻的省市，旅游经济空间误差效应越明显。

表 2—8　我国区域旅游经济 OLS 回归与 SARAR 空间自回归估计对比分析

变量 Var	OLS 回归			SARAR 空间自回归		
	Coef.	Std. Err	P-value	Coef.	Std. Err	P-value
GDP	0.727***	0.135	0.000	0.658***	0.087	0.000
A	0.027	0.078	0.733	0.173***	0.050	0.000
QTR	-0.005	0.006	0.387	-0.003	0.003	0.441
TT	0.760***	0.113	0.000	0.679***	0.104	0.000
cons	0.431	0.481	0.378	-2.783***	0.975	0.004
lambda	—	—	—	0.012**	0.006	0.035
rho				0.293***	0.020	0.000

注：*** $p < 0.01$，** $p < 0.05$，* $p < 0.1$。

在区域旅游经济影响因素研究方面，通过将 OLS 回归与 SARAR 空间自回归相比较，本文发现将区域旅游经济的空间效应纳入解释变量后，区域 GDP、年旅游接待人次 TT 的系数均不同程度地减小了，但依然非常显著。另外，4A 级及其以上景区数量 QTR 的回归系数在 OLS 回归与 SARAR 回归中均不显著，而 5A 级景区数量的回归系数 $\beta_2 = 0.173$ 在 SARAR 模型中变得非常显著（$p = 0.000$）。这再次表明，我国 31 省区市区域旅游经济存在空间效应，且国内旅游收入空间滞后项、空间误差项、区域 GDP、年旅游接待人次和 5A 级景区数量对区域旅游经济存在显著影响，而 4A 级及其以上景区数量对区域旅游经济的影响水平不显著。常数项系数显著为负，表明在 GDP 水平、5A 级景区数量、旅游接待人次同时为零时，我国旅游经济会以某种形式转移到其他经济发展上，从而导致旅游经济基础水平为负。

四　结论与展望

为考察我国大陆 31 个省区市区域旅游经济的空间效应及其影响因素，本文分别采用了 0—1 邻接矩阵、空间距离矩阵、经济空间矩阵三种不同的空间权重矩阵对区域旅游经济进行了全局与局部空间自相关性检验与 SARAR 空间自回归，并将回归结果与 OLS 回归进行对比分析。综合以上研究得到如下结论。

第一，我国大陆 31 个省区市区域旅游经济存在显著的空间自相关性，局部空间自相关性表现为以山东、江苏、浙江、广东等东南省区市为中心的"高—高"聚集，以新疆、青海、甘肃等西北省区市为中心的"低—低"聚集，以海南为中心的"高—低"聚集。因此，旅游经济发展在整体上应当注重培育旅游经济增长中心，充分发挥国内旅游经济水平较高的省区市的扩散作用，促进区域旅游均衡发展。同时在局部上也要注重各个省区市的区域差异，依据省情因地制宜发展旅游经济。

第二，我国大陆 31 个省区市区域旅游经济既存在空间滞后效应，同时也存在空间误差效应，相邻省市、相近省区市之间的相互影响不容忽视。旅游经济发展不仅要考虑内部条件，同时也要考虑外部因素，特别是与自己地理位置相邻近的省区市的旅游经济发展水平以及相邻近省区市对旅游经济有影响的其他因素。

第三，空间距离矩阵对我国大陆31个省区市区域旅游经济的空间滞后效应更为敏感，0—1邻接矩阵对区域旅游经济的空间误差效应更为敏感。即省区市省会城市距离越近的区域，旅游经济越容易受到周围区域旅游经济的相互影响；而地理位置相邻的省市越容易受到不包含在现有解释变量中但对旅游经济有影响的遗漏变量或者不可观测的随机冲击的空间影响。

第四，利用经济空间矩阵对我国区域旅游经济进行空间自相关性检验，发现仅在局部区域具有较强的经济空间自相关性，即只有部分经济发展水平相近的省市，旅游经济发展水平也相近，经济发展水平与旅游经济发展水平具有同步趋同性。可见，旅游经济发展水平并非绝对依赖区域经济发展水平，区域经济发展水平都高的省区市，旅游经济发展水平不一定都高；反之，区域经济发展水平较低的省区市，旅游经济发展水平也不一定都低。

第五，国内旅游收入空间滞后项、空间误差项、区域GDP、年旅游接待人次、5A级景区数量对我国大陆31个省区市区域旅游经济的影响显著，而4A级及以上景区数量却未能通过显著性检验。可见，就全国而言，促进区域经济发展水平、拉动旅游客流量增长均可以显著提升区域旅游经济发展水平；另外，旅游资源重数量，但更重质量，相较于4A级、5A级景区总量，5A级景区在区域旅游经济发展中起着更为重要的支撑引领作用，提升旅游资源等级、打造具有全国影响力的优质旅游景区、增加优质景区数量同样可以促进旅游经济发展。

本章通过SARAR空间计量模型初步分析了我国大陆31个省区市区域旅游经济的空间效应及其影响因素，但该模型本身仍然存在不足，下一阶段的研究可以从以下几个方面进行。

第一，基于2018年的截面数据难以从时间维度上反映我国大陆31个省区市区域旅游经济的空间效应和影响因素的动态变化。尤其注意的是，本文认为4A级及其以上景区数量对区域旅游经济的影响水平不显著的结论仅仅是出于对比考察4A级、5A级景区总量和5A级景区数量对区域经济的影响差异，在选取2018年一年的截面数据下得出的。因此，下一阶段的研究可考虑使用面板数据进行空间计量分析，以期更加清晰地认知4A级景区数量、4A级及其以上景区数量等其他相关影响因素的影响水平。

第二，空间权重矩阵的设定直接关乎空间计量分析的结果，因此有必要继续探索能够准确刻画我国区域旅游经济的空间权重矩阵。

第三，本章仅仅选择了四个变量作为解释变量，这很难反映各个因素对旅游经济的真实影响作用。旅游经济的影响因素复杂多变，且大多缺乏理论支撑与学理解释。因此，对旅游经济解释变量的选取、遗漏变量的探索也将是本研究下一阶段的重点工作。

第三章

甘肃省文化旅游产业发展现状及对策研究

第一节 甘肃省文化旅游发展的现状分析

文化旅游产业已经成为 21 世纪的朝阳产业和先锋产业。近年来，随着制造业等传统产业在全球范围内表现出明显的进步乏力，文化旅游产业以其旺盛的生命创造力、特殊的资源优势和巨大的产业增值逐渐成为世界各国经济发展的产业生力军。甘肃省历来是承东启西、连接欧亚的重要战略通道，是中原联系新疆、青海、宁夏、内蒙古的桥梁，在建设"丝绸之路经济带"中具有重要地位。作为文化旅游资源大省，甘肃省如何找到区域特定资源优势和区位优势与"丝绸之路经济带"的战略结合点，如何融入"丝绸之路经济带"建设，推动全省文化旅游产业转型升级，使之成为甘肃现代化进程中的先导产业和战略性支柱产业，对于实现甘肃省文化旅游强省战略和推动甘肃产业扶贫、乡村振兴、城乡协调发展和经济社会持久可持续发展具有重大现实意义。

一 甘肃省近年来文旅产业发展的成就回顾

作为资源与文化富集的大省，甘肃近年来旅游业蓬勃发展，呈现井喷式增长态势，吸引了国内外媒体的关注，并获诸多桂冠和殊荣。2017年 12 月 17 日，《孤独星球》（*Lonely Planet*）公布的"世界自然色彩奇迹"（The World's Most Colourful Natural Wonders）榜单中，中国甘肃的张掖位列全球第二名（著名的美国黄石国家公园排名第三位）。《纽约时报》

最新发布的"2018年全球必去的52个目的地"（52 Places to Go in 2018）榜单中，甘肃位列第17位。这是继全球最大的旅行指南出版商《孤独星球》（Lonely Planet）评出的"2017亚洲最佳旅行目的地榜单"榜首之后的又一全球性荣誉，意味着甘肃旅游的知名度和美誉度进入全球视野、享誉世界口碑。2019第四届博鳌国际旅游传播论坛在海南省博鳌亚洲论坛大酒店盛大启幕，代表旅游传播行业风向标的博鳌国际旅游奖隆重揭晓，甘肃省第四届丝绸之路（敦煌）国际文化博览会和第九届敦煌行·丝绸之路国际旅游节、《如意甘肃》文化旅游宣传片分别荣获2019年度博鳌国际旅游奖年度节庆活动榜大奖和年度宣传片榜（形象片榜）大奖。

与此同时，甘肃文化旅游产业在国内也获得了诸多好评。甘肃旅游近年来在国内各大门户网站和搜索引擎中热度持续增加，2014年国内旅游景点排名显示，鸣沙山月牙泉在中国最美的六大沙漠中排名第二；敦煌莫高窟和麦积山石窟分别在中国最美六大石窟中排名第一和第六；祁连山草原和甘南草原在中国最美六大草原中分别居第三、第四位。2017年12月22日，百度通过对网民搜索大数据的分析，并依据网民对旅游市场的反馈情况等多种因素，评选出"最具影响力旅游省份"，甘肃位居第一。2017年12月，马蜂窝推出人气王旅游线路，其中甘青大环线、甘南川北民族风情游、河西走廊文化游位居前列。2018年荣获途牛旅游口碑甄选的"2018年最佳旅游目的地"大奖，自此以后，甘肃旅游人次和综合收入持续井喷式增长。由马蜂窝旅游网和中国旅游研究院共同成立的"自由行大数据联合实验室"发布的《壮美西北：中国省域自由行大数据系列报告之西北地区》，显示甘肃旅游热门搜索词主要是自驾游、胡杨林、丹霞地貌，莫高窟、鸣沙山、张掖丹霞地质公园等旅游景区关注度颇高。

此外，中国森林旅游国际峰会组委会于2018年委托第三方专业数据机构，针对国家森林公园及所属景区在互联网上沉淀、留存的一年内的大数据资产和用户关注度进行客观分析，推出了国家森林公园影响力百强名单，甘肃莲花山国家森林公园排名第24。在2019夏季旅游最热门十大目的地排行榜中，甘南藏族自治州排名第二。8月，《人民日报》"行天下"推出国内小众旅游目的地指南，其中扎尕那在23个上榜旅游目的地中排名第三。甘肃生活网站依据国庆出游主题如登山赏秋、自然风景、名胜古迹、乡村游、亲子游、主题公园等景点进行选择，通过相关网络旅游平台（携程、去哪儿、途牛、飞猪、同程、百度）的景点口碑评价、门票销量、公众知名度、网络关注指数等情况，并参考互联网相关排行榜/榜单，对甘肃国庆旅游景点和秋季旅游景点进行综合排行排名，国庆旅游景点中，排在前三的是鸣沙山月牙泉风景名胜区、麦积山风景名胜区、嘉峪关市嘉峪关文物景区；秋季旅游景点与国庆热门旅游景点稍有差异，排在前三的是敦煌雅丹国家地质公园、黄河石林风景旅游区、舟曲县拉尕山景区。同年9月，甘南藏族自治州荣获2019亚洲旅游"红珊瑚"奖——十大最受欢迎文旅目的地。

除了国内外媒体对甘肃的宣传报道以及在国际社会和全国范围内赢得的良好口碑以外，甘肃自身也在旅游形象的宣传打造、旅游产品的推介营销上付出了巨大的努力。2016年甘肃旅游形象宣传片亮相在美国纽约时代广场最醒目的户外广告大屏幕上。这是甘肃再一次走向世界。2018年推出旅游形象品牌——"交响丝路·如意甘肃"，受到社会各界的广泛关注和好评。从此，甘肃省把"交响丝路·如意甘肃"作为旅游形象和品牌宣传的龙头和载体，在省级层面加强整合、加大投入进行培育。另外，甘肃旅游业相关部门通过敦煌世界文化博览会，与"一带一路"沿线众多国家和地区签署合作协议，设立旅游推广部门，双方之间互送游客，前往新加坡、葡萄牙、澳大利亚、墨西哥、巴西、美国、韩国、俄罗斯、捷克、匈牙利等多个国家和地区开展旅游宣传，在巩固客源市场的基础上，进一步开拓远程市场，扩展入境旅游。

除此之外，在国内最具影响力的中央电视台以"丰收了·游甘肃"为内容邀请全国游客前往甘肃，促进季节性旅游的发展，协同四川、云南、西藏、新疆等省区，积极参与"三区三州"旅游大环线的扶贫工作，致力于现阶段重要的脱贫攻坚工作。甘肃省人民代表大会常务委员会副主任、甘南藏族自治州州委书记俞成辉因力推乡村振兴策略，全省乡村旅游和旅游扶贫成效显著，荣获2019亚洲旅游"红珊瑚"奖"年度贡献人物"。经过多年持续打造，丝绸之路（敦煌）国际文化博览会、敦煌行·丝绸之路国际旅游节已成为甘肃省对外交流的重要平台。2018年，两大节会分获不同颁奖平台的"十大政府主导展览会"大奖和"年度节庆活动榜"大奖，节会影响力和综合效应不断提升。更为重要且不得不提的是，8月下旬，习总书记来甘肃考察，从敦煌至兰州，穿越河西走廊，在兰州召开座谈会时针对甘肃文化旅游状况提出重要指示和意见，指出要"加快构建开放新格局，积极发展高附加值特色农业，统筹旅游资源保护和开发，不断夯实高质量发展基础"。习总书记此行是甘肃旅游业今后发展的重要机遇，不仅为甘肃省文化旅游业发展指明了方向，且在极大程度上提升了甘肃旅游业发展的知名度。

二 甘肃省文化旅游发展的优势

（一）文化旅游发展的资源基础优越

甘肃是中华民族和华夏文明重要的发祥地、中华民族优秀文化的宝库，是中华民族多元民族文化最集中的存续和展示地，潜藏着丰富的、厚重的文化资源和文化旅游资源，且具有丰富性、独特性和高品位性三大特点，在全国屈指可数，在全球影响巨大；发展文化旅游的空间结构良好，全省几乎全部躺卧在丝绸之路上，丝绸之路文化、祖脉寻根文化、民族文化、黄河文化等天然形成了完整的发展文化旅游的空间结构；甘肃作为华夏文明传承创新示范区、"丝绸之路经济带"的核心区域，又有影响越来越大的敦煌国际文化旅游博览会，具有发展文化旅游的平台优势、节会优势；全省文化旅游产业的发展已经具备一定的基础，文化旅游的发展具有融合区域文化、农业、工业、水利等基础资源优势，易于结合景区、乡村、综合体、小镇、城市等，形成文化旅游的发展架构，已经具备了文化旅游升级换代、转型升级的产业基础；甘肃省文化旅游业态已初具规模，逐步积累了一些发展经验。

（二）文化旅游产业发展的基础较好

甘肃省文化旅游业自改革开放以来，经过40年的发展，已形成了一定的产业规模和自我发展的能力，为甘肃省文化旅游业的发展和实现"支柱产业"与"文化大省"、"旅游强省"的目标创造了条件。目前，甘肃省以20个大景区为基础，辐射带动30个精品景区、50个特色景区同步发展，着力形成精品丝路旅游、九曲黄河旅游、长城边关旅游、寻根访祖旅游、民族风情旅游、红色征程旅游六条品牌旅游线路产品，以大景区为重头的旅游产品线路不断丰富。全省文化旅游、红色旅游、乡村旅游、休闲旅游、绿色生态旅游、民族民俗旅游和宗教文化旅游资源得到渐次开发，旅游与文化、科技融合发展势头明显，旅游产品体系不断丰富完善。敦煌国际文化旅游名城建设取得实质性突破，嘉峪关方特欢乐世界形成了强大的文化旅游聚合效应，《敦煌盛典》等一批驻场旅游演艺成为常态，丝绸之路（敦煌）国际文化博览会、敦煌行·丝绸之路国际旅游节等重大文化旅游节会活动精彩纷呈。兰州马拉松、玄奘之路戈壁挑战赛等体育品牌赛事成为"流动的景点"，中医药养生保健旅游产品正在蓬勃兴起。文化旅游发展已具备了一定的基础。

（三）文化旅游发展的区位优势明显

甘肃省地处青藏、内蒙古、黄土三大高原交会处，东邻陕西，西连新疆、青海，南靠四川，北与内蒙古、宁夏自治区和蒙古人民共和国接壤，是我国东中部地区和西北地区的结合部，联结大西北的枢纽，古丝绸之路的必经之处，也是第二欧亚大陆桥的重要通道。此外，甘肃省还处于西部大开发战略中三大经济带之一的"西陇海经济带"上和"一带一路"倡议的"丝绸之路经济带"上，地理位置十分重要，区位优势十分明显。同时，甘肃省是西北地区的交通枢纽，具有座中四连的"黄金十字"优势，基本形成了以兰州为中心，水、陆、空协调发展的立体交通网络。通达的交通运输网络，大大提高了甘肃省旅游的可进入性，是甘肃省文化旅游业发展的必不可少的条件。

（四）文化旅游发展的政策环境优势

文化旅游发展的政策体系不断完善，配套方案相继出台。从国家层面看，文化旅游业的发展迎来了前所未有的变革时代，"一带一路"国家建设优势、国家全域旅游与优质旅游发展等相关政策引导力度空前；从省上看，自"十二五"开始，历届甘肃省委省政府都将文化旅游产业的发展逐渐纳入区域经济社会发展的战略框架中，2017年，省委省政府相继出台了一系列旨在推动甘肃文化旅游产业发展的重大政策，从顶层设计、全局统筹的角度，已经形成了使甘肃省从文化旅游资源大省向文化旅游产业强省转型发展的基本战略，按照全域化发展、全产业融合、全要素配套的思想，稳步推进文化旅游的转型升级、提质增效，在全省范围内形成了文化旅游发展的政策环境。

（五）文化旅游发展的后发优势明显

无论是从全球视野看，还是从甘肃省的背景看，甘肃在文化旅游发展上都是后发区域。我国由于区域经济社会发展的不平衡，同时决定了区域文化旅游产业发展的不平衡。发达国家和我国发达地区在文化旅游不同视角和模式下的发展为甘肃文化旅游发展无疑提供了先行先试、先改先成和容错纠错的宝贵经验与知识创新，可以大幅度节约在文化旅游发展中的"试错"成本，大幅提高区域文化旅游发展进程中的产业运行成本和交易成本，更好地实现甘肃省文化旅游发展目标。

三 甘肃省文化旅游发展的基础

（一）文化旅游发展的趋势良好

文化旅游业态已经成为甘肃省经济社会发展的龙头产业和战略性支柱产业。近五年来，甘肃省文化旅游平均以令人振奋的25%以上的增长速度在飞速发展，一直位居大陆31个省区市的前五位，尤其是"一带一路"国家倡议提出并实施以来，甘肃省一些处在陇东南和河西走廊的重要景区文化旅游几乎呈井喷态势。在文化旅游市场规模扩大的同时，长三角、珠三角、环渤海地区国外游客占比越来越高，文化旅游市场结构也在逐步优化。伴随着文化旅游产业发展的速度优势、文化旅游产业的体量优势，全省文化旅游产业已有一定的基础设施优势，部分产业已形成了具有一定影响的形象和品牌优势。如整个丝绸之路大片区，尤其是河西走廊资源完整、文化底蕴丰厚、品牌影响力强，河西走廊五市的文化旅游产业已经成为优势产业，并带动区域内经济社会资源有机整合、产业融合发展，以及全方位、系统化的优化提升，在国内外都具有一定的优势和影响力。

（二）文化旅游产业体系逐步形成

甘肃省已形成了丝绸之路文化、祖脉寻根民俗文化、民族文化和黄河文化四个特色鲜明、资源丰厚及产业基础较为雄厚的文化旅游产业体系和文化旅游圈层，是甘肃文化旅游发展的重要基础。其中，丝绸之路文化旅游圈层主要包括河西走廊地区五地市，河西走廊地区是中国乃至世界丝绸之路上的精华区段，无论是其资源单体价值还是综合价值都很高，文化旅游的发展具有先天的优势，是甘肃省应重点打造及率先发展的龙头圈层。祖脉寻根民俗文化旅游圈层主要包括平凉、庆阳、天水等区市。民族文化旅游圈层主要包括临夏回族自治州、甘南藏族自治州及个别少数民族自治县。黄河文化旅游圈层主要包括两市两州，即兰州—白银都市文化圈，及临夏、甘南两个民族自治州，甘肃地处黄河中上游，黄河文化与当地农耕文化、民族文化、民俗文化、丝绸之路文化交错相融，形成了不同于河南、山东等地的独具西北特色的黄河文化旅游圈层。

（三）文化与旅游产业融合发展初具规模和成效

文化与旅游融合发展的新业态正逐步形成。甘肃省文化旅游景区、景点数量庞大，质量不断提高。截至目前，全省共有敦煌莫高窟、麦积山石窟、炳灵寺石窟、锁阳城遗址、悬泉置遗址和玉门关遗址等六处文化遗产被列入世界文化遗产名录，另有5A级景区四处。同时，甘肃旅游横向、纵向合作的态势进一步增强，除了与传统文化结合外，还与工业、农业、民俗、演艺、饮食、商务、教育、宗教、节会赛事等文化元素融合，各地举行的冠以文化名称的节事活动有敦煌行·丝绸之路国际旅游节、兰州黄河文化旅游节、中国天水伏羲文化旅游节、中国·张掖户外运动节、兰州国际马拉松赛等20余项，《丝路花雨》《大梦敦煌》等文化旅游业的元素日渐丰富和多元化。2018年，第八届敦煌行·丝绸之路国际旅游节成功举办，文化旅游会展对经济的拉动作用进一步凸显。通过连续举办敦煌行丝绸之路国际旅游节等节会活动，加深了各地游客对甘肃文化的认同感，提升了甘肃旅游的知名度和影响力，众多外地旅行商与甘肃省达成输送游客协议。

（四）文化旅游产品供给推陈出新

近年来，全省旅游产品不断升级丰富，文化旅游正在从观光旅游向参与性、互动性、体验性、休闲性旅游转变，旅游产业链条不断延伸。《又见敦煌》《敦煌盛典》等大型实景演艺精彩亮相；张掖民俗文化村、陇南康县花桥村等特色民俗旅游村开门迎客；临夏八坊十三巷改造项目以及全省17家滑雪场和五家温泉园区投入运营。冬春季旅游推出陇原旅游八大产品和百余项优惠政策，促使旅游淡季趋暖。红色旅游主题活动丰富多彩，各地相继开展了"重走长征路"等红色旅游系列主题活动，满足了游客励志逐梦的需求。

第二节　甘肃省文化旅游发展的机遇与挑战

一　甘肃省文化旅游发展的机遇

(一) 文化旅游发展的政策机遇

近年来，国家《文化产业振兴规划》和《国务院关于加快发展旅游业的意见》相继出台。2016年3月，《中华人民共和国国民经济和社会发展第十三个五年规划纲要（2016—2020年）》指出要推进"一带一路"建设，特别指出要办好"一带一路"国际高峰论坛，发挥丝绸之路（敦煌）国际文化博览会等的作用。2016年7月，习近平总书记指出："发展全域旅游，路子是对的，要坚持走下去。" 12月国务院发布的《"十三五"旅游业发展规划》中又指出要促进旅游与文化融合发展，重点打造丝绸之路旅游带、黄河华夏文明旅游带、长城生态文化旅游带、长征红色记忆旅游带等十条国家精品旅游带。甘肃省近些年大力发展文化旅游产业，文化旅游产业成为甘肃省转变经济增长方式、调整产业结构的首选。2010年，甘肃省出台《关于加快发展旅游业的意见》，提出到2020年把甘肃省建设成为文化旅游大省。2016年10月12日《甘肃省"十三五"旅游业发展规划》正式由省政府发布，更明确要将旅游业培育成国民经济的重要支柱产业，努力实现旅游资源大省向旅游强省转变。2018年3月，中华人民共和国文化和旅游部批准设立。文化和旅游部的成立，提升了文化旅游业管理在国家机构中的地位，提升了文化旅游产业在国民经济和社会发展中的地位，提高了文化旅游在五个文明建设中的使命，同时更加有利于文化旅游的大发展，文化旅游产业将成为国民经济和社会发展的名副其实的战略性支柱事业与产业。2018年6月，甘肃省发布《甘肃省文化旅游产业发展专项行动计划》，提出发展目标：到2020年，基本形成文化与旅游全方位、深层次融合发展格局，文化旅游产业要素高效聚集，市场主体不断壮大，产品供给更加丰富，"交响丝路·如意甘肃"品牌知名度和影响力全面提升，全省文化产业、旅游产业增加值占GDP的比重分别达到5%、9%；到2025年，文化旅游产业体系更加完善，综合效益显著提高，资源优势转化为经济优势和竞争优势，基本建成文化旅游强省，文化旅游产业成为甘肃省绿色发展崛起的支柱性产业。

2018年10月30日，甘肃省文化和旅游厅正式成立，为甘肃文化旅游繁荣发展搭建了更宽的平台、注入了新的机遇，开启了甘肃文化旅游融合发展的新征程。

（二）"一带一路"和丝路申遗带来的机遇

习近平总书记提出了建设"丝绸之路经济带"的战略构想，"一带一路"的建设，不仅带动了甘肃文化旅游业的发展，也带动了沿线各省市文化旅游、经济的发展，并形成了有利的文化旅游发展带。在"一带一路"的建设中，甘肃省正是借助于传统的优势产业打下的良好基础，迎来了新的发展机遇。2014年6月22日，中、哈、吉三国联合申报的陆上丝绸之路的东段"丝绸之路：长安—天山廊道的路网"成功申报为世界文化遗产。近年来，丝路游备受青睐，甘肃等地的游客量逐年攀升。随着丝路申遗的成功，为甘肃地区的旅游业做出良好的宣传，同时甘肃省的自然景观和人文景观被越来越多的人所熟悉，不仅如此，申遗的成功也为其开拓国际市场奠定了基础。

甘肃自然资源丰富，人文资源特性鲜明、多元共存，作为"丝绸之路经济带"的重要辐射区域，甘肃省文化旅游产业面临前所未有的发展机遇。甘肃在构建我国向西开放的重要战略合作基地并且着力打造中国"丝绸之路经济带"的黄金段。甘肃响应国家号召，打造兰州新区、敦煌国际文化旅游名城和"中国丝绸之路博览会"三大战略平台，以此来推进贸易的发展、技术的交流、产业的合作。而在这样的大背景下，作为甘肃的优势产业：旅游、文化、能源、农业、工业可以借助"一带一路"迅猛地继续发展。而甘肃以往的劣势产业，也可以通过交流合作缩小与发达城市的差距，从而让甘肃的经济又快又好地发展。甘肃拥有悠久的历史文化和自然旅游资源，在"一带一路"的大环境下不仅提升了甘肃的影响力，而且提升了甘肃的经济实力。随着经济实力的进一步提高，对发展开发文化旅游业又会带来很大的帮助。文化旅游业开发得好，就会吸引更多的游客和提升甘肃区域文化"软实力"。这样一个环环相扣的过程，终会给甘肃的发展带来新的机遇。

（三）文化旅游市场需求旺盛所带来的机遇

大众旅游时代逐渐向个性化旅游时代过渡，精品旅游产品的需求将会越来越大。这也为丝绸之路甘肃段精品旅游产品提供了机遇。随着国民收入的提高、带薪假期的增长，人们的文化旅游需求日益旺盛。新的"假日经济"现象给文化旅游业的发展带来了巨大的生机，它使文化旅游业的发展进入了一个全新的时代。发展文化旅游业正是在甘肃省假日需求日益旺盛，而文化旅游有效供给相对不足的形势下进行的，可谓很好地把握住了这种契机。近年来，甘肃交通设施及旅游基础设施、接待设施和大景区建设的不断完善，以国际文化旅游名城敦煌为龙头，以"丝绸之路经济带"黄金段为核心，以河西走廊、沿黄四市州和陇东南三大板块为支撑，甘肃省形成了以兰州为中心的一小时休闲旅游圈、河西走廊丝绸之路旅游带和庆阳红色旅游、民俗旅游集群、甘南藏族风情旅游圈和陇南生态旅游圈等精品旅游产品，不断打造精华旅游线路，诚邀广大游客踏上"精品丝路、如意甘肃"之旅。根据携程发布的《2018年中秋国庆出行旅游趋势预测报告》，敦煌市入围国庆十大"网红"目的地，兰州市同时入围国庆最受跟团游游客欢迎的国内城市前十位和国庆国内旅游私家团热门目的地前十位，还成为游客最喜欢拼假的城市之一。兰州作为西北旅游集散地和目的地深受游客青睐，包含敦煌、嘉峪关、张掖、兰州的"西北大环线"跟团游也出现关注人数、报名人数激增的现象。2018年国庆期间，全省共接待游客1770万人次，比上年同期增长23.6%；实现旅游综合收入119.5亿元，比上年同期增长30.5%。

（四）甘肃文化旅游产业发展战略机遇

从"十二五"开始，历届甘肃省委省政府都将文化旅游产业的发展逐渐纳入区域经济社会发展的战略框架中，省委省政府层面和全社会已基本达成了通过文化旅游产业的发展推进甘肃省经济社会发展的共识，从顶层设计、全局统筹的角度，形成了甘肃省近年以至未来若干年支配全省经济结构或产业结构优化和调整以促进经济增长和产业发展的基本战略指向和发展理念。2018年，省委省政府相继出台了《关于加快建设旅游强省的意见》《甘肃省文化旅游产业发展专项行动计划》等一系列旨在推动甘肃文化旅游产业发展的重大政策，根据甘肃省的发展基础、空间方位、资源优势及产业比较优势的精准研判，已经形成了使甘肃省从文化旅游资源大省向文化旅游产业强省转型发展的基本战略，旅游业作为甘肃省区域经济发展的先导产业、优势产业、优先发展产业，最终推动经济社会全面进步和发展。2018年10月在甘肃省文化和旅游厅挂牌仪式上，甘肃省副省长何伟强调，今后要牢牢把握文化和旅游融合的方向和要求，进一步加强对文化资源的挖掘，通过提高传承实践水平，为旅游业注入更加优质、更富吸引力的文化内容，积极推动文化和旅游领域同"一带一路"沿线国家和各地的交流合作，以文化交流促进旅游繁荣兴旺，使文化旅游成为甘肃省走向世界的亮丽名片、全方位开放的重要载体。

二 甘肃省文化旅游发展的挑战

（一）同类型文化旅游资源省份的威胁

目前，西部各省（区）都十分重视发展旅游业，先后提出了建设"旅游大省"和"旅游强省"的目标，采取各种战略措施抢占旅游市场份额，大力发展旅游产业。甘肃省与青海、内蒙古、新疆同属于五类省区，都拥有发展旅游业的后发优势。这些省因为地域、文化等方面，与甘肃省旅游产品结构相近，旅游客源市场定位相似，在旅游业发展过程中将会与甘肃省展开激烈的市场争夺，甘肃省旅游业面临严峻的挑战。近年来，甘肃周边省区旅游业蓬勃发展，同类资源竞争在一定程度上分流了客源，受周边经典景区"阴影"影响较大。在以丝绸之路作为全域旅游发展空间时，陕西、新疆等与丝绸之路的关联性也较强；黄河文化与河南、山东、宁夏、内蒙古河套地区的替代性很强；红色文化与陕西、江西、福建等甚至全国很多地区都存在红色遗迹遗存，在全国都有很强的替代性；寻根文化与山东、河南、山西、福建等中华民族重要的发祥地有很强的竞争力；民族文化与西南地区、西北地区等丰富多彩的民族文化区域会形成较强竞争力。

（二）文化内涵和地方特色挖掘不足，将优势资源转化为优势产业的挑战

甘肃省发展文化旅游资源最大的优势是拥有丰富的文化旅游资源，但是，甘肃省把文化旅游资源丰富的优势转化为文化旅游产业优势的能力还有所欠缺，如大地湾文化遗址、天水伏羲故里、礼县大堡子山秦祖陵园、马家窑遗址及道教文化圣地崆峒山、"东方小麦加"临夏、山丹皇家马场、两当张果老洞、陇西李氏龙宫等，由于对其中的历史文化没有充分整理和发掘，尚未成为旅游热点。自然景区如张掖丹霞地貌、景泰

龙湾石林等又因为没有进行历史和特色文化的包装，未形成较大影响力。总体上，甘肃省转变文化旅游资源优势产业化的能力还有所欠缺。这种欠缺主要有以下两种表现：第一，重视程度不够，对文化旅游资源的开发没有坚持市场导向原则与当地实际情况相结合，造成文化旅游资源的不合理开发；第二，对文化旅游资源的开发思想观念的落后，仅仅停留在宣传层面，没有使其具有品牌优势，导致文化旅游资源的独特性特点不突出，被外省具有同样特点的文化旅游资源所替代并没有形成具有自身独特性的品牌。同时，甘肃省在文化旅游产业的管理上存在误区，产权不明确。甘肃省作为西部不发达的省份之一，由于经济水平的滞后，转变优势的能力不够成熟。这些问题都对甘肃省文化旅游资源优势向文化旅游产业优势转化造成了威胁，不利于文化旅游产业的发展。

（三）文化旅游产业地位提升，游客需求多元化，市场竞争日趋激烈的挑战

由于文化旅游产业在拉动经济、传播文化、带动就业等方面的重要作用，许多国家和地区将其列为重点扶持、优先发展的战略产业。目前，全球已有120多个国家和地区将旅游产业列为本国国民经济发展的支柱产业，一些国家元首、政府首脑和政要甚至亲自担任"旅游大使"，抢夺国际旅游市场。从国内看，我国已经有27个省、自治区、直辖市把文化旅游产业作为经济发展的支柱产业或优势产业，提出建设"旅游大省""旅游强省"目标，纷纷制定相关政策与法规，大力扶持文化旅游产业发展，未来我国文化旅游业的市场竞争将日趋激烈。

近几年，甘肃省的文化旅游产业发展形势良好，越来越多的国内外游客选择甘肃为旅游目的地。年龄结构差异、文化水平差异、社会地位差异、文化差异等导致了游客的需求呈现不同层次。随着旅游业的快速发展，游客对旅游的要求也随之提高，不单追求观光旅游，更希望能够感受旅游地的文化魅力、体验当地的文化。这对甘肃省的文化旅游资源开发提出了要求。甘肃省的文化旅游要想在激烈的旅游市场当中取得竞争优势，就必须满足游客需求多元化的要求。同时，在服务质量方面，也应满足游客的需求。如何培养一批高素质的服务队伍、提供优质服务、满足游客的多元化需求成为甘肃省文化旅游产业发展的又一大挑战。

（四）文化旅游产业发展面临最严生态环境保护的挑战

甘肃是文化旅游资源大省，资源富集度在全国相对较高，许多资源在全国乃至全世界都具有唯一性、垄断性和不可替代性，文化旅游业发展蕴藏的潜力无可限量，特别是在当前甘肃面临发展不平衡不充分与生态环境极其脆弱的双重压力情况下。加快发展文化旅游业，良好的生态环境是甘肃文化旅游产业发展的根基，而文化旅游产业的发展必将带来诸多项目的落地和大量人流的涌入，生态环境与产业发展的矛盾将日益呈现。如果规划不当或开发过度，不仅会破坏当地的生态根基，文化旅游资源的质量严重下降，还将严重制约文化旅游产业的持续发展。如何在加快产业发展的同时，保护好甘肃的生态本底，将是甘肃文化旅游产业发展面临的严峻考验。

第三节 甘肃省文化旅游发展存在的问题与制约因素

一 甘肃省文化旅游发展存在的问题

（一）文化旅游发展的体制、机制有待完善

对文化旅游业而言，2018年是一个划时代的变革之年，文化和旅游两大管理机构合并为文化和旅游部，正式结束了文化旅游在管理体制方面长期分割的旧格局，开启了文化和旅游融合发展的新时代。甘肃文化旅游发展在顶层设计、体制机制方面存在很多问题，旅游协会的作用也未能得到很好的发挥。在顶层设计方面，一些省级层面的政策文件缺乏进一步的细化，缺少可操作性，尤其是财政、税收、金融等关键手段及关键措施支持不力，对中小微企业的支持限制太多。在体制机制方面，一些文化旅游规划无法落实，重复规划的现象严重；多头管理、文化旅游景区自收自支事业单位人员问题等仍然是文化旅游行政管理体系中最突出的问题。如何平衡文旅结合的体制机制、平衡文化部门和旅游部门在实际工作中的权和利、权和力，是今后重点要解决的问题。

（二）文化旅游发展的理念、观念相对滞后

发展往往源于理念领先，落后往往由于理念滞后。全省从顶层到基层尚未充分认识到文化旅游发展对于甘肃省区域竞争力增强、文化软实力提升以及经济社会结构转型的重要意义,尚未树立文化旅游一体化,省、市、县一体化发展的观念,文化旅游发展的战略意识高度不够;缺乏产业意识,缺乏创意型的策划、包装和市场开拓,走市场求效益的渠道不多;落后的理念和陈旧的观念导致制度创新和体制机制创新优化比较困难,也严重制约了全省文化旅游的创新发展,只有对文化旅游发展理念做出深刻变革和创新,才能推动全省文化旅游跨越式发展。

(三)经济社会发展水平对文化旅游发展支撑不够

甘肃省经济社会整体发展水平比较低,区域经济和社会发展水平整体不高,对文化旅游的拉动不足,经济社会哺育文化旅游业,实现文化旅游产业的转型升级和培育壮大的能力不足,导致文化旅游整体发展水平滞后,文化旅游发展的环境和基础设施建设欠账多,文化旅游产业规模和体量在全国基本处在文化旅游产业发展的第三梯队;文化旅游产业体系建设和发展的水平尤其是宏观文化旅游产业体系不能支持甘肃文化旅游产业在既定目标下满足发展要求;文化旅游市场结构不良,一日游游客的占比人数仍然过高,远程和入境旅游市场发展不足;同时,甘肃省第二产业内部结构一直停滞不前,难以优化。近年来甘肃省工业经济整体下滑速度较快,全国平均经济增长速度为7%,甘肃不到5%,工业经济发展态势不容乐观;第一产业也以传统农业发展模式为主,精细农业、设施农业、高新农业及创意农业的发展都很薄弱。整体经济发展水平、环境建设和文化功能建设滞后于文化旅游产业的发展,对文化旅游发展的支撑不够。

(四)文化旅游发展的整体区域营商环境弱

文化旅游投资环境尤其是中小企业的投资运营环境弱,严重制约以投资、资本为中心的各种不同的生产要素的形成;各地区在招商引资的时候往往政策非常优惠,一旦企业入驻往往会有各种各样的限制条件,造成企业运营困难;在文化旅游发展用地落实、推进优质旅游项目落地方面政策支持不足;文化旅游产业专项资金不足,文化旅游配套服务设施建设不够,旅游发展的环境不够良好;结合"放管服"改革,围绕统一行政审批业务平台建设远远跟不上文化旅游产业的发展速度;大部分地区并没有出台优化文化旅游营商环境建设方案。

(五)文化旅游发展的环境还需要改善

全省文化旅游发展的环境,包括政策环境和社会发展环境还需要改善。

近十年来，国家和省上出台了一系列文化旅游发展的支持政策，对全省文化旅游的发展起了积极的推动作用。但是，相关政策到了基层往往越收越紧，缺乏可操作性；要实现文化旅游强省战略，必须对文化旅游相关政策进行松绑，如文化旅游用地问题、旅游车辆运营执照问题等；文化旅游发展的社会环境还需要进一步提升，如针对自驾游游客的交通违章罚款问题、出租车拒载游客情况、文化旅游监督监管环境等，严重影响了游客的满意度和回头率，对甘肃省文化旅游形象也造成了极为不良的影响。就文化旅游产业发展的国际国内经验和发展规律而言，成熟的文化旅游业态需有良好的城市整体环境和文化功能支撑，甘肃位于丝绸之路黄金段的重要节点城市的整体环境建设和文化功能建设滞后于其文化旅游产业的发展。这也在很大程度上影响了甘肃文化旅游发展的速度和格局。

（六）文化旅游发展的业态单一，同质化严重

作为文化资源大省，长期以来，甘肃省文化旅游产品主要以文化观光产品为主，文化旅游产品消费性质以文化鉴赏观光为主，休闲、体验程度较低，同时景点同质化严重、吸引力不强，造成了旅游市场偏好与文化旅游业态发展的不协调和旅游消费的多样性与提供旅游产品单一的不协调。甘肃省文化资源为主的特征决定了文化资源的价值优势和文化旅游资源开发的不协调，文化旅游资源的多样化与生态环境保护的不协调，造成了在文化旅游发展过程中很难形成多样化的文化旅游产品，难以满足游客日益多样化的旅游需求。就文化旅游产品结构现状而言，甘肃文化旅游产品发育程度和发展水平总体上处在全国中等偏下的水准上。文化旅游核心吸引物体量小，缺乏文化旅游大景区，文化旅游产品在外辐三小时以外的经济圈及国内国际旅游市场的知名度不够。

（七）全省各地区文化旅游形象定位没有可持续性

从省级层面的文化旅游形象到各地州市、各县文化旅游形象定位一直不够稳定，没有可持续性；政府主导的区域旅游形象定位及传播一直持续处在波动之中，不利于客源市场对甘肃省区域旅游的认知、认同和形成一个稳定的、成熟的概念，也不利于甘肃省区域旅游形象的传播；各地文化旅游形象宣传基本属于小、弱、乱，缺乏整体包装宣传（如缺乏针对河西走廊、黄河文化、民族旅游地区、陇东南等的整体包装宣传）；就文化旅游的整体形象而言，甘肃文化旅游的知名度和美誉度仍然

十分模糊。研究表明，为数较多的客源地潜在游客对甘肃文化旅游的认知、对甘肃本身的认知十分模糊。这是制约甘肃文化旅游发展的极大障碍。

二 甘肃省文化旅游发展的制约因素

（一）区域空间和大区位导致"旅长游短"、淡旺季明显

就旅游的可进入性而言，甘肃旅游可称为"天赋有余，条件不足"，甘肃拥有丰富的可以形成旅游核心吸引物、旅游景区、旅游产品和旅游线路的条件，但是可进入性差。自然条件不良，深居祖国内陆，旅游往往是"旅长游短"，很难发展成以过夜消费为特征的休闲度假旅游，导致旅游交易成本高和旅游性价比低，导致多日游和过夜游游客占比少、游客总花费低，造成甘肃省文化旅游的总收入上不去。甘肃文化旅游发展如何破解"旅长游短"困局，如何将"旅长游短"变为"快进慢游"，是今后甘肃省文化旅游发展迫切需要解决的问题。狭长的空间造成整体目的地与分型分区目的地定位难以形成错位发展；地处西北决定了文化旅游的淡旺季非常明显，对甘肃省招商引资和实际的旅游投资造成了很大的影响，而且很难找到解决周期制约的淡季不淡的策略，淡季产品创新困难且容易同质，严重制约文化旅游生产要素的形成。

（二）文化旅游基础设施建设欠账较多

由于经济发展水平限制，文化旅游基础设施建设尤其是景区景点和农村欠账太多。一些文化旅游相关的规划，如交通等相关规划缺少旅游交通的专项规划，或者在规划中对文化旅游的要素考虑太少。近年来，甘肃持续推动乡村旅游发展仍面临较多制约，突出表现在部分地区乡村旅游外部连接景区道路、停车场等基础设施建设滞后，垃圾和污水等农村人居环境整治历史欠账多，乡村民宿、农家乐等产品和服务标准不完善，社会资本参与乡村旅游建设意愿不强、融资难度较大等方面。今后应重点在补齐乡村旅游道路和停车设施建设短板、推进垃圾和污水治理等农村人居环境整治、鼓励引导社会资本参与乡村旅游发展建设、加大对乡村旅游发展的配套政策支持等方面给予重点支持。

（三）文化旅游相关标准化建设滞后

进一步优化、细化文化旅游标准体系，才能让文化旅游经营管理更

加有章可循、有法可依、有据可查,持续释放文化旅游生机与活力,不断优化文化旅游服务环境,着力提升文化旅游全行业服务管理水平和能力,为实现旅游强省奠定基础。甘肃文化旅游业态的地方标准化严重滞后,一些文化旅游传统业态的标准化亟须修订,一些文化旅游新型业态的标准化建设亟须跟进,如智慧旅游、自驾游、房车营地、乡村旅游、户外运动等的标准化建设。

(四)周边人口密度低,远离主要的客源市场

甘肃省地处西北,周边经济落后、人口密度低,客源市场量小,省内及周边区域市场潜在客源的大部分目前无法变为现实市场,对甘肃省文化旅游的发展支撑不够。甘肃省是一个出游率较低的地区,尤其是与东南沿海地区相比,由于其国民生产总值较低,在全国的国民生产总值中排名末位。就在这个较低的国民生产总值影响的基础上,决定了甘肃省居民的出游意愿很小。客源地人口密度的大小直接影响产生客源量的多少,在区域面积相等、社会经济状况和文化背景相似的前提下,人口密度大的区域有可能产生较多的游客,反之则游客的生成能力小。甘肃省旅游的业态以文化旅游为主,而文化旅游业态吸引的游客更多的是远距离游客,远距离游客旅游成本高,旅游性价比低,造成了甘肃省文化旅游营销的困难,也给文化旅游的发展带来了极大的障碍。

(五)以文化资源为主的文化旅游市场狭小

甘肃省以文化资源为主的文化旅游发展决定了主要的客源市场以小众旅游为主,游客的体验属于"文化苦旅",而以文化为主线的观光旅游也形成了甘肃旅游市场的"塔尖市场",即难以形成大规模的大众旅游市场,而这种以观光旅游为主的单一业态很难向休闲度假转型,也很难形成多元结构业态。甘肃省以文化旅游为主的旅游业态决定了旅游市场的形成比较缓慢,与娱乐旅游、休闲度假旅游的投入相比较而言,民间资本和社会资本往往对文化旅游望而却步,也影响了大规模的旅游市场主体的培育。甘肃省旅游特质决定了其区域旅游的替代性强。在旅游市场的认知中,文化观光型的旅游目的地的替代性又非常强,如河西走廊各区域除敦煌外在大多数的游客认知中差异性并不大,给甘肃省文化旅游形象定位、宣传营销带来了极大的挑战。

(六)旅游市场结构不合理

甘肃省文化旅游业态以文化旅游观光为主,再加上淡旺季和国家政策的影响,导致游客结构较为单一,游客时间分布的波动性较大。就市场结构的角度而言,近年来,甘肃旅游市场呈井喷态势,旅游接待人次增速位于全国之首,在市场规模的扩大中,同时也伴随着结构的优化,长三角、珠三角、环渤海等区域国外游客占比越来越高,结构优化的速度与规模扩张的速度是同步的,但是从总体上来讲,甘肃旅游与东部地区各省份的旅游相比较而言,其市场结构不够优良,一日游游客的占比人数仍然过高,入境旅游市场发展严重不足,入境旅游市场仅占全国的万分之一。

(七)文化旅游发展的高端人力资源不足

文化旅游产业对复合型专业人才的需求大于其他产业对复合型人才的需求,文化旅游从业人员需要在创意、产品、运营、市场、管理、增值服务等方面都具备专业知识和专业胜任能力,同时也要熟悉现代文化旅游产业发展的特征和规律。甘肃文化旅游人才集聚能力、培养水平与引进力度仍然较低;文化旅游人才队伍总量偏少、学历偏低,结构性矛盾突出;缺少真正能够引领和率导文化旅游产业发展的各领域、各层次领军人物;缺乏既有宽广人文视野,又有精深产业理念的复合型高素质文化旅游产业经营管理人才。全省培养和引进文化旅游人才的政策激励远远不够。

(八)未能充分发挥文化旅游智库的作用

全省未能充分发挥甘肃省旅游发展研究院、甘肃省旅游标准化建设委员会、甘肃省旅游发展智库、甘肃省旅游协会等文化旅游智库的作用。文化旅游智库的主要职能是组织开展文化旅游发展的咨询研究工作;研究文化旅游发展中的全局性、综合性、战略性、长期性问题以及热点和难点问题;承担文化旅游重大课题的规划、组织、综合协调、研究论证工作;应有针对性地委托一些文化旅游发展方面的重大项目,开展专项和重点研究,如针对文化旅游市场、文化旅游商品研发、入境旅游、文化旅游统计、文化旅游标准化建设、研学旅游、国家及省级层面的政策细化等的研究,为甘肃省文化旅游强省建设助力。

(九) 缺少龙头企业和文化旅游知名品牌

企业是做大做强产业的主体，但甘肃省当前以文化旅游为主业的企业普遍处于"小、散、弱、差"的状况，大产业、小企业的矛盾日益突出。纵观甘肃省文化旅游产业，真正从事文化旅游产业的企业十分有限，尤其是缺少龙头企业。因此，甘肃省文化旅游产业整体竞争力明显落后于国内其他地区，对全省文化旅游产业的带动作用明显不足。同时，缺乏有吸引力的文化旅游知名品牌。长期以来，甘肃省对知名文化旅游品牌的扶持培育不足，缺少有文化内涵和知名度的旅游精品。文化旅游产品绝大部分是静态的产品，缺少鲜活的动态产品，直接影响了游客的逗留时间和消费量，制约了文化旅游产业的经济效益和社会效益的产出。

第四节 甘肃省文化旅游发展的战略支撑

一 生态环境与旅游产业均衡协调发展战略

甘肃省是我国旅游资源富集的区域，但同时又是我国生态环境最脆弱的区域之一，实现生态环境保护和文化旅游产业发展的最大均衡和协调发展是文化旅游产业发展的根本遵循。深入贯彻落实国家发改委印发的《甘肃省加快转型发展建设国家生态安全屏障综合试验区总体方案》（发改西部〔2014〕81号），牢固树立"青山绿水就是金山银山"的生态文明价值观。旅游业可持续发展有赖于优良的生态环境，良好的生态环境是旅游业持续发展的前提，是吸引游客的重要因素。旅游业作为绿色产业，能够有效推动人文环境、生态环境与生态经济的可持续发展，并带来明显的社会效益、经济效益和生态效益。甘肃省旅游产业发展必须严格落实环境保护相关法规，牢固树立绿色发展理念，推进节能减排与环境保护，在重大旅游项目建设、重点旅游资源开发过程中坚持保护性开发原则，注重对资源和环境的保护，在保护的前提下发展，以发展带动保护。

二 旅游产业发展的核心功能区战略

甘肃省文化旅游产业发展要建立能够统领和支配全省旅游产业发展的核心功能区。甘肃省拥有以敦煌文化为核心的河西走廊文化生态片区，以始祖文化为核心的陇东南寻根文化、农耕文化和红色文化片区，以甘南临夏为核心的民族文化片区，以及以白银、兰州为核心的黄河文化片区等特有的旅游主体功能区，界限清晰、核心功能明确，且不同区域的旅游主体功能区布局在全省范围内全面铺开，适宜在大空间尺度上构建"吃、住、行、游、购、娱"全区域、全空间、全季节、全业态完备的旅游主体功能区，易于形成空间全域、要素全域、公共服务设施全域及相互协调、分工协作、共同发展的空间开发格局，形成区域内旅游发展全域化、旅游供给品质化、旅游参与全民化、旅游治理规范化、旅游效应最大化的旅游产业发展主体功能区。

三　旅游产业发展的大尺度空间结构战略

甘肃省地域面积跨度大，东西纵横"三千里"，生态资源和文化资源齐全，文化差异较大，内涵丰富、底蕴深厚。"交响丝路·如意甘肃"成为甘肃旅游发展的核心品牌，在这一品牌下的每个主体功能区都具有独特、完整、独立、脉络清晰的自然景观和文化元素。从甘肃省的地域空间来看，在其土地面积基本上形成了三个非常大尺度的、非常重要的且有特定文化支撑和多元文化格局的交错空间结构，这种空间结构易于在大尺度空间内发展全域旅游。但是，行政区划将这种完整的空间结构进行了分割，破坏了资源的完整性。从全域旅游发展的角度来看，没有必要将这些大尺度的空间在原有的行政区域基础上进行细碎化的切割，这种切割反而降低了它的品位、解构了它的完整性、破坏了资源价值的一致性和统一性，而应该是打破行政区划和空间进行全域旅游的发展。应以甘肃"1+3+N"的全域旅游空间结构引领资源基础、品牌基础、产业体系等的构建，梳理文化脉络、挖掘文化内涵、整合文化资源、打破行政区界，实现旅游产业的大尺度空间发展，从而资源的主体是完整的，基础设施是完善的，边界是清晰的，发挥旅游业在主体功能区内转方式、调结构、惠民生中的作用，实现旅游业与其他行业产业的深度融合，推动旅游产业向深度和广度空间拓展。

四　旅游产业发展的资源完整性战略

甘肃省旅游产业发展要最大可能地维系旅游资源的完整性，进行完整开发和完整发展。旅游产业的发展与其他产业的发展是不一样的，旅游业的发展最重要的是资源的依托，旅游产业与其他产业的融合发展，如创意性资源、工业资源等呈现集聚分布，而自然资源和文化资源在现有行政区划框架下却呈现高度的分散性质。甘肃省拥有多元的自然资源和文化资源，形态上呈现相对集中分布状态，不具有行政分异性，需要打破行政区域人为对天然旅游资源的切割、分离和分解，打破行政区域的管理边界，建立以资源完整性为基础的空间结构和特质的管理体制，资源认知的理念，对资源的有效利用、对资源的管理和对资源的规划的体制机制，形成各资源组团的龙头区域，为资源集中开发、龙头带动以及与其他资源整合开发、强化集聚效应提供有利条件。甘肃省拥有以敦煌莫高窟、麦积山石窟、嘉峪关关城、崆峒山四个5A级旅游景区为代表的全国知名品牌和资源，在其所在的主体功能区内发挥着重要的旅游产业综合带动作用，同样的还拥有祁连山、黄河、西秦岭等重要的自然景观，这些资源在空间内的分布整体性强，边界清晰，形成了特殊的空间分布特征，为主体功能区和大尺度空间旅游产业的发展提供了支撑条件，为甘肃省旅游产业的发展提供了相对完整的资源基础，有助于在大尺度空间内构建旅游目的地，助推旅游产业的发展，实现旅游产业社会效益、经济效益、文化效益和生态效益的最大化。

五 产业核心资源与主体景区龙头引领战略

甘肃省旅游产业的发展还要高度重视核心资源和主体景区对旅游产业的引领功能和作用。在旅游产业发展中，会形成"核心资源—核心景区—主体功能区—全域旅游"的区域旅游发展基本框架，核心资源决定核心景区，核心景区决定主体功能区，主体功能区决定全域，最终形成完善而规范的全域旅游目的地体系。全域旅游发展框架和模式下全空间都是旅游的发展、全要素都是旅游的资源、全时间都是旅游的时间，这种发展框架和模式一定脱离不了核心资源和核心景区的支撑。甘肃省无论是在哪个大的旅游主体功能区空间，核心资源与核心,景区都起着非常强烈的支撑作用，进而带动其周边区域的发展，这样才能够有力地推动"1+3+N"乃至"11361"全区域的旅游发展。

六　旅游产业发展的产业与产品体系创新战略

甘肃省旅游产业发展要遵循产品创新和"内容为王"的"铁律",将创新和具有新内容的产品不断注入核心景区和功能区,打造持续不断的市场吸引力;同时,全方位打造适应现代文化旅游产业发展的产业体系。应该在河西五市、沿黄两州两市、寻根文化四市的行政区划的大尺度空间范围内整合资源、突出品牌、打造特色的旅游产业体系,也就是说在大片区条件下构建新型的产品体系,包括旅游线路体系、基础设施建设体系、智慧旅游建设体系、公共服务体系、旅游环境建设和文化公共建设体系。从旅游微观产业体系到宏观产业体系进行全方位的打造,在大尺度范围内构造出产业体系,充分发挥规模效益和旅游产业综合带动效益,降低产业成本,提高基础设施建设的水平,扩大产业的经济效益、社会效益、文化效益和生态效益。同样地,要在全域旅游大框架下构建新型产品体系,依托资源的丰度、空间结构的宽度以及旅游产品的丰富性,打造出具有地方特色,且替代性、差异性较强的个性化、多元化的旅游产品,用产品的丰度和美誉留住更多的游客在此用更多的时间参与和体验,进一步构建出完整的产业链,增加产业效益和平均花费,实现产业规模效益的最大化。

七　环境建设和文化环境建设基础性发展战略

甘肃省旅游产业的发展须以全方位环境和文化发展作为基础。应当高度意识到今天的时代是一个消费升级、跨界和融合的时代,旅游经济已全面进入全域旅游的时代。全域旅游构建是全域产业的发展,也是对更加优质的环境和文化氛围的要求,如标示系统、公共厕所、"小吃一条街"等公共服务体系和基础设施体系均是全域旅游发展的重要体现,基础设施和公共服务设施的优化是发展全域旅游的前提和基础。全域旅游的发展也是文化环境功能的共建和共享,全域旅游空间内的公共文化功能主要满足游客和社区居民两大群体的需求。一方面,满足游客的公共文化功能,也就是在城市建设、景区建设的过程中运用更多的地方文化元素,突出地方文化特色,加强文化吸引力。如敦煌公共文化功能应带有丝绸之路文化色彩、嘉峪关公共文化功能应带有长城的色彩。文化功能投射出地方的文化和形制。另一方面，也是为地方社区居民提供舒适、温馨的生活环境，全域旅游的发展在很大程度上推动地方社会经济的发展，国民经济与社会发展的最大受益者是地方居民，也就是说当地的老百姓既是全域旅游主体，也是全域旅游客体。同样地，游客在全域旅游的目的地中是先客体后主体。这样来看，全域旅游发展模式下，旅游目的地和客源地边界逐渐模糊，因此，更应该注重全域旅游的文化建设、文化功能建设和环境建设。

八 全域旅游与优质旅游并重战略

甘肃省旅游产业的发展已进入全域旅游和优质旅游并重的新时代。从我国旅游发展的阶段来看，旅游已经进入优质旅游发展阶段，准确把握"高速旅游增长"向"优质旅游发展"路径转变，这一路径中内涵发展是根本、融合发展和全方位开拓是双轮、科技创新是动力、依法治旅是保障。优质旅游是全域旅游的发展目的，全域旅游的发展助推优质旅游，是优质旅游的一种实现方式，只有全域旅游的发展才能实现更高水平和更大尺度的优质旅游。全域旅游的大力发展，其实最重要的是优质旅游的实现，全域旅游是优质旅游发展的理念和条件、发展的路径、发展的新型方式和优质旅游的实现方式，通过全域旅游的发展才可能进一步提升旅游产业体系、优化产品体系、创造新的旅游品牌，形成新的、升级的旅游市场进而形成新的更高的旅游收入和更高的收益，放大旅游的社会效益、经济效益、文化效益和生态效益，顺利实现优质旅游的转型。从目前甘肃旅游产业发展现状来看，其产业周期、旅游消费周期、市场的迭代周期都到了优质旅游的阶段。应充分考虑全域旅游与优质旅游并重的发展战略，推动全域旅游下的公共服务体系、基础设施建设、产业产品体系、新产品的研发和开发以及"旅游+"等均达到品质化要求，向优质化方向发展。从创新、协调、绿色、开放、共享的发展理念出发，推动甘肃旅游发展全域化，实现优质旅游、共建共享。

九 旅游三大市场并重战略

从甘肃省旅游产业发展现状来看，甘肃省旅游产业总量在全国排名靠后，但其近五年的旅游增长速度在国内一直处于发展较快位置，仅从旅游业发展速度来看，甘肃旅游也是中国旅游经济发展最为活跃的区域之一。但就国内旅游、入境旅游和出境旅游三大市场的结构来看，甘肃省旅游市场的发展极不均衡，主要依靠国内旅游来支撑，出境旅游一般，入境旅游的发展也不乐观。入境旅游的增长速度和接待总量在2014年出现较大幅度下降，2016～2018年出现了上升趋势，但是与国内旅游市场的发展相比差距依然很大，且远远低于全国入境旅游发展平均水平。甘肃省发展全域旅游"1＋3＋N"进而实现"11361"全区域发展战略将会提升甘肃省旅游品牌价值、增加文化价值含量、增强旅游产业的核心竞争力、完善旅游产业体系和产品体系、提高甘肃旅游市场的可进入性，进而为游客提供更完善、更便捷、系统的旅游产品体系，提升产业的综合效用。在全域旅游发展理念的引领下，甘肃省越来越有可能发展成为入境旅游的主要目的地，尤其是区域旅游发展的核心场域（河西走廊国际文化旅游廊道）一定要按照国际游客的需要和入境旅游的标准去打造，以河西走廊国际文化旅游廊道作为先驱和先导的全域旅游功能区来全面带动全省旅游进入入境旅游全面发展的新时代。

十　旅游产业发展的品牌和营销升级版构建战略

甘肃省文化旅游资源具有明显的多元化特征，如"丝绸之路文化"的主体是一种文化旅游资源，但在这一文化旅游资源之下又形成了特色鲜明的民族文化、黄河文化、祖脉文化、康养文化、红色文化、乡村旅游等大的功能区。每个大的功能区又形成特色鲜明、轮廓清晰、完整性强的旅游目的地，而这些旅游目的地目前很难在甘肃省"交响丝路·如意甘肃"这一总体旅游营销品牌中统摄出来。从我国旅游的发展阶段来看，在"十二五"期间已经进入分型营销、精准营销和品牌营销推广的时代，而甘肃省的旅游营销模式还相对落后。因此，甘肃旅游营销必须紧抓全域旅游时代并且积极进入这种营销时代，与全域旅游发展时代的营销模式相结合和吻合。甘肃全域旅游的营销和品牌的建设在整体品牌的引领下，要通过"整体品牌建设与营销＋分级品牌建设与营销＋分型品牌建设与营销"模式的构建，选取适宜开展分级、分型旅游的目的地，如河西走廊、甘南藏族自治州、肃南裕固族自治县等文化品牌突出、资源完整、特色明显的区域独立开展分级营销，如丝路自驾游、花桥乡村游、敦煌行·丝绸之路国际旅游节、丝绸之路（敦煌）国际文化博览会等特色产品和节会产品独立分型营销，助推甘肃省全域旅游发展目标的实现。

第五节　甘肃省文化旅游发展的对策建议

❖ 甘肃省文化旅游发展的核心对策

（一）文化旅游发展的管理体制机制创新：建立全新文化旅游产业运营和管理体制，成立四大主体文化旅游片区协同领导小组，推进旅游管理体制改革，创新旅游协调参与机制

建议构建引领、推动和实施文化旅游发展的领导体制和管理体制，全省全域旅游工作领导小组和全省旅游产业发展领导小组一套人马两块牌子，由省委和省政府主要领导担纲全省文化旅游发展主要职责；省委和省政府层面领导分别担纲河西走廊片区，黄河文化片区，民族文化片区，祖脉寻根文化、农耕文化和红色文化片区文化旅游发展的工作职责，市州主要领导任副组长，相关部门领导具体实施，形成文化旅游"全面抓、全面管、全面建"的统筹推进工作机制。树立全局谋划、全方位推进、全时空统筹、全要素配套、全产业联动、全社会参与的大旅游发展观，推动"旅游强省"战略立法。强化文化旅游组织领导，加强部门联动，建立健全旅游联席会议、旅游投融资、旅游标准化建设和考核激励等工作机制。大力推进"多规合一"改革试点，把整个区域作为大景区来规划建设，结合本地实际，编制规划，制订方案，明确责任，形成推进文化旅游发展的合力。

（二）创新文化旅游产权制度，实现旅游资源市场化运营

甘肃省文化旅游资源中的许多资源分属多个部门管理，开发布局建设零散，规划不统一，这种条块分割、多头管理的体制容易导致各个部门各自为政，束缚了文化与旅游的融合发展。各级政府应从上到下理顺管理体制机制，创新产权制度，优化资源产权结构，实现资源的所有权、占有权、支配权、使用权、收益权和处置权的分离与优化，提升文化旅游资源市场化运营管理的能力与水平。省级机构应首先高起点、有特色、大思路地做好区域文化旅游融合的顶层设计（如明确生态类景区的可开发区域，处理好环保与文化旅游产业发展的关系；顶层设计大型体育赛

事；等等），为地市级、县局级制定好发展目标、方向与思路，地市级与县局级应紧紧围绕省级文化旅游发展的顶层设计，逐层做好区域的文化旅游发展规划，并保持规划的连续性、长远性，规划报人大常委会批准，形成法律效力，尽量避免同类资源的同质化开发竞争。

一　文化旅游发展的良好社会环境构建

（一）优化文化旅游生态环境，营造全域良好社会环境

尽快建立文化旅游发展标准化体系，强化自然生态、田园风光、传统村落、民族文化等资源的保护，依法保护名胜名城名镇名村的真实性和完整性，严格规划建设管控，保持传统村镇原有肌理，延续传统空间格局，构筑具有地域特征、民族特色的城乡建筑风貌。推进全域净化绿化美化，持续打好"大气污染防治""农村环境连片整治""美丽乡村建设和新型城镇化""景区周边环境整治"等组合拳。实施旅游能效提升计划，推进节水节能型景区、酒店和旅游村镇建设，甘南、陇南、肃南等有条件的市州县和全省生态类景区实现空气质量检测全覆盖。树立"处处都是旅游环境，人人都是旅游形象"理念，倡导绿色旅游消费，面向目的地居民开展旅游知识宣传教育，强化居民旅游参与意识、形象意识和责任意识。加强旅游惠民便民服务，推动博物馆、纪念馆、全国爱国主义教育示范基地、美术馆、公共图书馆、文化馆、科技馆等场馆的免费开放，加强对老年人、残疾人等特殊群体的旅游服务。

（二）强化旅游安全保障，加强旅游安全制度建设

建立健全旅游安全综合监管体系，构建防控并重的安全体系，落实旅游安全预警信息发布制度，强化安全警示、宣传、引导，完善各项应急预案，大力提升旅游突发事件应急处置能力。强化各有关部门安全监管责任、旅游经营单位全员岗位安全责任、旅游安全双重预防制度、全员安全培训制度，落实旅行社、饭店、景区安全规范，定期组织开展应急培训和应急演练，建立政府救助与商业救援相结合的旅游救援体系。加强景区（点）最大承载量警示、重点时段游客量调控和应急管理工作，提高景区灾害风险管理能力。加强对道路旅游交通、旅游客运、涉旅消防、高风险旅游项目（客运索道、大型游乐设施、玻璃栈道等）设施设备、旅游节庆活动、自然灾害预防等重点领域及环节的监管和安全隐患

排查整治，全面保障游客的人身财产安全。全覆盖落实旅游安全责任保险等预防制度，完善旅游保险产品，扩大旅游保险覆盖面，提高保险理赔服务水平。

二 文化旅游发展的政府职能发挥

(一) 强化文化旅游产业发展中的政府责任

全力打造特色文化旅游品牌，推动经济社会转型升级，政府需要做的事情是：要高度重视并回应国家对于甘肃经济欠发达、文化资源富集特定区域文化旅游产业发展的战略关切，走出一条"一欠一富"地区文化旅游产业发展的独特路径，为"丝绸之路经济带"沿线西部地区如何融入"丝绸之路经济带"国家倡议、实施产业升级和结构转型提供启示和借鉴；在战略层面科学规划，合理运用政策和配置公共资源，营造高品位的城市发展环境，集聚创业与创意设计人才，促使文化旅游产业与升级型的服装产业、文化创意产业相辅相成，构建甘肃省全新的文化旅游主导产业集群。同时，由政府牵头，构建甘肃省文化旅游产业创新体系。文化旅游产业创新体系由企业、民众、旅游院校和科研机构、中介机构五大主体构成，通过政府联合企业、民众、政府、旅游院校和科研机构、中介机构，共同打造文化旅游创新环境、文化旅游创新平台、文化旅游创新机制。

(二) 完善产业发展政府层面的财政激励制度

一是设立文化旅游发展专项基金。基金的来源渠道主要包括政府财政投入、基金收益、社会捐赠等，资金用于贷款贴息、项目补贴、支持担保信用体系建设、创意项目奖励等，以此激励文化与旅游融合发展的技术创新和创意旅游新产品的研发。二是设立政府创业引导基金。采用阶段参股、跟进投资等方式，吸引市内外的风险资本投向甘肃初创型创意文化旅游企业，提升企业自主创新能力。三是建立文化旅游发展支持基金的稳定增长与统筹运作机制。积极引导企业和社会增加文化投入，形成政府、企业、社会多元化、多渠道的文化投入格局。健全专项资金审批制度，制订年度文化旅游产业专项资金的分项预算计划，由各级文化旅游产业指导委员会审议。制定统一的税收优惠法规，促进文化旅游产业长远发展，逐步实现由直接优惠向以间接优惠为主转变。制定促进产学研结合的税收激励政策，充分依托具有较强创意研究开发和技术辐射能力的转制科研机构或文化旅游企业研发中心。

三　文化旅游发展的业态提升和结构优化

（一）发展新型文化旅游业态，优化文化旅游发展结构

合理规划文化旅游发展的空间布局，构建四大主题文化旅游片区，在丝绸之路文化游、黄河文化游、祖脉寻根文化游、民族风情文化游四大主题文化品牌业态的基础上，依据消费者的年龄职业、兴趣爱好等差异，结合资源优势和具体目标客源市场需求，有计划地增加品牌数量，开发与创新丝路文化、始祖文化、航天科技文化、长城文化、黄河风情文化、陇原民俗文化、红色文化，开发各种专题文化旅游类型——休闲度假旅游、体育文化旅游、商务会展旅游、陇原自驾旅游、户外健身旅游、乡村田园旅游、养生文化旅游、研学科普旅游、冬春冰雪旅游、生态文化旅游、民俗文化旅游、节事文化旅游、精品演艺旅游、摄影采风旅游等，逐步建立合理的旅游产品结构，在自然观光和文化旅游产品融合的基础上，提高旅游者的身心愉悦度，促进产品的转型升级。同时，要在结构优化中整合产品形式，开发新型文化旅游产品与组合类产品，避免旅游产品单一化缺陷。

（二）大力发展乡村旅游，有效推进旅游扶贫战略

抢抓国家实施"乡村振兴"战略机遇，大力发展以农耕文化为魂、以田园风光为韵、以村落民宅为形、以生态农业为基的乡村旅游，积极扶持千合农庄等乡村旅游合作社加快发展，引进省内外专业公司和艺术院校规划、设计、建设乡村旅游田园型康养基地，丰富乡村旅游业态产品。深入推进乡村旅游与精准扶贫相结合，集中扶持500个贫困村发展乡村旅游，通过发展旅游带动脱贫的人数占总脱贫人数的比例不断上升。制定全省旅游专业村、农家乐建设服务标准，完善乡村旅游公共服务设施，全面提升乡村旅游服务质量和水平。加快组建乡村旅游开发公司，搭建乡村旅游发展投资平台，采取政府搭台授信、银行降槛降息、企业农户承贷、保险兜底保障等方式，为企业、能人和百姓搭建融资平台。推行精准扶贫专项贷款、双联贷款等政府担保贴息金融产品，坚持扶贫对象精准、发展目标精准、发力重点精准、支持措施精准、利益机制精

准、考评考核精准"六个精准"。

四 文化旅游发展的区域协同和产业融合

（一）加强国内旅游联盟协作，促进省内区域联动发展

加强中国丝绸之路旅游推广联盟、黄河旅游推广联盟、长城旅游推广联盟、青藏铁路沿线旅游推广联盟、中国世界遗产旅游推广联盟和西北五省区旅游协作区、黄河沿线省区旅游协作区、川陕甘旅游协作区等联盟与协作区的协作，发挥山水相连、文化相近、民俗相通的地缘优势，加强市州与毗邻省区城市的旅游协作，建立市州一级的区域协作机制，加强营销策划、相互推介和联合宣传推广，共同打造跨区域且具有国际影响力和竞争力的主题旅游线路产品。加强省内区域协作，推进河西五市、沿黄四市州和陇东南五市三大联盟的协作，统一形象，统一产品，统一营销，统一管理，增强区域旅游整体吸引力和竞争力。组织开展陇东南旅游市场互动、河西五市旅游产品和线路联动等活动，推进20个大景区协作建设，构筑"一条丝绸之路黄金带贯通、一座国际文化旅游名城带动、百个精品景区支撑、五条特色线路联通、三大区域板块联动"的旅游发展新格局。

（二）加快产业业态协整融合，实现统筹规划创新发展

加快形成推动优质旅游发展的指标体系、政策体系、标准体系、统计体系，创建和完善优质旅游发展制度环境。"旅游＋城镇化、工业化和商贸"，发展旅游综合体等新型城乡旅游产品。"旅游＋农业、林业和水利"，发展定制农业、会展农业、众筹农业等新型农业业态。"旅游＋科技、教育、文化、卫生和体育"，发展科技旅游、研学旅游、演艺旅游、冰雪旅游、养生养老旅游等特色旅游产品与业态，深度挖掘莫高窟、麦积山、嘉峪关关城、拉卜楞寺等景区文化内涵，丰富参与互动项目，打造高端体验项目，力争兰州、天水、张掖、敦煌等热点旅游城市和20个大景区实现驻场演艺常态化；顶层设计甘肃大型品牌赛事，各市州策划特色赛事，形成接力。"旅游＋交通、环保和国土"，发展自驾车房车营地、低空旅游、铁路旅游、生态旅游等主题旅游产品与业态。"旅游＋互联网"，发展互联网金融、内容创造性产品、分享型旅游产品、旅游大数据与智慧旅游产品等新型旅游产品与业态。

五 文化旅游发展的数字化体系建设

（一）加快智慧旅游建设，实施"一部手机游甘肃"计划

制订出台《甘肃省智慧旅游建设总体方案》，加快建设"一个中心"（甘肃智慧旅游大数据中心）、"三大平台"（甘肃智慧旅游服务平台、智慧旅游营销平台和智慧旅游管理平台）和"三朵云"（功能云、支撑云、内容云），继续优化绚丽甘肃资讯网、"微游甘肃"微信公众平台。手机应用平台重点围绕游客行前、行中、行后服务三大环节，设计信息查询、产品预订、行中体验、便捷服务和分享评论五大功能模块，使其真正成为游客出行的金牌导游、贴心管家、文化导师和全能导购，全面提升文化旅游信息化水平。2018年力争实现3A级以上景区宽带和WiFi全覆盖，完成90家4A级以上景区导览系统建设，100家酒店在线预订、十家酒店自助入住、20家智慧酒店系统建设，实现全省所有旅行社、导游线上预约。2020年力争实现所有3星级以上酒店在线预订、自助入住，建成200家智慧酒店系统，实现全省80%以上旅行社、农家乐线上预定。

（二）打造旅游大数据平台，构建互联智能旅游体系

整合文化旅游资源，打造集自助导游导览系统、地理信息共享服务系统、数据接入及整合共享系统、移动终端支付应用系统、在线营销活动实施和管理系统、网络信息管理和舆情分析系统、动态旅游数据统计与分析系统、旅游团队管理与服务系统、旅游企业电子认证系统、旅游应急救援系统等于一体的甘肃旅游一站式信息资讯、营销推广、行业管理大数据平台。依托甘肃旅游大数据中心，建立公安、建设、交通、卫生、安监、质监、文物、地震、气象、测绘、移动、电信、银联等涉旅数据资源归集、分析、共享机制，健全完善省市县三级联动的旅游大数据体系和综合服务平台。完成前国家旅游局旅游产业运行监测与应急指挥平台建设各项对接任务，在重点节假日期间推出景区承载量指数、交通拥堵指数等各项民生指数，方便游客一站式查询。2020年力争实现全省所有A级景区，390家星级酒店，所有旅行社、酒店、露营地、乡村旅游点等重要节点涉旅数据资源全面开放共享。

六 文化旅游发展的支撑体系完善

(一) 扎实推进"厕所革命"，探索旅游厕所管理新模式

全面贯彻《旅游厕所质量等级的划分与评定》（GB/T18973—2016）标准，推进旅游厕所标准化建设，进行旅游厕所质量等级评定。推进旅游"厕所革命"全域化规划布局，加强规划引导和配套设施建设，提高城乡公厕管理维护水平，因地制宜推进扶贫乡村"厕所革命"。加大甘肃省预算内资金、旅游发展基金和各级政府投资对"厕所革命"的支持力度，加强厕所技术攻关和科技支撑，全面开展文明用厕宣传教育。在重要旅游活动场所设置第三卫生间，做到主要旅游景区、旅游线路以及客运列车、车站等场所厕所数量充足、干净卫生、实用免费、管理有效。按照《甘肃省旅游厕所建设管理新三年行动实施方案（2018—2020年）》，坚持科学布局、干净实用的原则，新建、改建旅游厕所2880座。其中，2018年新建、改建旅游厕所1061座，2019年新建、改建旅游厕所921座，2020年新建、改建旅游厕所898座。持续探索旅游厕所社会化、市场化管理新模式，强化旅游厕所日常管理。

(二) 全面启动文化旅游产业发展的支撑体系建设

全面启动甘肃文化旅游产业发展的交通、环境、人才等支撑体系建设，夯实文化旅游融合发展的基础条件，包括对过去产业体系建设的总结和反思，对宏观旅游产业体系建设的启动和实施，基础设施建设速度的加快，文化旅游产业人力资源的培育和发展，基于全球化和互联网背景和条件下的智慧旅游和智慧城市的建设，旅游产品创新体系的形成和实施等文化旅游产业支撑体系的发展，以保证和支撑在"一带一路"发展倡议背景下甘肃文化旅游产业的快速发展和崛起。加快建成兰州、嘉峪关、敦煌三大国际空港和平凉、临夏、武威、陇南成县机场，迁建天水机场，优化旅游旺季以及联通重点客源地与目的地的航班配置。积极争取高铁建设项目，加快推进兰州—合作、敦煌—格尔木、兰州—张掖三、四线等铁路建设，实现与周边区域铁路环线连接。推进干线公路与重要景区连接，力争到2020年，实现5A级景区通高速公路，4A级、3A级景区中具备建设条件的通三级以上公路，其他景区和乡村旅游景区（点）通硬化路。加大景区（点）建设经费投入，如推进绿色景观廊道、

城市绿道、骑行专线、登山步道、慢行系统、交通驿站等旅游休闲设施建设，打造具有通达、游憩、运动、文化等复合功能的主题旅游线路；完善旅游交通标示体系，将通往旅游景区、重点乡村旅游景点标示牌纳入全省道路交通标示范围；鼓励在干线公路和通景区公路沿线增设观景台和公路服务区等设施，推动高速公路服务区向集交通、旅游、生态等服务于一体的复合型服务场所转型升级。

七 文化旅游发展的投融资体制创新

（一）建立全新投融资机制，健全投融资法律法规

根据旅游资源、经济发展和财政状况，或利用财政资金，或利用财政资金引导社会资金，或鼓励大型旅游企业设立旅游发展专项资金，用好国家专项建设基金、产业基金和政策性银行贷款，对乡村旅游、重大旅游项目开发、公共基础设施建设融资给予支持。引导旅游企业科学利用债务融资工具，发展旅游项目资产证券化产品，开展旅游项目特许经营权、景区门票收费权抵押等方式融资。积极推进政府和社会资本合作（PPP）模式，以财政资金引导撬动金融和社会资本投入。支持开发旅游消费信贷产品，成立消费金融公司，发展互联网金融，引导金融机构加大对旅游企业和旅游项目融资支持。实行股权式投入，将政府投入用于支持合作社、农业龙头企业发展的财政扶贫资金折股量化到户，明确贫困户享有股权，定期分红，用好扶贫资金。保持相关政策的长期稳定性，同时建立健全关于旅游投资方面的法律法规，以抑制旅游投融资活动中的非理性行为和短期行为。

（二）落实税费优惠政策，强化旅游产业用地保障

符合条件的文化旅游企业享受小型微利企业增值税、所得税优惠政策，旅游企业购置并实际使用且属于优惠目录的环境保护、节能节水和安全生产专用设备享受企业所得税优惠政策。旅游企业宣传促销费、旅游商品生产企业研发费和技术改造费，按照有关规定在税前扣除。旅游住宿企业床位附加费全额返还，小微旅游商品企业减免专利申请费用。对纳税确有困难的旅游企业，定期减免房产税、城镇土地使用税。制定实施旅游产业用地改革政策意见，将实际需要的新增旅游项目用地调整纳入土地利用总体规划。结合农村"三变"改革，允许企业使用农业设

施配套用地指标发展乡村旅游。鼓励通过开展城乡建设用地增减挂钩和工矿废弃地复垦利用试点的方式建设旅游项目。农村集体经济组织可依法使用建设用地自办或以土地使用权入股、联营等方式与其他单位和个人举办旅游接待服务企业。旅游项目用地涉及深度贫困地区的，执行省级支持深度贫困地区脱贫攻坚项目用地政策。

八 文化旅游发展的市场开发与秩序构建

（一）在"一带一路"空间背景下考虑市场开发和产品创新

甘肃文化旅游资源可以梳理为丝绸之路文化、黄河文化、民族文化以及祖脉寻根民俗文化（华夏根脉旅游圈）四个圈层。甘肃文化旅游在融入"一带一路"的过程中，要高度注意到旅游市场开发和旅游产品生产的强大影响力和辐射力，在"一带一路"空间背景下考虑市场开发和产品创新，立足自然和人文旅游资源优势，设计更多符合入境游客需求的产品和线路，向外加大市场推介，向内引入境外客源；要认识到丝绸之路甘肃段文化旅游产业市场的指向不仅是中国的远距离市场，更应当是东南亚、中亚、中东及欧美市场；要高度关注到资源分布的同质性和分散性，着重开发那些单体规模最大、资源价值最高且具有高度垄断性的文化资源，"有所为有所不为"；要充分发挥丝绸之路甘肃段独特的人文和文化优势，形成和与丝绸之路关联的其他省区有差异的错位发展。对文化创意旅游企业而言，应善于把握旅游市场的最新动态，分析游客心理，了解游客需求，找出企业存在的问题，提出企业人才需求标准，并将人才需求信息及时反馈给高校，从而使高校培养满足市场需求的文化旅游创新人才。

（二）推进"1+3+N"综合体制改革，规范市场秩序

完善旅游市场综合监管体制机制建设，各市县（区）积极筹建旅游发展委员会，将旅游警察、旅游工商和旅游巡回法庭"1+3"体制向乡镇和景区延伸。建立科学的考核体制与机制，制定参与旅游市场秩序综合监管工作地区、部门和企业的"责任清单"，把文化旅游发展纳入部门考核内容和作为干部晋升的重要依据。将旅游重点任务落实纳入年度督查计划，引入第三方评价机制，综合运用大数据等手段，对重点任务落实绩效和游客满意度进行分析评价。设立不低于500万元的旅游投诉先行

赔付基金，建立健全旅游部门与相关部门联合执法机制，完善旅游监管服务平台，强化涉旅领域执法检查，加强旅游执法领域行政执法与刑事执法衔接，形成工作合力。利用"大数据+互联网"手段，参与旅游文明诚信体系建设，对相关企业进行"差评倒逼"，实施差评"100%处理回复、100%回溯问责"制度，构建旅游产品和服务优胜劣汰的机制，建立品质经营"生态圈"。

第四章

推进全域旅游、提升甘肃省旅游业整体水平的对策研究

全域旅游是新的旅游产业发展时期和我国经济社会全面进步和发展的重要历史发展时期，推动我国和区域旅游产业发展，并通过全域旅游发展理念和战略的有效实施，助推我国小康社会和经济社会全面进步和发展的重要旅游发展战略。甘肃省作为华夏文明传承创新区的发展、"一带一路"最重要的关联区域、我国丝绸之路旅游发展和经济社会发展最重要的区域，以全域旅游为战略抓手，推动已经有坚实发展基础和良好发展前景的旅游产业转型升级，持续培育和扶持旅游产业发展，使之成为甘肃现代化进程中的先导产业和战略性支柱产业，并对于推动甘肃产业扶贫、乡村振兴、城乡协调发展和经济社会持久可持续发展具有重大现实意义。

第一节 甘肃省全域旅游发展的背景

一 全域旅游发展的国际背景

现代旅游业发端于欧美国家，其旅游发展很早以来就具有全域特点。自第二次世界大战之后的 20 世纪五六十年代，发展到 20 世纪七八十年代，由于公众收入水平与日俱增、地区和全球分工日渐清晰、交通效率不断改善、农村社会经济亟待转型等多重因素的推动，全域旅游发展模式成为一些适宜地区理所当然且势在必行的选择。通过数十年来的思考与实践，这些国家已然形成一系列成熟的全域旅游地区，如 1991 年《阿尔卑斯山公约》（Alpine Convention）便是欧洲第一个旨在协同保护山区

环境并促进经济发展的国际公约。法国的全域旅游突出体现在都市旅游、乡村旅游一体化发展上。20世纪70年代中期，乡村成为法国旅游热点，农民除了种地外，还可以接待旅游者，与人交流，增加收入，这种模式的乡村旅游之后逐渐在世界发达国家和地区流行。又如下辖六个省份的法国蔚蓝海岸—阿尔卑斯—普罗旺斯大区、下辖十个省份的意大利托斯卡纳大区等世界级旅游业发达地区，都是基于自然和文化地理单元，通过跨省行政联动和民间协作将旅游功能区理念付诸实施，从而在二战后有序实现从工农业重镇向旅游度假重镇的升级蜕变。西班牙的全域旅游是在应对"阳光与海滩"模式结构性问题中逐渐发展起来的。

全域旅游虽然在不同国家都有不同的名称和做法，但其规划开发的整合式（integrated）多元化（diversified）的可持续发展模式基本相同。其核心策略包括创建区域品牌、塑造文化原真氛围、区域上促进城乡统一、完善生活配套、创造舒适的慢行系统体验等，最终贯彻"旅游+"概念，通过旅游带动其他相关产业发展，从单纯的门票经济走向更深层次服务经济。运用"旅游+"模式，使旅游业与农业、工业、文化、体育、医疗养老等相关产业深度融合，培植多种旅游业态，最终形成新的城市生产力、竞争力和影响力。

二 全域旅游发展的国内背景

"全域旅游"概念自2016年1月在全国旅游工作会议上提出以来，引起了政界、学界、业界的广泛关注，也引起了社会的强烈共鸣，逐渐成为一种旅游发展理念，对我国旅游业发展产生了重大而深远的影响。全域旅游理念的出现有着深刻的背景条件，是我国经济社会和旅游需求发展到一定阶段的必然产物，是旅游业发展改革创新、转型升级的必然要求。

2015年8月国家旅游局出台《国家旅游局关于开展"国家全域旅游示范区"创建工作的通知》，这是全域旅游从理念向实践落实的重要推动，是地方践行全域旅游的重要指引。

2015年11月10日召开的中央财经领导小组第十一次会议中，习近平就指出要在适度扩大总需求的同时，着力加强供给侧结构性改革，着力提高供给体系质量和效率，增强经济持续增长动力。这次会议已经为全域旅游的提出做了铺垫。

2016年1月召开的国务院旅游工作部际联席会议第三次全体会议上，国务院副总理汪洋提出，要适应和引领经济发展新常态，加快转变旅游发展方式，着力推进旅游供给侧改革，发挥市场在资源配置中的决定性作用和更好发挥政府作用，促进旅游业持续快速健康发展，为国民经济稳增长、调结构提供持久动力。同时，国家又连续出台了《国家康养旅游示范基地标准》《国家人文旅游示范基地标准》《国家蓝色旅游示范基地标准》《国家绿色旅游示范基地标准》等四个旅游行业标准，推动康养、人文、蓝色、绿色等旅游示范基地建设。

2016年7月18—21日，习近平总书记到宁夏视察时明确指出，"发展全域旅游，路子是对的，要坚持走下去"。2016年5月19日，李克强总理在首届世界旅游发展大会开幕式上的致辞《让旅游成为世界和平发展之舟》中指出"中国还将推进全域旅游和'旅游+'行动，大力发展乡村旅游、工业旅游、文化旅游、养老养生游，并与'互联网+'相结合，在促进旅游中实现一、二、三产业融合发展，以旅游业的升级换代促进国民经济的提质增效"。2017年3月，李克强总理在《政府工作报告》中指出，"完善旅游设施和服务，大力发展乡村、休闲、全域旅游"。国务院发布的《"十三五"旅游业发展规划》明确了"以转型升级、提质增效为主题，以推动全域旅游发展为主线"。

目前，全域旅游已经成为我国旅游业发展的一项中长期战略，并上升为国家战略，成为一项国策，形成了社会参与、全民关注的良好格局。同时，全域旅游是应对全面小康社会大众旅游规模化需求的新理念、新模式和新战略；全域旅游在经济新常态下贯通消费与生产领域，促进经济脱虚入实，能够发挥"稳增长、促改革、调结构、惠民生、防风险"重要功能；全域旅游与"创新、协调、绿色、开放、共享"五大发展理念高度契合，具有天然的与"四化战略、美丽中国、健康中国、生态文明建设、中国工业2025"等重大国家战略对接和融合发展的优势。

三　全域旅游发展的省内背景

甘肃自古就是华夏文明的发祥地，幅员辽阔，历史悠久，文化灿烂，旅游资源丰富。甘肃省内无论是少数民族文化旅游、黄河文化旅游抑或寻根文化旅游、丝绸之路旅游等，都能在甘肃省全域旅游发展中独树一帜。目前，甘肃省以 19 个大景区为基础，辐射带动 30 个精品景区、50 个特色景区同步发展，着力形成精品丝路旅游、九曲黄河旅游、长城边关旅游、寻根访祖旅游、民族风情旅游、红色征程旅游六条品牌旅游线路产品，以大景区为重头的旅游产品线路不断丰富。从全国旅游经济增长和发展状况看，"十二五"和"十三五"以来，甘肃旅游产业一直呈现高速增长、优化发展和品质发展的重要特征，旅游产业发展的三项基本指标一直居全国 31 个省区市前列，增长速度持续超过全国平均旅游经济增长速度；从省内旅游经济增长和发展状况看，旅游经济发展速度已远远超过省内其他产业经济的增长速度，旅游产值对全省经济增长的贡献远远超过其他产业经济对经济增长的贡献，旅游产业已明显成为支撑全省经济增长和发展的先导产业和战略性支柱产业；从总体判断看，甘肃虽然还不是全国旅游经济增长和发展水平最高的区域，但一定是全国旅游经济发展最活跃和最具有潜质的区域，并且将会持续引领甘肃经济社会的进步和发展。

全域旅游是将特定区域作为完整旅游目的地，进行整体规划布局、综合统筹管理、一体化营销推广，促进旅游业全区域、全要素、全产业链发展，实现旅游业全域共建、全域共融、全域共享的发展模式。目前，甘肃省加快发展全域旅游正当其时。发展全域旅游是甘肃省旅游业落实新发展理念的增长点和有效抓手。因此，甘肃省出台了多项政策支持全域旅游的发展。甘肃省分别于 2017 年出台《甘肃省"十三五"旅游业发展规划》以及《关于加快推进全域旅游发展的指导意见》等，并且为了促进甘肃大省建设，甘肃省加快推进《甘肃省 4A 级及以上旅游景区连接道路建设实施方案》，完善景区基础设施建设，依照《省级全域旅游示范区考核命名和管理办法》，严格考核创建"省级全域旅游示范区"，设立省级旅游产业发展专项资金，加强旅游资源宣传推广以及旅游人才培训等工作，促进甘肃省全域旅游大景区创建。

自 2016 年以来，甘肃省按照前国家旅游局推动全域旅游的战略部署，加快推进供给侧改革，充分发挥"丝绸之路经济带"黄金段的中心带动作用，将发展全域旅游作为推进全省旅游业转型升级的重要路径，同时按照全域化发展、全产业融合、全要素配套的思路，加大供给侧改革力度，深入挖掘资源优势，改革体制机制，强化合作交流，稳步推进甘肃省全域旅游的发展。研究甘肃省全域旅游的发展，对于提升甘肃省旅游业整体水平具有重要的意义。

第二节　甘肃省全域旅游发展的 SWOT 分析

一　优势

（一）甘肃省全域旅游发展空间结构良好

甘肃省"1+3+N"的全域旅游空间结构，即"1"是河西走廊国际文化旅游廊道的核心主体场域；"3"是三大全域旅游次级场域，即陇东南寻根文化、农耕文化和红色文化全域旅游片区，两州五县民族文化全域旅游片区和两州两市黄河文化全域旅游片区；"N"是辐射若干个重点领域发展片区，即大空间结构内的子系统。甘肃省内既有河西走廊片区，又有黄土高原片区，又是黄河上游非常重要的黄河文化片区，覆盖了两市两州；西南有回族发祥地临夏回族自治州和安多藏区的甘南藏族自治州，祁连山有肃南裕固族片区；以及陇东南寻根文化片区。丝绸之路横贯全省，甘肃省几乎全部躺卧在丝绸之路上，甘肃全域似乎天然形成了发展旅游的空间结构，从旅游经济、旅游文化和旅游产业运行的视域看，在发展旅游的空间上甘肃没有废弃和浪费的土地和片区，没有空白，旅游资源在全省范围内全面铺开。

（二）甘肃省全域旅游发展的资源富集

甘肃省各个空间的旅游资源富集、种类齐全，且具有丰富性、独特性和高品位性三大特点。如黄河文化是中华民族多元文化中的本源（体）文化，而黄河中上游地区的黄河文化甘肃就占了两市两州，出土的彩陶、洞窟以及新石器时代的马家窑文化、辛店文化、齐家文化等各种不同的文化类型，都是中华民族的本体文化和本源文化，对中华民族的生成和起源来说具有极其重要的意义。陇东南寻根文化、农耕文化和红色文化全域旅游片区，从伏羲教先民稼穑、织网捕鱼、结绳记事，都是文明最早的曙光，黄河中上游地区陇东南区域的农耕文化起源和萌芽不亚于黄河中下游地区。甘肃红色文化片区是陕甘宁边区的重要区域，在红色独立政权形成和整个工农红军规模扩大之前，中国工农红军经过的最重要的区域就是甘肃，从四川进入甘肃俄界、腊子口，一直到延安的广袤土地都留下了珍贵而丰富的红色革命文化资源。甘肃省内的东乡族、裕固族、保安族更是甘肃独有的少数民族，再加上积石山撒拉族、安多藏区的六大藏族教派、临夏回族自治州的回族文化，这些都构成了甘肃发展全域旅游的独特优势。

（三）甘肃省全域旅游发展的后发优势明显

无论是从全球视野看，还是从甘肃省的背景看，甘肃在全域旅游发展助推旅游产业转型升级发展上都是后发区域。西方发达国家和旅游经济体在旅游发展产业进程中并没有全域旅游战略及其对旅游业的助推，它们的全域旅游与其说是旅游产业发展的手段，毋宁说是经济社会和现代化发展到一定高度的必然产物。我国由于区域经济社会发展的不平衡，决定了区域旅游产业发展的不平衡，因此，珠三角、长三角和京津冀地区已伴随着现代化和城乡一体化的发展初步实现了全域旅游为特质的全新发展。发达国家和我国发达地区在全域旅游不同视角和模式下的发展为甘肃全域旅游发展无疑提供了先行先试、先改先成和容错纠错的宝贵经验与知识创新，可以大幅度节约在全域旅游发展中的"试错"成本，大幅提高区域全域旅游发展进程中的产业运行成本和交易成本，更好地实现甘肃省全域旅游发展目标。

（四）甘肃省全域旅游发展的基础优势突出

甘肃省全域旅游的发展具有融合区域文化、农业、工业、水利等基础资源优势，几个片区和子系统都已初具规模，易于结合景区、乡村、综合体、小镇、城市等，形成全域旅游的发展架构。如整个丝绸之路大片区，尤其是河西走廊资源完整、文化丰厚、品牌影响力强，河西走廊五市的旅游产业已经成为优势产业，并带动区域内经济社会资源有机整合、产业融合发展，以及全方位、系统化的优化提升，在国内外都具有一定的优势和影响力。微观子系统的一些片区，如刘家峡片区、平凉崆峒山片区、乡村旅游的康县片区，以及成县的农家乐作为乡村旅游萌芽、雏形和初级版的产业业态，发展基础优势明显；金昌的工业旅游，徽成盆地片区特殊的区位优势和快速发展的矿业经济等等；嘉峪关市的城镇化率已经达到 93.44%，人均产值和人均收入最高，均质化程度特别高，这些独特的发展基础和条件造就了嘉峪关的均质化发展。在对这些优势资源进行有机整合和创意设计的基础上，利用"互联网+"与"旅游+"撬动旅游结构的均质化发展。

二 劣势

（一）甘肃省全域旅游空间发展不均衡

目前，甘肃整体处在旅游目的地生命周期的成长期和发展期阶段，存在相同时空条件下的区域发展差异，因而同步有着区域旅游产业发展差异。就全域旅游产业发展的国际国内经验和发展规律而言，成熟的全域旅游业态需有良好的城市整体环境和文化功能支撑，甘肃位于丝绸之路黄金段的重要节点城市的整体环境建设和文化功能建设、发展速度和格局等相较于其他子片区和子系统的发展较好，如敦煌、嘉峪关、张掖、刘家峡等相对经济社会发展水平较高，很早就将旅游产业作为区域经济社会发展的优先发展产业、龙头产业、先导产业来进行培育，使旅游业成为其支柱产业，全域旅游的发展状况和条件基础较好。相反，平凉、陇南等地的发展相对滞后，发展水平相对较低，旅游生产要素的平均报酬低，限制了区域保有足够规模的旅游要素量，对区域全域旅游产业的发展也是一个重要的制约因素。在不平衡发展条件下，这些子系统和子区域的发展水平不高就会影响甘肃整体旅游战略的实施和全域旅游目标的实现。

（二）甘肃省全域旅游发展战略尚欠精准

全域旅游是一个全新的发展战略，是一项复杂的系统工程，学术界关于全域旅游发展战略的研究不足，相关理论研究又缺乏准备，导致在全域旅游创建和发展过程中难免会在认识上和行动上存在一些问题。甘肃省发展全域旅游的总体战略和局部片区的发展战略都尚显不足，甘肃省旅游产业发展领导小组印发的《〈关于加快推进全域旅游发展的指导意见〉的通知》（甘旅领发〔2017〕1号）中提出，围绕全省旅游业发展的"11361"（"一带一城三区六廊道百景区"）战略布局，应当被视为甘肃整体旅游发展的布局，而不是针对全域旅游发展的布局。由于围绕全域旅游的精准发展战略上限薄弱，甘肃省全域旅游的发展在战略的制定上要更加精准、有针对性，同时不能仅仅局限于前国家旅游局和甘肃省旅发委公布的"省级全域旅游示范区"创建单位名单中指定的县（市、区、州）等示范点，其他区域的全域旅游在分县（市、区、州）制定全域旅游发展战略、发展模式、发展路径时更应该精准、突出特色，因地制宜。所以，全省在全域旅游发展的总体战略和子系统、子片区发展战略上存在一定的缺失且不甚精准。

（三）全域旅游发展的宏观产业体系不完备

宏观产业体系是相对于微观产业体系而言的，微观产业体系就是"吃、住、行、游、购、娱"的内部产业体系，而宏观产业体系则是整个社会都为旅游产业发展服务，自觉协同区域旅游产业发展，成为旅游产业发展的重要管理系统、运营系统、资源系统、体制系统等，从而支撑宏观旅游产业体系的构建和形成。全域旅游发展更加需要宏观产业体系支撑全域旅游的发展，其中旅游发展委员会是最重要、最核心的力量，经贸委、发改委、文化局、文物局、农业局等都应全部自觉地协同于全域旅游发展和旅游产业发展。就甘肃而言，敦煌、嘉峪关、张掖和甘南藏族自治州等地区的宏观产业体系和旅游产业发展的协同性较强，而其他片区的宏观产业体系和旅游产业发展的协同性较弱，并没有为旅游产业的发展发挥自身的重大作用，从全省和重要的片区角度来看，整体宏观产业体系尚未形成，宏观产业体系不完备。

（四）全域旅游发展的全新人力资源不足

旅游产业对复合型专业人才的需求大于其他产业对复合型人才的需求，旅游从业人员需要在创意、产品、运营、市场、管理、增值服务等方面都具备专业知识和专业胜任能力，同时也要熟悉现代旅游产业发展的特征和规律。甘肃在旅游发展方面的人才储备显得严重不足，人才储备质量也需得到很大程度的改善。近年来，甘肃省采取选派进修、实践锻炼、调研等多种方式强化旅游业人才队伍素质，但旅游人才集聚能力、培养水平与引进力度仍然较低；旅游产业人才队伍总量偏少、学历偏低，结构性矛盾突出，现有人才储备的结构也不尽合理。全域旅游需要全新的人力资源结构，全域旅游框架下的人力资源结构因为目的地体系不同、目的地体系构建要素不同，对人才的储备和人才所拥有的知识结构、能力结构等方面的要求也不一样。就讲解员队伍来说，之前传统景区（点）旅游框架下的讲解员只需要学会一个景区（点）的讲解内容和相关知识，而现在全域旅游框架下的讲解员则需要积累各个景区（点）的知识，融通全域的资源和文化知识，使得现有人才储备局限性显现，全域旅游发展的全新人力资源不足。

三　机遇

（一）全域旅游发展的政策机遇

2016年7月，习近平总书记指出："发展全域旅游，路子是对的，要坚持走下去。"12月国务院发布的《"十三五"旅游业发展规划》中又指出，中国旅游业要"以转型升级、提质增效为主题，以推动全域旅游发展为主线"，形成了社会参与、全民关注的良好格局。2017年3月5日，第十二届全国人民代表大会第五次会议上国务院总理李克强在《政府工作报告》中明确提出"完善旅游设施和服务，大力发展乡村、休闲、全域旅游"，这是"全域旅游"首次被写入《政府工作报告》。2017年3月22日，国务院办公厅印发《关于促进全域旅游发展的指导意见》，就加快推动旅游业转型升级、提质增效，全面优化旅游发展环境，走全域旅游发展的新路子做出部署。近年来，甘肃省以"一带一路"建设为契机，按照全域化发展、全产业融合、全要素配套的思想，稳步推进景点旅游向全域旅游转变。甘肃省旅游产业发展领导小组印发的《关于加快推进全域旅游发展的指导意见》以及《甘肃省"十三五"发展规划》的出台都提出了要建设旅游强省，全面发展全域旅游，促进全省旅游业转型升级、提质增效。可见，国家和省级层面出台的一系列政策措施都为甘肃省全域旅游的发展提供了政策机遇。

（二）国家级与省级全域旅游示范区机遇

2016年3月，甘肃省甘南州、敦煌市、兰州市城关区、天水市武山县、张掖市肃南县成为首批创建的国家级全域旅游示范区。2016年11月，嘉峪关市，张掖市，兰州市榆中县，白银市景泰县，天水市麦积区，陇南市康县、宕昌县，平凉市崆峒区及临夏州永靖县两市七县区成为第二批国家全域旅游示范区创建市县区。2017年11月，甘肃省10县市区入选首批"省级全域旅游示范区"创建单位，酒泉市金塔县、玉门市、金昌市金昌区、庆阳市庆城县等县（市、区）位列其中。目前，示范区的全域旅游规划已经编制完成，全域旅游工作推进顺利，并借助全域旅游示范区的创建工作，大幅推进了全省全域旅游的发展步伐。此外，甘南藏族自治州做全域无垃圾示范区,"全域无垃圾"已经成为一个概念,在全省乃至全国得到推广,各地区都以其为模板进行复制和借鉴;敦煌的智慧旅游成为敦煌建设"智慧城市"的风向标和新名片。全域旅游必须通过智慧旅游去实现,智慧旅游是全域旅游发展的一个重要的信息系统,在现代社会人们时间成本的约束下,"一部手机游××"很重要,智慧旅游成为发展全域旅游的重要条件,让文化绽放光芒,也引领产业型智慧城市和全域旅游建设。

(三)甘肃旅游产业发展战略机遇

从"十二五"开始,历届甘肃省委省政府都将旅游产业的发展逐渐纳入区域经济社会发展的战略框架中。2017年,省委省政府相继出台了一系列旨在推动甘肃旅游产业发展的重大政策,可贵的是,根据甘肃省的发展基础、空间方位、资源优势及产业比较优势的精准研判,已经形成了把甘肃省从旅游资源大省向旅游产业强省转型发展的基本战略,旅游业作为甘肃省区域经济发展的先导产业、优势产业、优先发展产业,已形成引领甘肃省经济社会发展的内在逻辑:全域旅游→优质旅游→经济社会全面进步和发展,从景点旅游模式向全域旅游模式转变,从全域旅游再向优质旅游的升级转化,最终推动经济社会全面进步和发展。同时,在省委省政府层面和全社会已基本达成了通过文化旅游产业的发展推进甘肃省经济社会发展的共识,从而从顶层设计、全局统筹的角度,形成了甘肃省近年以至未来若干年支配全省经济结构或产业结构优化和调整以促进经济增长和产业发展的基本战略指向和发展理念。

四 挑战

(一)周边竞争激烈,实现全域旅游率先发展压力大

近年来,甘肃周边省区旅游业蓬勃发展,同类资源竞争在一定程度上分流了客源,受周边经典景区"阴影"影响较大。在以丝绸之路作为全域旅游发展空间时,陕西、新疆等与丝绸之路的关联性也较强;黄河文化与河南、山东、宁夏、内蒙古河套地区的替代性很强;红色文化与陕西、江西、福建等甚至全国很多地区都存在红色遗迹遗存,在全国都有很强的替代性;寻根文化与山东、河南、山西、福建等中华民族重要的发祥地有很强的竞争力;民族文化与西南地区、西北地区等丰富多彩

的民族文化区域会形成较强竞争力。

（二）生存环境脆弱，实现全域旅游科学发展压力大

甘肃省地处内陆，生态环境较为脆弱。干旱、沙尘暴、沙漠化、水土流失等现象比较严重。近年来通过生态建设和环境整治，环境质量得到了一定程度的改善，但生态恶化的挑战并未从根本上消除。此外，甘肃省大气污染与水污染防治前景也不容乐观。旅游业对环境质量的依赖程度比其他任何产业都要高，环境质量的恶化将对甘肃省旅游业科学、健康、可持续发展造成巨大压力，脆弱的生态环境为甘肃省全域旅游的发展带来了挑战。

（三）专业人才短缺，实现全域旅游加快发展压力大

随着甘肃省旅游产业体系不断完善和旅游消费市场日益成熟，旅游业对各类专业人才的需求量将继续扩大，甘肃省旅游业现有人才规模、层次、结构将不足以满足旅游业更快速率、更高效率发展的需要，不足以支撑甘肃省全域旅游的发展。这也是甘肃省全域旅游的形成过程和旅游业在未来发展过程中的一大重要挑战。

（四）思想观念落后，实现全域旅游跨越式发展压力大

旅游行业从业人员文化水平普遍较低，知识结构较为单一，加之长期以来政府对发展旅游业的观念较为淡薄，对其在总体经济社会发展中的产业格局定位不清晰，使发展全域旅游的主体思想观念较为落后。这在一定程度上影响和制约了甘肃省旅游产业的转型升级和全域旅游的发展。

第三节 甘肃省全域旅游发展的目标及模式

一 甘肃省全域旅游发展的目标

（一）总体目标

根据《国务院办公厅关于促进全域旅游发展的指导意见》（国办发〔2018〕15号），中共甘肃省委、甘肃省人民政府《关于加快建设旅游强省的意见》（甘发〔2018〕7号），甘肃省旅游产业发展领导小组《关于印发〈关于加快推进全域旅游发展的指导意见〉的通知》（甘旅领发〔2017〕1号），以及国家旅游局关于《全域旅游示范区创建工作导则》

等的意见、通知和导则，围绕全省旅游业发展的"11361"（"一带一城三区六廊道百景区"）战略布局，在甘肃省旅游产业发展现状的基础上，结合全域旅游的发展条件和梯次推进的战略思路，优先考虑"1+3+N"的全域旅游先导目标，即打造"1+3+N"的全域旅游发展空间结构和重点领域（"1"是河西走廊国际文化旅游廊道的核心主体场域；"3"是三大全域旅游次级场域，包括陇东南寻根文化、农耕文化和红色文化全域旅游片区，两州五县民族文化全域旅游片区，两州两市黄河文化全域旅游片区；"N"是辐射若干个重点领域发展片区），充分发挥"1+3+N"先导目标的综合带动效益，推动全省"11361"全域旅游业发展布局的渐次落实。

与此同时，按照全区域规划、全要素配套、全产业链打造、全天候全季节拓展、全社会参与的大旅游发展理念，统筹推进全域旅游示范创建工作，确保至2020年年底，首批三市（州）、11县（区、市）全部成功创建为"国家全域旅游示范区"。同时以"点面结合"的方式开展全省全域旅游示范区创建工作，在"十三五"期间分年度、分批次推动40个旅游资源重点县（区）创建省级全域旅游示范区，以县（区）为先导带动镇、村全面提升。力争到2020年全省40个省级全域旅游示范区有一半（20个）成功创建国家全域旅游示范区。通过全域旅游的发展推动甘肃省旅游业的转型升级、提质增效，实现旅游发展全域化、旅游供给品质化、旅游治理规范化、旅游效益最大化。将旅游产业作为甘肃省产业发展的战略性支柱产业，为建设美丽甘肃和乡村振兴战略做出贡献，助推甘肃小康社会建设，至2020年同步进入小康社会，实现全面脱贫。在全域旅游的实施和带动下，甘肃省到2035年与全国同步实现基本现代化，到2050年与全国同步实现全面现代化。

（二）产业目标

通过全域旅游的实施和保障来助推甘肃省旅游产业的转型升级，做大做优旅游产业，以2017年甘肃省旅游总收入1580亿元为基数，拟定年增长率为20%—25%，到2020年全省旅游总收入预计有2800亿—3000亿元。旅游业增加值占GDP比重力争5%以上，旅游直接就业人数占全社会就业人数比重8.5%以上。在全域旅游先导目标引领下，"1+3+N"场域的旅游产业平均占所在区域GDP总量的6%左右，"11361"总体旅游场域的旅游产业平均占全省 GDP 总量的 5% 左右。加大在全域旅游框架下的区域旅游产业体系的构建和优化，进一步促进全省旅游产业体系的转型升级，打造甘肃省旅游产业体系的升级版。大力推动甘肃省旅游产品体系的迭代发展，在传统观光和文化型旅游产品供给的基础上大力发展"旅游+"和"+旅游"的旅游融合发展类产品体系和以创意与科技带动发展的新型深度体验和沉浸式体验为基本消费特征的新型旅游产品体系。

（三）文化发展目标

在全域旅游框架下将甘肃省省域范围内深厚的、历史悠久的文化资源作为全域旅游发展的核心要素，同时甘肃省也是国家级的华夏文明传承创新发展区，是中华民族和中华文化重要的发祥地。基于此，在甘肃全域旅游发展的过程中，一定要将文化的发展嵌入全域旅游发展的总体架构和目标体系中，旅游产业的发展经过观光和文化产业发展阶段、"旅游+"和"+旅游"融合发展阶段、新型文化和旅游产业业态发展阶段三个非常重要的周期，每个周期发展的过程中都必须将文化的发展作为其发展的前提条件和主要要素，文化产品的发展以及旅游产业体系的更换和迭代发展始终伴随着文化的更高水平和更高层次。

（四）社会发展目标

全域旅游的本质是促进地方国民经济和社会的发展，通过全域旅游的发展能够更加有效地发挥旅游业的综合带动作用。欠发达省份甘肃省旅游产业的发展，应该更加注重旅游产业的综合带动效益，将全域旅游作为甘肃省社会经济转型发展的突破口，有助于促进甘肃省国民经济和社会的发展。国民经济和社会的转型发展实际上也能够反向推动全域旅游的发展。整个社会发展过程中的社会环境、卫生医疗、健康和预期寿命、教育水平发展、公共服务水平、基础设施水平等的发展，通过全域旅游的发展理念，嵌入甘肃省全域旅游发展的过程中去。这是与过去以往发展旅游理念的不同之处。全域旅游的发展是全要素、全空间、全区域的发展，甘肃省全域旅游的发展立足产业发展实际情况，在均质化发展的基础上优先考虑发展"1+3+N"的全域旅游先导片区，然后再带动"11361"全区域的发展。

（五）生态发展目标

生态发展是一切产业和社会经济发展的基础，是建设美丽中国的首要条件和充分必要条件。甘肃省地处环境脆弱区域，更应该树立"青山绿水就是金山银山"的发展理念，在全域旅游的发展过程中更加注重生态环境的保护、优化和可持续发展，这种发展作为全域旅游发展理念支配下的甘肃省旅游产业发展的重要基础，通过生态环境的保护和优化，造就可持续发展的美好未来。全域旅游发展理念下，在"1+3+N"的先导发展区域和"11361"全区域发展的进程中要建立最严格、最规范、最科学的生态环境保护和生态环境发展的指标体系，并在严格遵守和实现这些指标体系的基础上再去发展不同的旅游产业新业态，以推动甘肃省全域旅游的发展进程。

二 甘肃省全域旅游发展的模式

全域旅游的发展本身是发展理念的创新、发展模式的革命、发展路径的根本转变。目前，我国全域旅游的发展模式主要有龙头景区带动型、城市全域辐射性、全域景区发展型、特色资源驱动型和产业深度融合型五种，针对甘肃省内某个片区或旅游发展场域可采用以上五种模式中的一种。就甘肃省整体全域旅游的发展来说，建议采取"大境区+大景区+综合产业+完善要素+公共设施+精准营销"的全域旅游发展模式。

龙头景区带动型。依托龙头景区作为吸引核和动力源，按照发展全域旅游的要求，围绕龙头景区部署基础设施和公共服务设施，围绕龙头景区配置旅游产品和景区，调整各部门服务旅游、优化环境的职责，形成了"综合产业综合抓"的工作机制，推进"景城一体化发展"。以龙头景区带动地方旅游业一体化发展，以龙头景区推动旅游业与相关产业融合，以龙头景区带动地方经济社会发展。其典型代表有：陇东南寻根文化、农耕文化和红色文化全域旅游片区，两州五县民族文化全域旅游片区，康县花桥村，华池南梁镇，嘉峪关市，榆中县，等等。

城市全域辐射型。以城市旅游目的地为主体，依托旅游城市知名旅游品牌、优越的旅游产品、便利的旅游交通、完善的配套服务，以城市旅游辐射和带动全域旅游，促进城乡旅游互动和城乡一体化发展，形成城乡互补、优势互动的城乡旅游大市场。按照"旅游引领、融合发展、共建共享、提升价值"的思路，推动旅游规划、城乡规划、土地利用规划、环保规划等"多规合一"，以旅游引领新型城镇化。其典型代表有：陇东南寻根文化、农耕文化和红色文化全域旅游片区，两州五县民族文化全域旅游片区，嘉峪关市，敦煌市，城关区，等等。

全域景区发展型。把整个区域看作一个大景区来规划、建设、管理和营销。按照全地域覆盖、全资源整合、全领域互动、全社会参与的原则，深入开展全域旅游建设，推进旅游城镇、旅游村落、风景庭院、风景园区、风景厂矿、风景道等建设，实现"处处是景、时时见景"的城乡旅游风貌。其典型代表有：肃南县，河西走廊国际文化旅游廊道，陇东南寻根文化、农耕文化和红色文化全域旅游片区，两州五县民族文化全域旅游片区，两州两市黄河文化全域旅游片区，武山县，甘南藏族自治州，等等。

特色资源驱动型。以区域内普遍存在的高品质自然及人文旅游资源为基础，以特色鲜明的民族、民俗文化为灵魂，以旅游综合开发为路径，推动自然资源与民族文化资源相结合，与大众健康、文化、科技、体育等相关产业共生共荣，谋划一批如健康养生、避暑休闲、度假疗养、山地体育、汽车露营等旅游新业态，带动区域旅游业发展，形成特色旅游目的地。其典型代表有：平凉市，河西走廊国际文化旅游廊道，两州五县民族文化全域旅游片区，两州两市黄河文化全域旅游片区。

产业深度融合型。以"旅游+"、"科技+"和"+旅游"为途径，大力推进旅游业与第一、第二、第三产业的融合，以及旅游业与文化、商贸、科教、体育、宗教、养生、卫生、教育、科研等行业的深度融合，规划开发出一批文化体验、生态观光、商务会展、休闲度假、乡村旅游、红色旅游、研学旅游、体育旅游、寻根旅游、自驾旅游等跨界产品，推动全域旅游要素深度整合，进一步提升区域旅游业整体实力和竞争力。其典型代表有：嘉峪关市，张掖市，河西走廊国际文化旅游廊道，陇东南寻根文化、农耕文化和红色文化全域旅游片区，两州五县民族文化全域旅游片区，两州两市黄河文化全域旅游片区，武山县，等等。

"大境区+大景区+综合产业+完善要素+公共设施+精准营销"模式。从甘肃省旅游产业发展的实际出发，在充分考虑全域旅游发展的基本要求和产业自身发展需求的基础上，建议采取"大境区+大景区+综合产业+完善要素+公共设施+精准营销"的全域旅游发展模式。首先，根据甘肃省全域旅游发展的大尺度、大跨度资源和主体功能区特征，应当建构有别于其他区域的"大境区"地理空间和旅游产业发展空间。其次，根据甘肃省全域旅游发展的核心景区支撑战略，在特定"大境区"中注入和培育具有显著区域自然文化特质和优势的主体景区。再次，通过旅游微观产业体系和旅游宏观产业体系的再造，形成支撑全域旅游发展的旅游产品体系、旅游效用体系和旅游价值体系。又次，在最大尺度的"大境区"空间中，最大可能地依据全球旅游业发展的规范体系和未来旅游业发展的前瞻体系进行配套服务体系和基础设施建设体系的建设和打造。最后，将以上发展要素和战略要点进行有效的统筹和规划设计，精准地定位甘肃省全域旅游发展的形象、品牌以及产业产品等重大内容，再行科学合理的营销和传播。

第四节 甘肃省全域旅游发展的空间结构及重点领域

推进全域旅游，提升甘肃省旅游业整体水平，应率先实施"1+3+N"的全域旅游发展空间结构和重点领域，即以河西走廊国际文化旅游廊道为首要发展的主体场域核心，以陇东南寻根义化、农耕文化和红色文化全域旅游片区，两州五县民族文化全域旅游片区和两州两市黄河文化全域旅游片区为三个全域旅游发展的次级场域为辅助，辐射若干个重点领域发展片区，共同形成甘肃省全域旅游发展的空间结构和重点领域。各片区互相联系、互相协作，提升甘肃省旅游业发展的整体水平。

一 甘肃省全域旅游发展的空间结构

（一）一个全域旅游主体场域：河西走廊国际文化旅游廊道

河西走廊国际文化旅游廊道东至武威，西止敦煌，行政区划上包括武威、金昌、张掖、酒泉、嘉峪关五个地级市，敦煌、玉门两个县级市，以及18个县区。河西走廊作为陆上丝绸之路的黄金区段，其文化旅游资源遗存丰富、历史古城集中、资源类型多元，是国家层面和前国家旅游局层面推介和重点发展的中国最重要的国内和国际旅游目的地。以河西走廊为龙头，率先打造丝绸之路国际文化旅游廊道文化旅游发展示范区，优先以河西走廊国际文化旅游廊道作为推进甘肃全域旅游发展的主体场域，"一廊多点"的规划和发展，把河西走廊五市按照丝绸之路文化的内在逻辑脉络连接起来，辐射丝绸之路上天水、平凉、兰州等重要的历史文化名城，形成甘肃文化旅游发展的国际品牌。

重点发展符合现代旅游特质和需求的丝绸之路自驾游、自助游和自由游，同时发展文化遗址观光旅游、自然生态旅游、民俗文化旅游、休闲度假旅游，传统文化旅游产品的升级换代和新型文化旅游产品的创新再造结合，使河西走廊丝绸之路国际文化旅游廊道成为甘肃全域旅游发展的龙头和核心。

（二）三个全域旅游次级场域

（1）陇东南寻根文化、农耕文化和红色文化全域旅游片区。

陇东南地区以庆阳、平凉、天水、陇南、定西五市为主体区域，重点发展以伏羲庙、轩辕文化产业园、周祖陵、黄帝冢、大地湾遗址等为代表的华夏寻根祭祖旅游；以崆峒山、武山温泉、灵台皇甫谧中医为代表的养生旅游；以马家窑文化和齐家文化、寺洼文化、辛店文化以及战国秦长城遗址为依托的农耕文化旅游；以红色南梁、两当火种、腊子口天险、会宁会师等为代表的红色文化旅游。陇东寻根文化、农耕文化和红色文化全域旅游片区的规划和打造，使之成为我国最重要的中华祖脉文化旅游的主要线路之一。

（2）两州五县民族文化全域旅游片区。

两州五县民族文化全域旅游片区包括甘南藏族自治州和临夏回族自治州、肃北蒙古族自治县、肃南裕固族自治县、张家川回族自治县、积石山保安族自治县和天祝藏族自治县。以甘南、临夏少数民族自治州为核心，深入挖掘甘肃丰富多彩的少数民族文化，打造民族文化全域旅游区。在巩固临夏—甘南回藏民俗风情草原风光观光旅游和肃南—肃北—阿克塞民族旅游的基础上，加强对原有基础较好、景区建设已有一定规模或拥有一定国际国内影响的夏河拉卜楞寺、桑科草原、尕海—则岔、腊子口、肃南马蹄寺、炳灵寺、哈什哈尔国际狩猎场等旅游景区的开发建设；加强甘肃南线旅游平台建设的薄弱部位——临夏州的旅游开发力度，把莲花山、松鸣岩等山地景观与东乡文化、保安文化、马家窑文化的开发联系起来，深度发掘开发和展示宝贵的民族文化，使甘肃民族文化全域旅游片区成为我国民族文化旅游的重要基地和示范地。

（3）两州两市黄河文化全域旅游片区。

深入挖掘甘肃段黄河文化旅游特色，重点打造由甘南藏族自治州、临夏回族自治州、兰州市和白银市组成的两州两市黄河文化全域旅游片区。加强以兰州黄河风景线、永靖黄河三峡、太极岛湿地、恐龙足印群及皋兰什川梨园、榆中青城古镇、景泰黄河石林、大漠敦煌影视城等旅游景区为主的大景区旅游建设。发展黄河沿岸甘肃段旅游资源的"五大组团"：西部水库游览区、中部兰州中心城市游览区、东部榆中黄河古镇游览区、东北部黄河奇观游览区和靖远田园风光游览区。发挥兰州省会城市中心带动作用，构建以黄河文化为重点的全域旅游片区，推动沿黄旅游一体化发展。黄河文化与都市文化旅游产品和品牌的整体打造和区域旅游协作的发展，使黄河文化旅游区成为甘肃文化旅游产业发展的增长极地区。

二　甘肃省全域旅游重点发展的业态领域

（一）丝绸之路文化旅游

丝绸之路沿线旅游资源丰富，互补性很强，开展旅游合作潜力巨大。敦煌以其品牌优势、战略区位优势、资源优势，作为古代丝绸之路上的重镇、现代丝绸之路上的重要节点，应在"丝绸之路经济带"的建设中发挥积极作用。加快推进敦煌国际文化旅游名城建设，依托敦煌及周边丰富的文化、自然和人文资源，打造以敦煌莫高窟为核心区域，以阳关、玉门关、雅丹国家地质公园、榆林窟、锁阳城、阿克塞民族风情园等景区景点为支撑，以敦煌机场、柳园高铁站、酒敦高速、敦煌至阿克塞、肃北至阿克塞等道路铁路为交通口岸和对外连接通道的大敦煌旅游圈。

嘉峪关市地处河西走廊中端，扼古丝绸之路交通要冲，交汇融合长城文化、丝路文化和边塞文化，留下了有着独特地域文化特征的长城、丝绸之路遗迹等文化遗产，也是助推丝绸之路文化旅游的一大抓手。嘉峪关市应全面采用"文化引领"的发展战略，针对自身各个区域的文化特色进行深入的挖掘，积极培育具有嘉峪关市特色的文化旅游品牌，坚持利用与敦煌市联合召开的敦煌行·丝绸之路国际旅游节大力发展嘉峪关、敦煌旅游线路，加强两地之间的关联，共同发展旅游业。从文化旅游融合层面全面提升甘肃的丝绸之路文化品质、文化档次与文化含量，使丝绸之路文化旅游的发展成为丝绸之路文化资源产业转型的重要载体。

（二）黄河中上游区段文化旅游

加大黄河沿线文化旅游资源开发力度，从时间和空间上浓缩黄河文化，发展以国家地质公园黄河石林开发为龙头的旅游业，打造258千米沿黄河旅游精品线，把旅游业建设成黄河经济带的重要经济增长点。兰州市、白银市、定西市黄河文化和都市文化旅游已取得了较好的发展业绩，有着良好的文化旅游发展基础，且呈现出文化旅游与自然旅游、都市旅游和红色旅游的融合发展。

永靖县以黄河、湟水河两岸为主的川塬区六个镇条件相对较好，水资源丰富，景色秀丽，土地肥沃，是发展旅游业的理想之地。永靖县应将古城区域作为今后县城开发的重点，建成集行政、商务、旅游、休闲为一体的生态型旅游新城区。按照开发黄河太极湖夜游，美化绿化太极湖两岸，装饰亮化旧城区，全力建设古城新区和八卦岛开发区的"一河两岸三区"发展格局，对黄河三峡景区十个重要景点进行了精品化"连线"、一体化"布面"的全新设计，努力打造以生态旅游、休闲观光为特色的黄河上游山水生态旅游城市。

（三）甘肃民族文化旅游

以甘南藏族自治州、临夏回族自治州和肃南裕固族自治县等为代表的两州五县民族历史文化悠久，民族文化资源多元且丰厚，民族历史文物古迹知名度高、少数民族风情浓郁、文化旅游资源特色鲜明。以甘南州为例，作为我国藏区民族文化的重要片区，甘南州的民族歌舞表演、民族文化艺术展览、民族饮食风味、民族服饰、民族手工艺、民族乐队表演等具有浓郁的地方特色，是甘青川藏民旅游文化交流和展示的综合平台，可促进民族文化与旅游相融合。重点打造九色甘南香巴拉旅游品牌，在各个地区分别展示独特的生态优势和民俗文化，是甘南州全域旅游发展的重点。以肃南县为例，肃南民俗文化旅游产业创新开发需要的是发展"一个中心——红湾寺镇裕固族风情生态县城，两条旅游轴线——张肃公路、张马公路，四大旅游板块——皇城夏日塔拉草原美景高原水趣旅游景区、马蹄石窟金塔飞天旅游景区、祁连丹霞裕固传奇旅游景区、文殊佛国旅游景区"。凸显各个地区的地域特色，形成分工合理、相互补充的整体性区域旅游格局，选取特色旅游景区，重点打造，深度开发。

（四）甘肃寻根文化与农耕文化旅游

在甘肃祖脉文化旅游发展上，以全球华人祭祖圣地为重点，加快陇东南旅游创新区建设，打造陇东南祖脉文化旅游区。天水主要有伏羲文化、大地湾文化、秦早期文化、麦积山石窟文化和三国古战场文化。其祖脉文化资源极其丰富，发展祖脉文化旅游具有独特的优势和条件。应以伏羲文化为龙头，以项目建设为抓手打造祖脉文化旅游品牌。

庆阳是文化部命名的全国文化产业示范基地，中国民俗学会命名的中国香包刺绣之乡、徒手秧歌之乡、民间剪纸之乡、窑洞民居之乡、荷花舞之乡等。充分借助丝绸之路（敦煌）国际文化博览会、敦煌行·丝绸之路国际旅游节等平台，多方位展示庆阳的剪纸、香包、皮影等文化产品和独特的旅游资源；寻求甘肃省驻沿线各国商务代表处的支持，利用多种渠道宣传庆阳。规划子午岭探秘旅游、寻根访祖养生旅游等精品线路，注重游客的体验与参与，挖掘景区内涵。

（五）甘肃康体养生旅游

平凉市几千年养生文化的源远流长，使这里的养生理念博大精深、养生文化独具魅力、养生条件得天独厚，形成了"理念养生、国医养生、运动养生、温泉养生、美食养生、避暑养生"六大养生名片。平凉市以"神奇崆峒·养生平凉"为抓手，全力打造"神奇秀美崆峒山·天下养生第一地"旅游品牌。集中全力，做强做优，打响打亮，把文化旅游作为支撑经济社会发展的区域首位产业，以中华崆峒养生地和大景区建设为抓手，全域化推动文化旅游深度融合发展，进一步激活当地旅游资源。努力把平凉市建设成多功能兼具、国内外知名的养生胜地，真正成为天下养生第一地。

（六）甘肃红色文化旅游

庆阳华池县红色旅游资源品质高，是中国红色旅游资源的重要组成部分，在中国革命史上具有重要的地位。华池县陕甘边区苏维埃政府旧址被列入全国百个红色旅游经典景区，为华池县整合红色资源奠定了优势基础。大力宣传华池县陕甘边区苏维埃政府旧址、南梁革命纪念馆、列宁小学、抗日军政大学第七分校、"刘巧儿"旧居、双塔森林公园等红色文化遗产，加大对陕甘边区苏维埃政府旧址的整合，以红色旅游为一号角色，其他名角"众星捧月"，形成"星月交辉"的灿烂格局，以获得较好的社会效益和经济效益。

（七）甘肃乡村旅游

康县山大沟深、植被茂密，森林覆盖率居全省首位，在乡村旅游发展上，按照"一乡一景、一村一品、一品一韵、一家一特"的思路，围绕体现乡村田园、乡村生活、乡村文化、乡村民俗和乡音乡愁进行布局，体现康县山水特色和民俗文化。在开辟精品旅游线路上，立足全县景区景点、美丽乡村，开辟康中田园观光游、康北历史文化游、康南生态风情游等三条各具特色的乡村旅游主导线路，形成以县城和阳坝为重点，以长坝花桥和262个美丽乡村为节点的五条乡村旅游精品线路。积极与周边市县区沟通衔接，以知名景区景点为依托，打造一批方便游客游览的热点线路。同时，围绕打造全域生态旅游大景区，打造了生态旅游型、古村修复型、产业培育型、环境改善型、文化服务型等不同类型的美丽乡村。

（八）甘肃体育旅游

河西走廊是古丝绸之路必经之地，这条通道因多样的地形地貌，成为开展探险、徒步、骑行、漂流、攀岩、自驾、滑翔等运动的户外天堂，河西走廊体育旅游产业的发展日益蓬勃。

金昌市围绕体育和旅游产业融合，规划布局紫金花海、风沙大漠旅游区和金昌国际青少年生存训练营项目。其中包含沙滩排球、沙滩足球、沙滩拔河、沙漠10千米越野等比赛项目和花卉创意、搭建帐篷等体验项目。同时举办国际武术交流大会，通过这些体育节会助推旅游市场。

酒泉市拥有丰富的旅游资源，户外运动是该地区体育发展的重点。推进体育与文化、旅游产业的融合发展，大力发展户外运动项目，打造"中国（酒泉）西部户外运动之都"。

玉门市探索体育文化旅游融合发展，谋求城市转型发展，重点打造"石油摇篮""铁人故乡""神韵丹霞""金峡漂流"四大品牌，持续培育壮大体育文化旅游产业；发挥区域户外运动产业品牌资源条件集聚优势，形成玉门国家地质公园、丝路水世界·赤金峡西北第一漂"飞越玉门"

西部首个风动能体育旅游示范区航空旅游体验的三大体育产业基地，推动体育旅游产业融合发展。

（九）甘肃自助与自驾车旅游

河西走廊内自然和人文旅游资源丰富多样，交通条件便利，适宜发展自驾车旅游。其利用自身人文、自然资源相叠加的优势，开辟多种自驾游的旅游廊道，为自驾游提供了发展空间，具备打造国内自驾游胜地的潜力。

前国家旅游局、国务院扶贫办联合推出的中国"西部行"自驾游十条精品旅游线路中，河西走廊线路因既满足人民群众的旅游消费新需求，又带动更多贫困地区和贫困人口通过参与旅游、发展旅游来促进脱贫而入选。丝绸之路河西走廊线是指从甘肃兰州至新疆霍尔果斯段，全长约3200公里，由连霍高速、京新高速组成，连接了丝绸之路上的重要旅游城市和节点，到甘肃河西走廊线路自驾游可以"触摸历史、品味文化、游历山水、感受风情"。

（十）甘肃"旅游+"和"+旅游"

（1）"旅游+互联网"。

充分利用互联网等现代信息技术提升甘肃文化旅游产业融合的科技含量，让技术手段成为文化与旅游融合的良好介质，通过大数据与互联网等信息技术，开发新型旅游方式与旅游项目，将文化旅游资源创造为满足游客体验化、参与性多元化需求的品牌产品；进一步加强旅游信息服务功能建设，使旅游企业的经营活动全面信息化，使旅游行业管理和旅游公共服务信息化水平全面提高，形成一批具有独特文化魅力的智慧旅游城市、智慧旅游景区、智慧旅游企业和智慧旅游产品，实现甘肃文化与旅游融合的深度发展。

建立甘肃旅游大数据中心，依托"一部手机游甘肃"综合服务平台，建立完善智慧旅游管理、服务和营销体系。高速公路服务区与旅游智能化融合，在高速公路服务区建甘肃特色旅游商品和农特产品实体示范店，涵盖景区推介、展馆营销、电动车租赁、休闲区、房车驿站、路况实时反馈等功能板块。加快旅游信息化、网络化、智能化建设，实现航空、高铁、高速公路服务区，四级客运中心等领域的"一机游"功能。

(2)"文化+旅游"。

进一步加强旅游企业和文化创意企业协同创新力度，联合进行产品创意设计和商业模式创新，通过资本融合、并购、组建战略联盟等进行深度合作。实施文化创意旅游企业成长工程，组建跨界融合的产业集团和产业联盟，打造文化创意旅游中小企业集群，培育具有地方特色的文化创意旅游企业。在全国文化创意旅游迅速发展的关键时期，甘肃也应高度重视文化创意旅游新业态的发展，将文化创意元素渗透到传统旅游产品中去，通过虚拟现实技术和特定表现手法赋予动漫、影视、游戏、主题公园、旅游节庆和旅游演艺活动更多的创意内涵，充分发挥华夏文明甘肃文化产业园、兰州创意文化产业园、"千年敦煌"等文化创意旅游特色园区的示范和引领作用。进一步加强社会、政府、行业、企业及消费者的联动，提升文化创意旅游产品的供给能力，积极打造具有国际影响力的品牌，努力培育消费市场，推动文化创意旅游发展。

第五节 推进甘肃省全域旅游发展对策建议

一 文化旅游发展的目的地建设：全力开展河西走廊国际文化旅游廊道、甘肃文化旅游三大片区旅游综合实验区建设

（一）全力开展河西走廊国际文化旅游廊道的主体场域建设

建议全面培育和重点打造丝绸之路河西走廊国际文化旅游廊道，使之成为甘肃省文化旅游发展和推动旅游产业转型升级的主体场域和龙头空间。可以认为，在中国近4000千米的陆上丝绸之路，唯有河西走廊是最适合形成大尺度空间、最完整资源和精良结构的文化旅游发展区域，且具有形成全球层面国际文化旅游目的地的重大文化旅游价值，也是甘肃省与"一带一路"建设最为契合的战略实施内容。以"丝绸之路河西走廊国际文化旅游廊道"为龙头率先发展，并进而带动甘肃其他文化旅游空间的发展，应该成为甘肃省文化旅游助推旅游产业转型升级发展的基本战略和核心战略。建议省上将西起敦煌、东至兰州，全长1150千米的"泛河西走廊"作为我国在"一带一路"建设背景下和西部发展战略框架下的中国文化旅游发展综合示范区，纳入区域经济社会发展的重大战略通盘考虑，先行先试，建设两到三年，升格为国家文化旅游综合示

范区，形成南有海南国际旅游岛、西有河西走廊文化旅游综合示范区的国家旅游战略格局。

（二）大力开展甘肃文化旅游三大片区的次级场域建设

在建设河西走廊国际文化旅游廊道的同时，全力发展陇东南寻根文化、农耕文化和红色文化旅游片区，两州五县民族文化旅游片区，两州两市黄河文化旅游片区，形成完整的、特色鲜明的旅游目的地体系。以陇东南地区的华夏寻根祭祖旅游、养生旅游、农耕文化旅游、红色文化旅游为核心，陇东南寻根文化、农耕文化和红色文化旅游片区的规划和打造，使之成为我国最重要的中华祖脉文化旅游的主要线路之一。以甘南藏族自治州和临夏回族自治州、肃北蒙古族自治县、肃南裕固族自治县、张家川回族自治县、积石山保安族自治县和天祝藏族自治县为核心，深入挖掘丰富多彩的少数民族文化，使民族文化旅游片区成为甘肃乃至我国民族文化旅游的重要基地和示范地。深入挖掘甘肃段黄河文化旅游特色，黄河文化与都市文化旅游产品和品牌的整体打造和区域旅游协作的发展，使黄河文化旅游区成为甘肃文化旅游产业发展的增长极地区。

二 构建强有力的全域旅游发展领导和管理体制

（一）推进旅游管理体制改革，创新旅游协调参与机制

树立全局谋划、全方位推进、全时空统筹、全要素配套、全产业联动、全社会参与的大旅游发展观、整合资源、统筹推进全域旅游。强化全域旅游组织领导，加强部门联动，建立健全旅游联席会议、旅游投融资、旅游标准化建设和考核激励等工作机制。成立旅游产业发展基金，建立财政对全域旅游的长期投入机制。大力推进"多规合一"改革试点，把整个区域作为大景区来规划建设，结合本地实际，编制规划，制订方案，明确责任，形成推进全域旅游发展合力，确保全域旅游规划能真正落地实施。建设河西走廊西部文化旅游示范区，发挥龙头带动作用。

（二）推进"1+3+N"综合体制改革，强化考核督查与诚信体系建设

完善旅游市场综合监管体制机制建设，各市县（区）积极筹建旅游发展委员会，将旅游警察、旅游工商和旅游巡回法庭"1+3"体制向乡镇和景区延伸。建立科学的考核体制与机制，制定参与旅游市场秩序综

合监管工作地区、部门和企业的"责任清单",把全域旅游发展纳入部门考核内容并作为干部晋升的重要依据。将旅游重点任务落实纳入年度督查计划,引入第三方评价机制,综合运用大数据等手段,对重点任务落实绩效和游客满意度进行分析评价。建立健全旅游部门与相关部门联合执法机制,完善旅游监管服务平台,强化涉旅领域执法检查,加强旅游执法领域行政执法与刑事执法衔接,促进旅游部门与有关监管部门协调配合,形成工作合力。利用"大数据+互联网"手段,参与旅游文明诚信体系建设,对相关企业进行"差评倒逼",实施差评"100%处理回复、100%回溯问责"制度,构建旅游产品和服务优胜劣汰的机制,建立品质经营"生态圈"。

三 围绕全域旅游发展构建宏观旅游产业体系

从国际国内旅游产业发展的规律看,一个有效的高水平和高品质运行的旅游产业必须建筑在旅游业内在产业体系(微观产业体系)的完整性和旅游业外在产业体系(宏观产业体系)的支撑性基础之上,全域旅游运行和发展的内在规律尤其如此。简言之,宏观产业体系即一个区域所有产业经济部门都自觉地与旅游产业的发展相协调和相协同,自觉地形成支撑区域旅游产业发展的产业结构和运行格局。建议尽快通过政府的顶层设计、政策制定和组织实施,推动全省几个重要全域旅游发展场域宏观产业体系的构建,因为它在一定程度上决定着全省全域旅游发展目标的有效实现,决定着通过全域旅游发展助推全省旅游业转型升级,决定着旅游业战略性支柱产业地位的形成以及对全省经济增长和发展的强有力的推动。

四 统筹城乡协调发展、环境建设和文化功能建设,与全省全域旅游发展相互支撑

建议将全省城乡协调发展、乡村振兴、美丽乡村建设、城乡环境建设和城乡文化事业发展和文化产业发展等重大关乎经济社会全面进步和发展的战略举措与全域旅游发展进行协整合协同发展。也就是说,以上重大发展战略的制定和实施都必须置于全域旅游发展的目标体系和战略框架中,要强化并细分以上重大发展战略与全域旅游发展战略协同发展

的工作职责、分工和督查评估体系，统筹城乡发展、环境建设和文化功能建设，与全省全域旅游发展相互支撑的工作保证落到实处。

五　着力培育全域旅游发展背景下的市场主体

建议形成以政府主导和市场主体为双轮驱动的全域旅游发展模式，一方面，应当清醒地认识到，甘肃作为欠发达地区和市场在资源配置中的作用相对比较薄弱的区域，在全域旅游发展的初期，政府应当充分发挥顶层设计、政策引领、组织保障和公共产品供给的主要责任；但同时，也应当认识到，旅游产业尤其是产业要素和产品要素更加复杂的全域旅游发展水平的高低和是否具有有效性，在更大程度上决定于有没有驾驭和实施全域旅游发展的有相当规模和发展品质的企业组织。建议在未来引入战略性投资主体和生产要素的过程中，将发展全域旅游的市场主体和经济组织放在首要位置，必要的时候应当在省内外甚至国内外召开专场甘肃省旅游产业发展的招商引资推介活动，并在土地、财政税收、融资配套及公共服务等方面给予超过全国平均水平的优惠政策，以形成甘肃省全域旅游发展的企业组织基本规模和格局。

（一）深化景区市场化改革，引进战略性投资企业

按照景区管委会+旅游开发公司模式，重点景区构建产权明晰的市场化经营机制，20个大景区率先建成符合现代企业制度的经营实体和市场主体。鼓励优势旅游企业采取兼并重组、品牌连锁、特许经营等新形式，扩大企业规模，拓展经营网络。积极引导酒店、旅行社等传统旅游企业向现代化、市场化转型，创新商业发展模式，主动参与市场竞争。建立综合监管机制，依法开展联合执法和日常监督检查，规范文化旅游市场秩序。采取有偿委托经营等方式，引进一批规模大、辐射带动力强的国内外知名旅游集团和管理服务品牌企业，如首旅集团、华强集团，参与大景区开发经营，广泛吸引社会资本投入大景区建设。与甘肃旅游骨干企业在股权和业务方面开展全方位合作，实现股权多元化，提升甘肃骨干企业运营管理能力。支持大型投资公司、房地产企业、工矿企业以及网络公司等跨界投资旅游产业，引入大企业和大资本进入旅游业。

（二）组建大型旅游集团，扶持旅游小微企业

加快组建甘肃旅游投资集团，培育打造两到三家文化旅游上市公司。

鼓励省属优势旅游企业与市县政府及省内企业开展合作，组建混合所有制旅游集团，对全省旅游资源进行整体开发。支持省内交通、能源、冶金等大型国有企业在转型中进入文化旅游板块。积极建设敦煌国际文化旅游名城、《丝路花雨》等标志性工程，推动大景区开发。加大对演艺、文化创意及设计服务、数字动漫等100家创新型小微文化企业的政策、资金扶持力度，在培育期给予财政、税收、金融、土地等优惠政策支持。鼓励中小旅游企业之间加强合作，建立与大型旅游集团的网络服务协作，构建旅游企业战略联盟。大力发展创业型的个体私营旅游经济，发展家庭手工业，鼓励城镇居民进行旅游创业就业。打造中小微旅游企业孵化平台，建设旅游创客示范基地，开展旅游"双创"行动，鼓励吸引大中专院校毕业生，旅游、文化、艺术、科技领域知名人士建立工作室，创办旅游中小微企业。

六 围绕全域旅游发展构建全省文化旅游新型营销模式

建议围绕全省全域旅游的发展构建旅游产业品牌建设和新型营销模式建设，可以考虑在"交响丝路·如意甘肃"的总体品牌下，进行全域旅游几个主要场域的品牌构建和营销设计。当下，如果丝绸之路河西走廊国际文化旅游廊道可以确定为全省全域旅游发展的龙头空间，那么宜尽快实施这一龙头空间的品牌设计和营销模式，并次序地准备其他几个次级场域的分型分类旅游品牌的设计和营销；宜将全省重要的文化旅游、体育旅游和文化节会进行单列分型精准营销，将敦煌行·丝绸之路国际文化旅游节和丝绸之路（敦煌）国际文化博览会进行品牌和营销的重点策划；宜将全域旅游框架下的重点节点城市（敦煌、兰州、嘉峪关、天水等）进行分域品牌建设和营销；宜将全省范围内一些重要的新型文化旅游业态和产品进行分类品牌建设和营销；加大全省文化旅游产业和业态的品牌建设和营销费用的投入，宣传营销投入的增长速度要快于旅游产业发展投入的平均增长速度。

（一）多措并举，抓好全域旅游整合营销

打响"交响丝路·如意甘肃"旅游主题宣传口号，在对外宣传、文化、经贸、体育等重大活动中统一使用。提炼河西走廊国际文化旅游廊道，寻根文化、农耕文化和红色文化、民族文化，黄河文化四大全域旅游片区主题形象,形成以全省主题旅游品牌为龙头、区域旅游品牌为支撑、景区品牌为基础的旅游品牌宣传体系。发挥丝绸之路旅游推广联盟作用,积极融入黄河、长城等旅游联盟,加强与"一带一路"沿线国家和地区、国际友好省州和城市及知名旅游企业等的合作,建立促销联盟。以"大外宣"为牵引,积极整合宣传、旅游、外事、文化、新闻广电等部门的宣传资源,建立省、市、县(区)三级联动,政府支持、部门协同、企业联手、媒体跟进、游客参与"五位一体"的旅游宣传营销机制,统筹开展甘肃全域旅游的整体形象宣传。利用广播、电视、报纸等传统媒体资源,微博、微信、移动互联网等新媒体资源,打造跨区域、跨平台、跨终端立体性营销体系。

(二)完善机制,开展立体精准宣传营销

运用大数据等高科技分析手段,组合针对性、适应性、灵活性的产品供给和服务供给,引导、拉动和创造旅游新消费。科学分析境内外主要客源地和消费群,结合新航线、铁路开通,在中远端客源市场点对点量身开展主题宣传推广。瞄准"一带一路"沿线等境内外主要客源市场,强化文化旅游合作交流,开展精准宣传推广。围绕实施"南向通道"战略,加强与川、渝、桂、黔的协作,开拓东南亚旅游市场。瞄准京津冀、长三角、珠三角等主要客源市场和周边省区,邀请重点旅行商、新闻媒体开展实地体验营销。依托省内开通的航班、列车,打造展示甘肃特色旅游资源产品和商品的移动展览馆、销售厅。持续办好敦煌国际文化博览会、敦煌行·丝绸之路国际旅游节、公祭伏羲大典等节会,放大节会片区宣传效应。实施"一部手机游甘肃",提升文化旅游宣传营销的智慧化水平。建立全省旅游景区、旅游饭店等淡季价格优惠联动机制,做好冬春季特色旅游产品宣传推介。

七 形成支撑全域旅游运营和发展的新型人力资源培养和培训体系

形成国内外和省内外不同层次、不同类型,不同学科和专业特色的院校全域旅游人力资源培养的体系;充分利用好全省旅游高等教育、高等职业教育和中等技能教育等多种教育资源,制订适应全域旅游发展的人力资源培养和培训计划,并尽快付诸实施。

(一) 扩大全省旅游人才培养规模，加强政产学研合作

鼓励省属高等学校、职业院校继续推进旅游基础理论、应用研究和学科体系建设，优化专业设置，重点办好旅游管理、旅游规划、营销策划、新业态开发、景区与酒店管理、文化产业创意策划、导游服务等特色专业。目前，建议形成将以西北师范大学和兰州大学为主体的创意、规划设计、运营和中高端管理人才培养，以兰州文理学院、兰州城市学院和河西学院等为主体的全域旅游专业人才培养，以甘肃民族师范学院、陇南师范高等专科学校、兰州职业技术学院、兰州工业职业技术学院等为主体的应用型人才培养，以及以兰州现代职业学院等作为主体的实用操作型人才培养为基本格局的全省全域旅游人力资源培养体系。同时，推动旅游科研单位、旅游规划单位与国土、交通、住建等相关规划研究机构服务于全域旅游建设，增强科学技术对旅游产业发展的支撑作用。积极成立甘肃旅游学会，使其成为专业研讨基地、旅游发展智库、专业培训殿堂和成员交流沙龙，为甘肃旅游业发展做贡献。

(二) 加强旅游从业队伍培训，引进高端专业旅游人才

加强旅游部门干部队伍建设，优先选用德才兼备的旅游干部，加强对涉旅部门、重点旅游市县区党政领导"走出去""请进来"培训。紧紧围绕旅游业发展需要，着力抓好行政管理人才、职业经理人才、紧缺专业人才、从业人员四大队伍的培训，提升旅游从业人员的整体水平。加强与相关部门、相关行业合作，建立旅游智库、专业人才信息库和网上人才市场，建立有效的旅游人才资源统计体系和完善配套的旅游人才评价体系，为旅游业发展提供决策咨询和智力支持。鼓励柔性引才，用人单位采取特聘、兼职、专利或技术入股等形式引才，对特殊人才引进实行"一事一议、特事特办"。对急需紧缺的国内外创业人才，一次性给予100万元支持；对科研、经营管理、金融等方面的创新人才，一次性给予60万元支持；对实用技术人才一次性给予10万元支持。对相关领域人才队伍采取住房货币补贴和实物配置住房两种住房保障形式，对引进的高层次人才配偶就业、子女入学问题给予积极解决。如此，才能在新的全域旅游发展理念和战略下重新认知与全域旅游对应的全新人力资源规模、结构和品质要求，形成支撑甘肃省全域旅游发展的新的人力资源培养和供给体系。

八　完善全域旅游发展的支撑体系

（一）优化全域旅游生态环境，营造全域良好社会环境

强化自然生态、田园风光、传统村落、民族文化等资源的保护，依法保护名胜名城名镇名村的真实性和完整性，严格规划建设管控，保持传统村镇原有肌理，延续传统空间格局，构筑具有地域特征、民族特色的城乡建筑风貌。推进全域净化绿化美化，持续打好"大气污染防治""农村环境连片整治""美丽乡村建设和新型城镇化""景区周边环境整治"等组合拳。实施旅游能效提升计划，推进节水节能型景区、酒店和旅游村镇建设，甘南、陇南、肃南等有条件的市州县和全省生态类景区实现空气质量检测全覆盖。树立"处处都是旅游环境，人人都是旅游形象"理念，倡导绿色旅游消费，面向目的地居民开展旅游知识宣传教育，强化居民旅游参与意识、形象意识和责任意识。加强旅游惠民便民服务，推动博物馆、纪念馆、全国爱国主义教育示范基地、美术馆、公共图书馆、文化馆、科技馆等免费开放，加强对老年人、残疾人等特殊群体的旅游服务。

（二）强化旅游安全保障，加强旅游安全制度建设

建立健全旅游安全综合监管体系，构建防控并重的安全体系，落实旅游安全预警信息发布制度，强化安全警示、宣传、引导，完善各项应急预案，大力提升旅游突发事件应急处置能力。强化各有关部门安全监管责任、旅游经营单位全员岗位安全责任、旅游安全双重预防制度、全员安全培训制度，落实旅行社、饭店、景区安全规范，定期组织开展应急培训和应急演练，建立政府救助与商业救援相结合的旅游救援体系。加强景区（点）最大承载量警示、重点时段游客量调控和应急管理工作，提高景区灾害风险管理能力。加强对道路旅游交通、旅游客运、涉旅消防、高风险旅游项目设施设备（客运索道、大型游乐设施、玻璃栈道等）、旅游节庆活动、自然灾害预防等重点领域及环节的监管和安全隐患排查整治，全面保障游客的人身财产安全。全覆盖落实旅游安全责任保险等预防制度，完善旅游保险产品，扩大旅游保险覆盖面，提高保险理赔服务水平。

第五章

新时代甘肃旅游产业优势再塑与赶超模式探究

第一节 甘肃省旅游产业发展的基本判断、时代特征与趋势分析

一 2010~2018年甘肃省旅游业发展重要指标与全国部分省市对比分析

结合表5—1与图5—1、图5—2，可以看出，2010—2018年，甘肃省国内旅游总人次年增长率与国内旅游总收入分别在2014年与2017年超越全国平均水平，国内旅游总人次与国内旅游总收入年增长率始终要比全国平均年增长率分别高10.4—22个百分点和6—23.6个百分点（除2010年外）。此外，由表5—1不难发现，2010年至2018年甘肃省国内旅游总人次与国内旅游总收入在全国国内旅游总人次和全国国内旅游总收入中的相应占比一直保持增长趋势，上升幅度分别达到3.5个百分点和2.1个百分点。

表5—1　　2010—2018年甘肃省旅游业发展重要指标与全国平均水平对比

项目 年份	国内旅游总人次					国内旅游总收入				
	甘肃（万人次）	全国平均（万人次）	甘肃占比（%）	甘肃年增长率（%）	全国平均增长率（%）	甘肃（亿元）	全国平均（亿元）	甘肃占比（%）	甘肃年增长率（%）	全国平均增长率（%）
2010	4284.45	6783.87	2.00	26.50	10.60	236.20	405.80	1.90	23.10	23.50
2011	5826.48	8519.35	2.20	36.00	25.60	332.57	622.75	1.70	40.80	34.80

续表

年份 项目	国内旅游总人次					国内旅游总收入				
	甘肃（万人次）	全国平均（万人次）	甘肃占比（%）	甘肃年增长率（%）	全国平均增长率（%）	甘肃（亿元）	全国平均（亿元）	甘肃占比（%）	甘肃年增长率（%）	全国平均增长率（%）
2012	7834.50	9538.71	2.60	34.30	12.00	471.08	732.45	2.10	41.20	17.60
2013	10078.00	10522.58	3.10	28.60	10.30	620.20	847.62	2.40	31.60	15.70
2014	12600.00	11648.39	3.50	25.00	10.70	780.00	977.80	2.60	25.00	15.40
2015	15633.00	12903.22	3.90	24.00	10.80	975.00	1103.07	2.90	25.00	12.80
2016	19089.00	14322.58	4.30	22.00	11.00	1220.00	1270.65	3.10	25.00	15.20
2017	23900.00	16132.26	4.80	26.00	12.60	1580.00	1472.93	3.50	29.50	15.90
2018	30190.90	17867.74	5.50	26.40	10.80	2058.30	1654.14	4.00	30.40	12.30

数据来源：国家统计局。

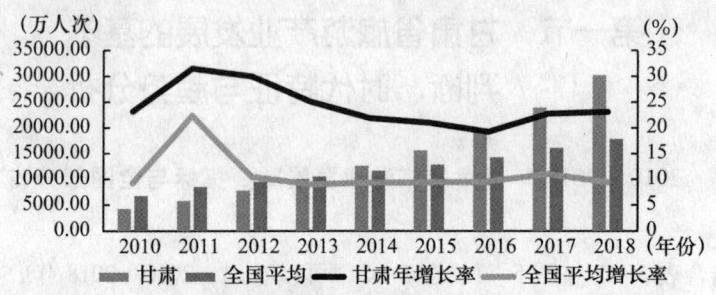

图 5—1 2010—2018 年甘肃省国内旅游总人次及其年增长率与全国平均水平对比

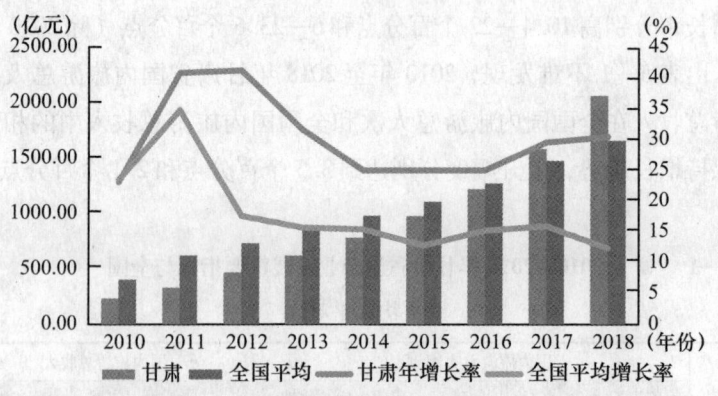

图 5—2 2010—2018 年甘肃省国内旅游总收入及其年增长率与全国平均水平对比

结合表 5—2 和图 5—3，可以明显看到，西北五省份中省市的国内旅游

第五章 新时代甘肃旅游产业优势再塑与赶超模式探究

表 5—2　2010—2018 年西北五省旅业发展重要指标对比

年份	项目	甘肃	陕西	青海	宁夏	新疆	项目	甘肃	陕西	青海	宁夏	新疆
2010	国内旅游总人数（万人次）	4284.45	14353.80	1221.50	1018.80	3038.36	国内旅游总收入（亿元）	236.20	915.92	71.02	67.30	281.13
	全国排名	27	15	29	30	28	全国排名	28	18	29	31	26
	年增长率（%）	0.27	25.80	11.00	12.00	44.80	年增长率（%）	23.10	28.10	18.00	27.00	59.10
	增长率排名	4	5	13	12	2	增长率排名	9	5	10	6	1
2011	国内旅游总人数（万人次）	5826.48	18100.00	1407.20	1167.66	3829.00	国内旅游总收入（亿元）	332.57	1240.00	92.30	83.81	411.80
	全国排名	26	14	29	31	27	全国排名	26	16	29	30	25
	年增长率（%）	0.36	0.26	0.15	0.15	0.26	年增长率（%）	0.41	0.35	0.30	0.25	0.47
	增长率排名	2	5	11	11	6	增长率排名	2	4	8	10	1
2012	国内旅游总人数（万人次）	7834.50	22900.00	1576.75	1338.99	4711.80	国内旅游总收入（亿元）	471.08	1609.52	122.16	103.05	541.57
	全国排名	25	17	29	30	26	全国排名	28	12	30	31	27
	年增长率（%）	0.34	0.27	0.12	0.15	0.23	年增长率（%）	0.41	0.30	0.35	0.23	0.32
	增长率排名	1	3	11	8	6	增长率排名	1	8	2	9	5
2013	国内旅游总人数（万人次）	10078.00	28200.00	1775.78	1533.60	5048.86	国内旅游总收入（亿元）	780.00	2435.00	200.31	141.56	619.53
	全国排名	25	15	30	31	27	全国排名	26	20	30	31	26

续表

年份	项目	甘肃	陕西	青海	宁夏	新疆	项目	甘肃	陕西	青海	宁夏	新疆
2013	年增长率（%）	0.29	0.23	0.13	0.15	0.07	年增长率（%）	0.25	0.20	0.27	0.15	-0.03
	增长率排名	1	3	7	6	10	增长率排名	4	6	3	8	12
	国内旅游总人数（万人次）	12600.00	32900.00	2000.43	1671.62	4082.52	国内旅游总收入（亿元）	780.00	2435.00	200.31	141.56	619.53
2014	全国排名	24	13	29	31	28	全国排名	26	20	30	31	26
	年增长率（%）	0.25	0.17	0.13	0.09	-0.20	年增长率（%）	0.25	0.20	0.27	0.15	-0.03
	增长率排名	1	4	6	11	13	增长率排名	4	6	3	8	12
	国内旅游总人数（万人次）	15633.00	38300.00	2308.84	1839.48	5929.00	国内旅游总收入（亿元）	975.00	2903.90	245.55	161.30	985.00
2015	全国排名	23	11	29	31	27	全国排名	27	20	30	31	26
	年增长率（%）	0.24	0.16	0.15	0.10	0.45	年增长率（%）	0.25	0.19	0.23	0.14	0.59
	增长率排名	2	4	5	8	1	增长率排名	3	7	5	9	1
	国内旅游总人数（万人次）	19089.00	44600.00	2869.91	2150.00	7901.00	国内旅游总收入（亿元）	1220.00	3658.92	307.24	210.00	1340.00
2016	全国排名	24	14	29	30	28	全国排名	27	20	30	31	26
	年增长率（%）	0.22	0.17	0.24	0.17	0.33	年增长率（%）	0.25	0.26	0.25	0.30	0.36
	增长率排名	5	6	4	6	2	增长率排名	6	5	6	4	3

第五章 新时代甘肃旅游产业优势再塑与赶超模式探究　139

续表

年份	项目	甘肃	陕西	青海	宁夏	新疆	项目	甘肃	陕西	青海	宁夏	新疆
2017	国内旅游总人数（万人次）	23900.00	51900.00	3477.08	3103.00	10700.00	国内旅游总收入（亿元）	1580.00	4630.26	378.94	275.00	1822.00
	全国排名	22	16	30	31	27	全国排名	26	12	30	31	24
	年增长率（%）	0.26	0.16	0.21	0.44	0.35	年增长率（%）	0.30	0.27	0.23	0.31	0.36
	增长率排名	6	7	5	1	3	增长率排名	5	6	8	4	3
2018	国内旅游总人数（万人次）	30190.90	62600.00	4197.46	3335.88	15000.00	国内旅游总收入（亿元）	2058.00	5788.75	463.91	291.90	2497.00
	全国排名	22	15	29	30	26	全国排名	27	19	30	31	25
	年增长率（%）	0.26	0.21	0.21	0.08	0.40	年增长率（%）	0.30	0.25	0.23	0.06	0.37
	增长率排名	3	5	5	9	1	增长率排名	4	6	7	13	1

数据来源：中国统计信息网。

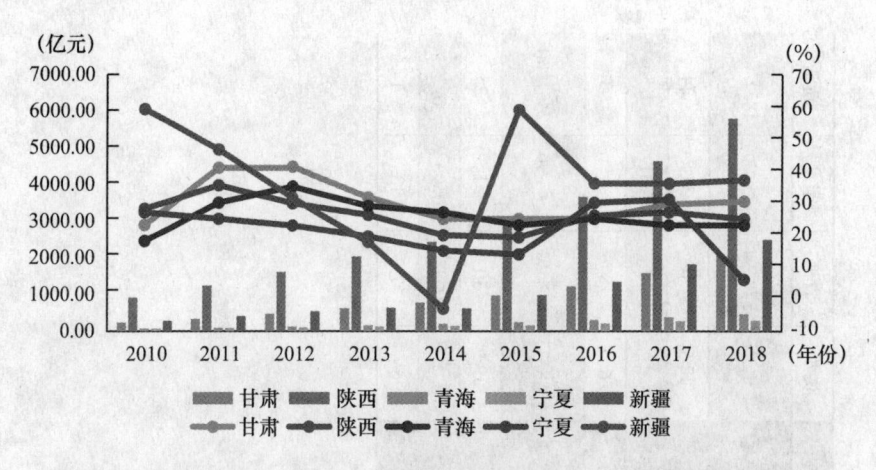

图 5—3 2010—2018 年西北五省国内旅游收入及其年增长率变化趋势对比

总人次（万人次）和国内旅游总收入（亿元）在 2010 年至 2018 年期间都在不断上升。首先，就国内旅游总人次与国内旅游总收入绝对水平而言，可划分为三个层次，其中，陕西省无论是国内旅游总人次还是国内旅游总收入皆远远高于其余四省，位于第一次层次；甘肃和新疆绝对水平相对最为接近，位于第二层次；青海和宁夏在西北五省区中旅游业发展水平相对较低，位于第三层次。其次，就国内旅游总人次与国内旅游总收入年增长率而言，甘肃、陕西、青海三省增长较为平稳，且增长水平相近，新疆和宁夏两省区增长水平波动较大。最后，就国内旅游总人次与国内旅游总收入排名与相应年增长率排名而言，西北五省除陕西省以外，其余四省总体表现出绝对水平排名全国倒数与年增长率排名全国前列截然相反的特点，其中，甘肃省尤为明显，2010 年至 2018 年期间，甘肃省国内旅游总人次与国内旅游总收入分别长期处于全国倒数后十位与全国倒数后五位的发展水平，而相应年增长率却逐渐稳居全国前五位。

结合表 5—3 和图 5—4，就总体趋势而言，四川、重庆、云南、贵州西南四省 2010 年至 2018 年国内旅游总人次与国内旅游总收入都呈现出逐年上升的趋势。就国内旅游收入与国内旅游接待人次绝对水平而言，四川、云南、贵州三省要远远高于甘肃省发展水平，此四省中发展水平较为落后的重庆市，其每年国内旅游总收入也要比甘肃省要高出一倍之余。就国内旅游总人次与总收入年增长率而言，2010 至 2015 年之间，除重庆市

表5—3　2010—2018年西南地区部分省区旅游业发展重要指标对比

年份	项目	四川	重庆	云南	贵州	项目	四川	重庆	云南	贵州
2010	国内旅游总人数（万人次）	27100.00	16000.00	13800.00	12863.01	国内旅游总收入（亿元）	1862.00	868.36	916.82	1061.23
	全国排名	5	14	16	17	全国排名	9	20	17	16
	年增长率（%）	23.80	31.50	15.10	23.70	年增长率（%）	28.20	30.30	26.00	31.80
	增长率排名	6	3	10	7	增长率排名	4	3	7	2
2011	国内旅游总人数（万人次）	35000.00	22000.00	16300.00	16960.85	国内旅游总收入（亿元）	2410.60	1202.76	1195.73	1420.70
	全国排名	4	13	16	15	全国排名	8	18	17	14
	年增长率（%）	28.90	37.30	18.00	31.90	年增长率（%）	29.50	38.50	30.40	35.00
	增长率排名	4	1	8	3	增长率排名	9	3	7	5
2012	国内旅游总人数（万人次）	44000.00	28800.00	19600.00	21330.68	国内旅游总收入（亿元）	3229.80	1576.67	1579.49	1860.16
	全国排名	4	12	20	18	全国排名	7	18	13	11
	年增长率（%）	24.20	30.80	20.20	25.80	年增长率（%）	34.00	31.10	32.00	30.10
	增长率排名	5	2	7	4	增长率排名	3	6	4	7
2013	国内旅游总人数（万人次）	49000.00	30800.00	24000.00	26683.58	国内旅游总收入（亿元）	3830.00	1771.02	1961.55	2358.18
	全国排名	4	14	19	17	全国排名	8	21	16	12

续表

年份	项目	四川	重庆	云南	贵州	项目	四川	重庆	云南	贵州
2013	年增长率（%）	12.10	6.00	22.10	25.10	年增长率（%）	18.60	6.50	24.30	27.50
	增长率排名	8	11	4	2	增长率排名	8	12	5	3
	国内旅游总人数（万人次）	54000.00	34600.00	28100.00	32049.00	国内旅游总收入（亿元）	4838.30	1912.57	2516.87	2882.66
	全国排名	3	12	18	14	全国排名	5	24	17	13
2014	年增长率（%）	10.00	13.30	17.30	20.10	年增长率（%）	26.30	13.90	28.30	22.20
	增长率排名	10	5	3	2	增长率排名	2	10	1	5
	国内旅游总人数（万人次）	59000.00	39167.63	32300.00	37500.00	国内旅游总收入（亿元）	6137.60	2251.31	3104.37	3512.82
	全国排名	4	10	18	15	全国排名	5	24	17	13
2015	年增长率（%）	9.20	12.20	15.00	17.10	年增长率（%）	26.90	12.40	23.30	21.30
	增长率排名	10	7	6	3	增长率排名	2	11	4	6
	国内旅游总人数（万人次）	63000.00	45086.13	42540.00	53000.00	国内旅游总收入（亿元）	7600.50	2645.21	4536.54	5027.54
	全国排名	3	13	15	4	全国排名	5	24	12	7
2016	年增长率（%）	7.70	15.10	31.70	41.30	年增长率（%）	23.80	17.50	46.00	43.10
	增长率排名	10	7	3	1	增长率排名	7	8	1	2

第五章 新时代甘肃旅游产业优势再塑与赶超模式探究   143

续表

年份	项目	四川	重庆	云南	贵州	项目	四川	重庆	云南	贵州
2017	国内旅游总人数（万人次）	67000.00	54230.21	56700.00	74417.43	国内旅游总收入（亿元）	8825.40	3308.04	6682.58	7116.81
	全国排名	4	14	11	2	全国排名	5	15	7	6
	年增长率（%）	6.20	20.30	33.30	40.00	年增长率（%）	16.00	25.10	47.30	41.60
	增长率排名	10	6	4	2	增长率排名	10	7	1	2
2018	国内旅游总人数（万人次）	70000.00	59723.71	68100.00	96900.00	国内旅游总收入（亿元）	10012.70	4344.15	8698.97	9471.03
	全国排名	8	16	12	1	全国排名	4	21	7	6
	年增长率（%）	5.00	10.10	20.20	30.20	年增长率（%）	14.00	31.30	30.20	33.10
	增长率排名	11	6	4	2	增长率排名	9	3	5	2

数据来源：中国统计信息网。

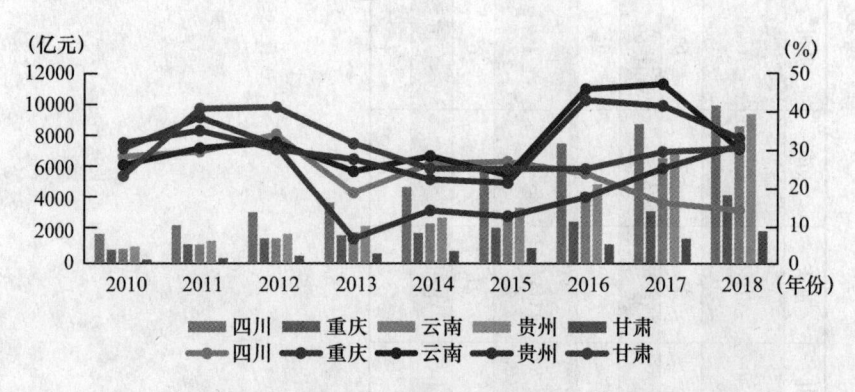

图 5—4　2010—2018 年甘肃与西南地区部分省市旅游业发展
国内旅游总收入及其年增长率对比

波动较大以外，四川、云南、贵州、甘肃四省相对较为平稳；2011—2013 年甘肃省国内旅游收入年增长率比其余各省市都要高，但差距较小；2016—2018 年，云南与贵州两省国内旅游总人次与国内旅游总收入年增长率快速上升，跃居此西南四省前两位，并远超甘肃省 15—20 个百分点。就国内旅游总人次与国内旅游收入排名而言，唯有四川省历年排名相对靠前，重庆、云南、贵州三省处于中等位置，甘肃与此西南四省仍然存在较大差距。

结合表 5—4 与图 5—5，就总体趋势而言，2010 年至 2018 年期间，除上海市国内旅游总收入在 2013 年至 2016 年之间有所下降以外，江苏、浙江、广东四省国内旅游收入皆始终呈现出不断上升的态势。就国内旅游总人次与国内旅游总收入绝对水平而言，江苏、浙江、广东三省远高甘肃省 4—6 倍之余，上海市约为甘肃省的两倍。就国内旅游总人次与国内旅游总收入年增长率而言，除上海市在 2013、2014 连续两年出现负增长以外，其余各省皆平稳正向增长，且江苏、浙江、广东三省增长速率相差不大，但都比甘肃省要低 10—15 个百分点。就其排名而言，江苏、浙江、广东三省与甘肃省形成鲜明对比，前三省长年稳居全国旅游总人次前十榜与全国旅游总收入前五榜，而甘肃省则恰恰相反；但是，无论是国内旅游总收入年增长率还是国内旅游总人次年增长率，甘肃省排名皆要比此东南沿海四省更要靠前，但排名相差不大。这说明，尽管甘肃省

表5—4　2010—2018年东南沿海部分省市旅游业发展重要指标对比

年份	项目	江苏	浙江	广东	上海	项目	江苏	浙江	广东	上海
2010	国内旅游总人数（万人次）	4287.90	3045.50	2962.57	2522.94	国内旅游总收入（亿元）	35500.00	29500.00	39500.00	21463.16
	全国排名	1	3	2	5	全国排名	2	4	1	7
	年增长率（%）	24.30	25.70	24.30	31.80	年增长率（%）	19.50	20.80	12.50	73.60
	增长率排名	8	7	8	2	增长率排名	9	8	11	1
2011	国内旅游总人数（万人次）	5160.10	3785.30	3931.77	2786.54	国内旅游总收入（亿元）	41000.00	34000.00	47000.00	23079.17
	全国排名	1	3	2	6	全国排名	2	5	1	9
	年增长率（%）	20.30	24.30	32.60	9.60	年增长率（%）	15.80	16.30	18.20	2.90
	增长率排名	12	11	6	13	增长率排名	10	9	7	12
2012	国内旅游总人数（万人次）	6055.80	4475.80	4804.48	3224.39	国内旅游总收入（亿元）	46000.00	39100.00	51700.00	25093.69
	全国排名	1	3	2	8	全国排名	2	5	1	15
	年增长率（%）	17.30	18.20	16.00	15.70	年增长率（%）	12.80	14.10	10.10	8.70
	增长率排名	11	10	12	13	增长率排名	10	9	12	13
2013	国内旅游总人数（万人次）	6940.10	5202.00	5708.64	2968.00	国内旅游总收入（亿元）	52000.00	43400.00	59700.00	25990.68
	全国排名	1	3	2	13	全国排名	2	5	1	20

续表

年份	项目	江苏	浙江	广东	上海	项目	江苏	浙江	广东	上海
2013	年增长率（%）	14.60	16.20	18.80	-8.00	年增长率（%）	11.00	11.00	15.30	3.60
	增长率排名	11	10	7	13	增长率排名	9	9	5	12
	国内旅游总人数（万人次）	7863.50	5947.00	6801.25	2950.13	国内旅游总收入（亿元）	57000.00	47900.00	65800.00	26218.11
2014	全国排名	1	3	2	12	全国排名	2	5	1	20
	年增长率（%）	13.30	14.30	19.10	-6.00	年增长率（%）	10.80	10.20	10.40	3.20
	增长率排名	11	9	7	13	增长率排名	7	9	8	12
	国内旅游总人数（万人次）	8769.30	6720.00	7976.60	3004.73	国内旅游总收入（亿元）	61933.70	52500.00	74300.00	27569.42
2015	全国排名	1	3	2	14	全国排名	3	5	1	19
	年增长率（%）	11.50	13.00	17.30	1.90	年增长率（%）	8.40	9.70	12.90	2.80
	增长率排名	12	10	8	13	增长率排名	11	9	6	12
	国内旅游总人数（万人次）	9952.50	7600.00	9200.24	3443.93	国内旅游总收入（亿元）	67780.00	57300.00	—	29620.60
2016	全国排名	1	3	2	19	全国排名	1	9		19
	年增长率（%）	13.50	13.10	15.30	14.60	年增长率（%）	9.40	9.10		7.40
	增长率排名	11	12	9	10	增长率排名	8	9		11

第五章 新时代甘肃旅游产业优势再塑与赶超模式探究　　147

续表

年份	项目	江苏	浙江	广东	上海	项目	江苏	浙江	广东	上海
2017	国内旅游总人数（万人次）	11307.50	8747.60	10667.02	4025.13	国内旅游总收入（亿元）	74287.30	64000.00	—	31845.27
	全国排名	1	3	2	13	全国排名	3	7	—	21
	年增长率（%）	13.60	15.10	15.90	16.90	年增长率（%）	9.60	9.60	—	7.50
	增长率排名	13	12	11	9	增长率排名	8	8	—	9
2018	国内旅游总人数（万人次）	12581.30	10006.00	12254.99	4477.15	国内旅游总收入（亿元）	81422.80	69000.00	—	33976.87
	全国排名	2	5	1	20	全国排名	3	10	—	20
	年增长率（%）	13.70	12.10	14.90	11.20	年增长率（%）	9.60	8.70	—	6.70
	增长率排名	10	11	8	12	增长率排名	7	8	—	10

数据来源：中国统计信息网。

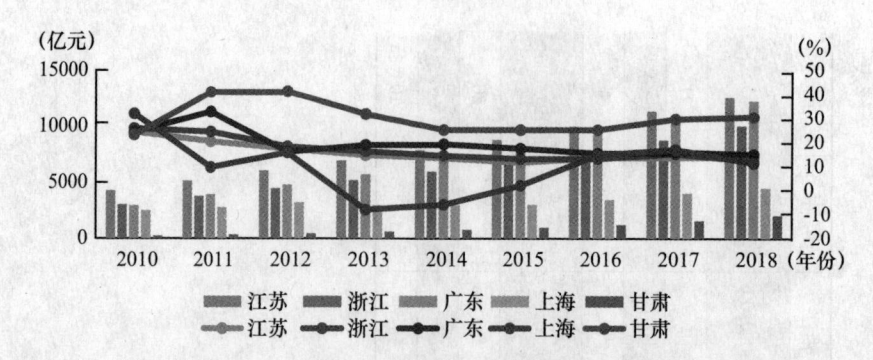

图 5—5 2010—2018 年甘肃与东南沿海部分省市旅游业发展
国内旅游总收入及其年增长率对比

近年来旅游业增长速率比此东南沿海四省要快,但仍然未能表现出明显的优势,其旅游业发展水平与此东南沿海四省仍然存在较大差距。如图 5—6,总体而言,东南沿海四省旅游业发展水平最高,西南四省次之,西北五省最低。

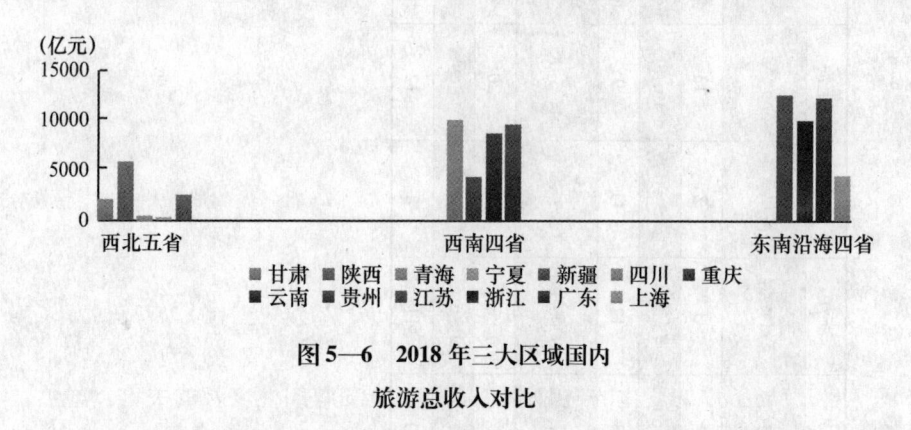

图 5—6 2018 年三大区域国内
旅游总收入对比

二 甘肃省旅游产业发展的时代特征

甘肃深居祖国内陆,是华夏文明和中国文化最重要的发源地、传承地和保护地,是"丝绸之路经济带"的腹地和重要区域,潜藏着丰富而重要的历史文化资源,旅游资源的结构和品相都有明显的典型性、代表性和发展性。"十二五""十三五"时期甘肃旅游产业的增速一直位于全国前五名,是我国旅游产业发展最活跃的区域之一。甘肃旅游产业的发展顺应了全球和我国旅游产业发展的大趋势,既与我国旅游产业发展的时代特征相吻合，又带有强烈的区域特征。

（一）新背景："一带一路"建设和丝绸之路旅游复兴

旅游业日新月异的发展和旅游消费悄然崛起，得益于良好的政治、社会、经济、文化背景。从国家宏观层面看，"一带一路"发展将甘肃直接带进了我国向西开放的前沿和战略纵深，"一带一路"的发展使得国内旅游和跨境旅游正在向丝绸之路旅游渐次回归，为甘肃作为丝绸之路旅游的核心区域带来巨大的旅游经济战略机遇。甘肃作为国家重要的文化发祥地，是国家唯一的省级层面的"华夏文明传承创新区"。近十年来，国内旅游热流已渐次从东部地区到中部地区，又从中东部地区向西部地区"波及"，从规模和结构上迅速提高和优化了甘肃省的旅游质量；从2017年开始，沉寂多年的甘肃入境旅游呈现高速增长，其增长速度远远超过甘肃国内旅游和全国入境旅游的平均增长速度。从旅游经济成长和旅游市场层面看，中国庞大的人口基数基础上的旅游消费支出能力和闲暇增长能力，持续支撑着国内旅游和出境旅游，甘肃业已成为我国国内旅游重要的目的地之一；从文化层面看，甘肃是丝绸之路文化，寻根、农耕与红色文化，黄河文化及民族文化的多元文化汇聚区域，又是方兴未艾的文化旅游最佳区域。

（二）新战略：从资源大省向旅游强省转型

旅游业从甘肃省区域经济发展的优势产业向支柱产业转型、从优先发展产业向先导产业转型以及相应的战略性支柱产业地位的确定是旅游产业发展的产业战略背景。从我国区域经济发展的规律和产业经济发展的特定模式看，在每一个特定发展周期，战略发展定位根据内外环境的变化和市场条件的变化的适时调整是产业经济周期性增长的关键。显然，根据"十二五"和"十三五"发展周期的总体状态判断，文化旅游产业地位的显著上升甚至跃升为支撑甘肃区域经济增长的支柱产业既是经济产业发展规律的必然结果，同时又是当下拉动增长的必然选择。在2017年的全省旅游产业发展大会上，继20世纪90年代提出的"工业强省"战略之后，又一次提出"旅游强省"的新产业战略，预示着旅游产业将在未来很长的时期内担当起战略性支柱产业的重要职能与使命。旅游产业对整体和未来区域发展的战略性经济社会发展功能的确立，不仅是甘肃省旅游产业发展进入21世纪的重要标志，更是甘肃经济社会发展进入新一轮特色优势产业引领和支撑发展的新的经济社会发展阶段，决定了甘肃省旅游产业地位的新属性、新特征和新使命。

(三) 新引擎：为经济增长和结构优化赋能

如果说旅游产业业已成为甘肃省经济结构调整和优化、新旧动能转换的重要产业，那么，这一产业并不仅仅是从产业发展序列上地位的擢升，更重要的意义在于由于其强大的产业联动和总成效应从而成为甘肃区域旅游发展的产业引擎。从"十一五"开始，历经"十二五""十三五"这几个重要的发展时期，旅游产业一直持续"发力"和"加力"，在全省结构优化和发展动能转换方面，发挥着越来越重要的作用，在整体结构中经由"十一五"期间6%—8%的体量、"十二五"期间8%—10%的体量，攀升到了"十三五"前几年15%左右的经济体量，其中2018年大口径统计的旅游综合收入达到了2058亿元，突破GDP的15%以上的比重，2019年前三季度的旅游综合收入已达到2500亿元，呈现出旅游产业强大的消费助推能力和经济增长拉力作用。在三次产业结构中，文化和旅游产业的融合发展更显现出了强大的支柱作用，成为广义文化产业的绝对支配型产业，又成为广义文化产业的强大动能，又为广义文化产业赋能，成为广义文化产业的核心组成部分。

(四) 新生态：实现绿色崛起的重要产业

在我国区域旅游发展进程中，没有一个区域比甘肃更应当将绿色发展定义为全省发展最重要的发展属性了。习近平总书记对甘肃发展的一系列重要指示和2019年8月视察甘肃的重要讲话无不对甘肃的发展指明了方向和提供了重要遵循，因此，旅游产业已成为甘肃省生态友好型和资源节约型产业体系中的产业首选，实现全省"绿色崛起"的重要产业绝非偶然和权宜之计。毋庸讳言，在过去的发展中，甘肃受制于资源依赖型产业结构与特色的约束，在发展中付出了资源环境和自然生态下行的高昂成本，习总书记"绿水青山就是金山银山"的"两山理念"为甘肃经济社会发展提供了基本遵循，新的生态发展观引领下的新发展，必须以最苛刻的生态环境"红线"为发展的基本约束，再加之全球经济周期和中国整体经济全面转型的背景与供给侧结构性改革的要求，因此，传统资源型产业发展难以为继，旅游产业则以其强大的发展势头和后劲逆势上扬，成为生态环境约束下最可能实现环境友好与资源节约的产业，成为实现甘肃经济发展、实现甘肃新发展的"绿色崛起"型产业。

（五）新业态：形成支撑旅游产业发展的业态集群

旅游经济演进的规律表明，在技术、市场和创新内驱下的区域旅游业态一定是动态发展的，旅游产业在一个区域内的"发展阻滞"甚至"发展夭折"在很大程度上是没有实现适时的业态创新导致的。旅游产业业已成为甘肃新资源观和产业发展观引领和支配下的"老行业"和"新产业"，囿于经济社会发展特定阶段和时期的观念局限和发展限制，也由于历史和计划经济时期的资源配置和资源利用特征，甘肃过去产业结构的形成中比较倚重于本省较丰富的石油、钢铁、有色建材等物质资源存量，并以特定的物质资源存量作为产业结构形成和演变的基础资源；而作为甘肃丰富而厚重的历史文化资源和独特宽广的自然生态资源价值，却基本从属于对物质资源的认识，只是作为经济结构中的"附属"和"补充"，不作为支撑经济增长和结构转型的主体资源。当然，这也与相应发展阶段旅游市场尚在形成之中、旅游消费正在成长之中和旅游产业业态也处在初级阶段有关。站在当下的中国和世界，我们已充分认识到旅游消费的基本需求，旅游经济是现代服务业经济中的强势和优势经济，旅游市场是重要的消费市场，旅游供给是重要的产业和服务供给，从而旅游资源就应当是最重要的成长型和发展型资源。甘肃作为中国文化和华夏文明重要的宝库地和发祥地，丝绸之路上最重要的区域，多元文化最重要的交汇地，必然由新资源观衍生新产业和新业态。旅游业自然会担当起21世纪产业增长和发展的这种新功能。

（六）新融合：打造旅游和相关产业融合发展升级版

融合导致区域旅游产业升级和业态多元是新技术革命推动的，同时也得益于在新的社会历史发展条件下消费市场的结构分化、供给侧"先验性"供给以及消费峰期的大幅缩短，其背后更深层次的原因则是文化和社会的急剧演变导致的代际周期的缩短。旅游产业正在技术和市场的双轮驱动下最大限度地与相关产业融合发展，成立甘肃旅游业迭代发展和跨界发展的新业态。近几年来，甘肃旅游产业发展的融合程度和水平正在快速发展，已形成了文化旅游、生态旅游、乡村旅游、红色旅游、现代文化旅游、现代娱乐文化旅游等新业态，远远超越了过去的"西敦煌、东天水、南甘南"的目的地"老面孔"，形成了业态和区域上的多元结构和气象，诸如张掖的综合业态旅游发展、武威历史文化旅游的新崛起、金昌后发型旅游区域新业态发展、平凉养生旅游体系的发展、兰州新区新型科技型娱乐文化体系的形成等，已成为陇原大地上不可或缺的新业态发展和新目的地体系。

（七）新功能：承载统合经济社会发展责任和使命

必须高度注意到中国旅游产业发展背后中国模式的推动和影响，事实上，近几年来文旅融合的宏观政策和实践背景启发着"新文旅"从理念、模式、战略和实践层面必须发生重大变化。旅游产业在新的文化和旅游融合大背景下，已成为承载弘扬中国传统优势文化和现代文化，助力乡村振兴和精准脱贫等社会功能的多元复合型产业。甘肃作为中华民族和文化最重要的发祥地和宝库地，又处于"一带一路"重要关联区域和腹地，蕴藏着丰富的华夏文明和中华文化信息，必将在可期待的发展中和跨境旅游中承担着宣传和传播"中国声音"及中国文化"走出去"的文化使命。近十年以来甘肃省飞速发展，全域开花的乡村旅游也证明了旅游业业已成为助力精准扶贫、实现乡村发展和振兴的主体产业之一，随着甘肃省旅游产业从广度和深度上的不断发展，其产业功能还在不断地延伸和跨界，全省丰富的工业文化资源、生态资源、林草资源、红色文化资源及民俗文化资源等，都在逐步实现和旅游业的融合发展。凭借旅游业这一与市场对接程度最高的业态，实现产业基于旅游业的新发展，已成为甘肃省旅游业产业功能延伸发展的新产业现象。

（八）新区位：相对区位条件的变化形成更大文化旅游产业发展的空间支撑

"一带一路"建设提供了甘肃文化旅游产业发展的最大区位发展条件。从区域发展的规律看，作为先导经济发展重要条件的区位因素已呈现动态发展的新变化。这是继工业文明以来发展条件的重大变化。无疑，改革开放初期的区位发展支撑了我国东北地区的发展，当然也支撑了东部地区旅游产业的发展；而"一带一路"建设及其向纵深的发展却已经很大范围地改变了中国发展的区位条件，使得本远离发展最佳区位的西部地区的相对区位发生了根本性质的改变，成为发展的前沿区域；同时，现代交通驳接条件的大力发展也极大地改善了西部地区的相对发展条件，使得甘肃省以丝绸之路为主要目的地的旅游产业由于新区位条件的形成获得了前所未有的发展机遇。数据显示，2017年以来的甘肃入境旅游增长速度在50%以上，游客结构也在同时优化。可以预料，甘肃省旅游三大市场的结构优化和入境旅游发展速度将会远高于旅游产业的平均增长速度，也会高于全国入境旅游发展的平均增长速度。

（九）新协同：构建我国丝绸之路经济带沿线西部区域大尺度文化旅游目的地

从发达国家和我国发达地区的经验看，一个成熟的旅游目的地和旅游产业经济的显著标准是从中心区域向周边扩散形成大尺度的旅游发展空间，这一规律是通过中心向周边的区域协同发展实现的。尽管包括甘肃省在内的我国广袤的西部地区的区域旅游协同发展水平也同样具有后发效应，但可喜的是，近年来西北地区的区域旅游协同发展水平有了大幅度发展，业已形成了以兰州为中心，辐射关中地区、青海湖周边、内蒙古阿拉善地区、河西走廊和新疆地区的"大西北环线"，在这个大环线内又形成了几个小环线和廊道游线，总体上以兰州为中心的甘肃省处在整个西北游和陆上丝绸之路的核心区域。同时，以扶贫和民族旅游为基本内容的"三州三区"旅游大环线中，甘肃也是重要区域、出发地和交通枢纽。区域旅游协同发展形成的西北地区大尺度旅游目的地与"一带一路"建设中跨境旅游的协同发展，使得甘肃省又面临文化旅游产业发展的更大空间。

（十）新发展：文化旅游产业的价值被进一步放大，以至于成为区域经济社会发展中乘数效应和加速效应最大的产业之一

要看一个区域的发展后劲和可持续性，重要的是在每一个特定发展周期都具备若干个带动和辐射能力强的先导或龙头产业。这是产业发展和区域发展理论的一个重要观点。甘肃省的文化旅游产业经过过去十几年的发展，也已经由优势产业、先导产业、龙头产业过渡到影响全省经济社会发展全局的战略性支柱产业，成为"十大生态产业"之首位产业；考虑到旅游产业的乘数效应和加速效应，应当具有对区域经济发展的重要经济社会和文化发展价值；同时，囿于甘肃省生态环境条件和发展基础的刚性制约，文化旅游产业也是实现全省"绿色崛起"的核心产业。文化旅游产业在特定区域内以其强大的产业扩散和价值联动赋能甘肃省经济社会发展，对推动全省脱贫攻坚、小康社会的实现和现代化进程起

着越来越不可估量的重要作用。

三 甘肃省文旅产业发展状态的基本判断

第一，文旅产业发展颇具规模，文旅融合发展体量相当，国民经济战略性支柱产业地位已经确定。首先，随着国家"一带一路"倡议的积极推进与甘肃省"文旅强省"战略的稳步实施，近年来甘肃省文旅产业的产业规模持续扩大，越发呈现出良好的发展态势。2018年，甘肃省文化产业增加值达到178亿元，增长8.9%；旅游接待人次达到3.02亿人次，旅游综合收入达到2058亿元，分别增长26.4%、30.4%，增长速度均位居全国前列。其次，国家文化和旅游部的成立极大地破除了文旅融合发展的体制障碍，使得文旅融合发展的火热实践有了更加强劲的前进动能，文旅融合发展得到进一步深化，文旅融合发展的巨大潜力得以充分释放。截至目前，甘肃省文化旅游产业融合发展的业态和产品体量已经占到全省总业态、总产量的80%左右，文旅融合发展的体量可见一斑。最后，甘肃省文旅产业的发展定位经历了优先发展产业（20世纪90年代）——龙头产业（2000—2010年）—支柱产业（2010—2015年）三个发展阶段后，到如今已然完全演变为十大生态产业之首，无论是在产业规模还是业态结构上，甘肃省文化和旅游产业国民经济战略性支柱产业的地位都越发不可动摇。

第二，基础设施建设已然获得长足发展，旅游市场交易成本大幅降低。近年来，甘肃省抢抓"一带一路"与"华创区"建设机遇，紧紧围绕精准脱贫、生态建设等攻坚战，积极规划以道路交通为主体的基础设施建设项目，着力补齐公路、铁路、水运、机场、水利等领域的短板。这在推进甘肃省基础设施建设完善、服务甘肃省社会经济发展、改善民生的同时也使得文化旅游产业赖以依存的发展基础得到升级优化，极大程度地提高了甘肃旅游可达性。另外，甘肃"文旅强省"的战略引导对文旅产业的强力推动，文旅产业自身的长足发展对文旅产业基础设施建设的反哺，使得甘肃文旅产业可以更大可能地依托自身优势持续稳定地发展，不断地通过结构优化、转型升级拓宽甘肃文旅产业发展的空间，旅游基础设施、接待设施、大景区建设、精品线路设计的不断完善和改进，在逐步推进旅游目的地建设的同时也使得甘肃旅游市场交易成本大幅降低，从而赢取更为广阔的旅游市场。

第三，文化旅游品牌形象与传播已成为甘肃文化旅游产业发展重要的形象与传播体系。旅游品牌形象凝结着一个旅游目的地的内核特质，是一个旅游目的地综合形象的直接展示，极大地影响客源市场对旅游目的地的整体认知，对于甘肃旅游整体形象"走出去"起着至关重要的作用。2018年，甘肃提出了"交响丝路·如意甘肃"的旅游品牌形象，目前，甘肃省已制定了多项专项宣传方案，通过整合各地资金与资源优势，选择优质平台实施精准营销，"交响丝路·如意甘肃"旅游品牌已经正式打响。这对甘肃旅游厚重的资源优势的宣传、丝路旅游的推介乃至甘肃文旅产业的发展、"一带一路"的开放性和国际性的体现、"一带一路"沿线甘肃段1600千米东西方文明交会交融的内涵特质的传播将产生极其深远而重大的影响。2019年10月1日，中华人民共和国成立70周年之际，以"交响丝路·如意甘肃"为主题的甘肃花车惊艳亮相国庆群众游行活动，花车设计充分展示了以丝绸之路为核心的众多甘肃元素。这是该旅游品牌形象与全国31省市自治区以及台湾、香港、澳门共34辆花车一并出现的首次展示，某种程度上标志着甘肃文化旅游品牌形象与传播已成为甘肃文化旅游产业发展的重要形象与传播体系。

第四，文旅产业发展的宏观产业体系与微观产业体系已经初步建立。在文旅产业发展的宏观层面，伴随着敦煌国际文化旅游名城，陇东南始祖文化旅游区，甘南、临夏民族风情体验区，兰州黄河风情线的建设，以河西走廊国际文化旅游廊道为核心，以陇东南寻根文化、农耕文化和红色文化全域旅游片区，两州五县民族文化全域旅游片区和两州两市黄河文化全域旅游片区为辅助的全域旅游空间结构已经逐步凸显出来，甘肃文旅产业发展的宏观产业体系已经基本确立。在文旅产业发展的微观层面，甘肃目前已经形成以敦煌市、嘉峪关市、张掖市、甘南藏族自治州为重要组成部分的微观产业体系，这四个市州凭借各自的特色在全省文化旅游产业乃至全国文化旅游产业中独树一帜、享誉盛名，已经具备相当成熟的产业运行机制与十分可观的发展业绩，甘肃文化旅游产业的微观产业体系也已经初步确立。

第五，"客源地—目的地"旅游系统已经初步成型，甘肃正逐渐成为全国重要的文化旅游目的地。首先，全域旅游空间结构的基本形成、文旅融合发展的大好势头、"丝绸之路经济带"建设的强劲引领、大景区改革建设工程的稳步推进，乡村旅游与红色旅游的广泛兴起等已经为文化资源与旅游资源本就富集的甘肃省创造了十分良好的文化旅游目的地建设条件与环境，以敦煌莫高窟、嘉峪关关城、张掖七彩丹霞、天水麦积山、平凉崆峒山等为代表的旅游目的地品牌建设已经在全国范围内产生重要影响，同时又适逢国家战略、政策的机遇期。这一切都为甘肃打造优质旅游目的地、彰显目的地品牌效应提供了充足的保障。其次，伴随目的地建设的持续升级以及"客源地—目的地"互动要素的不断完善，甘肃文旅产业的客源市场也已经由以最初的省内客源市场为主体扩展到多级客源市场并重的发展格局。以甘肃作为整个目的地来看的话，其客源市场目前可分为四级，一级客源市场主要分布在省内与相邻省份距离较近的市区，二级客源市场主要为西北五省以及西藏等西南地区，三级客源市场主要来源华南、东南省份以及中亚国家，四级客源市场为其余各地区的机会游客，甘肃正逐渐成为全国重要的文化旅游目的地。

四 甘肃省文旅产业发展的趋势分析

首先，甘肃将成为我国乃至全球重要的以国内旅游和入境旅游为重要市场的知名文化旅游目的地，旅游经济增长态势将会持续较长发展周期，在2030年趋于稳定。第一，甘肃具备培育以文化旅游为导向的国内旅游市场的先天优势与后续动能，同时也具备开拓以文化旅游为主要类型的入境旅游市场的历史积淀和现实条件。甘肃地处丝绸之路黄金段，自古便是东西方文化交汇融合的地方，旅游资源禀赋极高，具备培育具有全国乃至全球吸引力的文化旅游目的地的先天优势。此外，"一带一路"建设旨在构建平等互利、开放包容的区域合作平台、促进与沿线国家的经济合作、实现全球化再平衡，这一特点决定了甘肃文旅产业必然要将入境旅游市场作为维持并保障其持续增长、高质量发展的一个重要客源市场。同时，随着河西走廊丝绸之路国际文化旅游廊道等一系列知名旅游品牌的打造，甘肃文旅产业也必将在全国乃至全球范围内掀起一股浪潮。第二，甘肃文旅产业发展正当其时，目前正处于快速上升的发展期，发展文化旅游产业的先天优势与后续动能都仍未全部释放，其增长态势将至少在2025年完成文化旅游强省的总体战略目标后再延续五年，然后趋于稳定并长期处于平稳发展期。

其次，甘肃在未来五年内将可能由小众旅游完全过渡到大众旅游，旅游产业规模还有继续扩大的空间，市场结构会日臻优化。第一，不论是从全球旅游市场还是国内旅游市场来看，目前文化旅游相对观光旅游、度假旅游等旅游类型仍然属于小众旅游，而甘肃省最适宜发展与最具市场竞争力的旅游市场正是文化旅游市场。这也是甘肃文化旅游产业发展增长水平很高但绝对水平较低的一个重要原因。第二，一方面随着甘肃脱贫攻坚战的全面胜利、基础设施建设的不断完善、"一带一路"建设的全方位推进，甘肃社会经济发展水平的提高等目的地要素的改善；另一方面随着人们多样化的精神文化需求的日益增长、人均可支配收入水平的提高等客源地要素的增进，甘肃文旅产业的产业规模在未来五年内将会继续扩大，产业质量将会持续提升，市场结构也会日趋优化，逐渐克服周围人口密度低的瓶颈制约，届时甘肃文化旅游市场将完全过渡到大众旅游。

再次，甘肃文旅产业将会成为甘肃省在产业结构高度化中重要的新动能，战略性支柱产业的性质会越来越鲜明。第一，甘肃要想成功实现经济转型，走绿色产业崛起的发展道路，文旅产业是甘肃未来产业发展的必然选择。在经济转型、产业结构高度化的进程中，新一轮的产业结构调整与动能转化将是甘肃整体经济发展，第一、第二、第三产业发展，各产业内部发展需要直接面临的问题，文旅产业作为十大生态产业之首、国民经济社会发展的战略性支柱产业，也必然要通过产业结构的重组优化不断巩固自身地位，为甘肃省国民经济与社会发展提供新的发展动能。第二，甘肃文旅产业在未来将会拥有更良好的内外部发展环境，其作为战略性支柱产业的坚实基础与政策支撑将会得到进一步强化。从全国乃至全球来看，文旅产业依然是一种朝阳产业，其生命力依然十分旺盛，市场需求仍然处于欠饱和状态，发展文旅产业的外部环境良好；从省内来看，文旅产业的发展势头良好，又处在国家战略与省级政策叠加的绝佳机遇期，发展潜能巨大，市场前景远远优于省内其他产业，其作为战略性支柱产业的保障体系将会越来越完善。

然后，甘肃将成为我国文旅融合发展以实现文旅产业高质量发展的典型区域。第一，文旅融合发展是甘肃省文旅产业发展的必由之路，更是其实现高质量发展的制胜法宝。甘肃省发展旅游业，如果置文化资源、文化挖掘于不顾，无异于车弃四轮、鸟断两翼，文旅融合发展且不断提炼文化资源的深层价值、促进文化与旅游的高效益融合是甘肃省未来文旅产业发展区别于国内其他省份、实现高质量发展的突出亮点与重要抓手。第二，甘肃拥有比国内大多省份更加明显的走文旅融合发展道路的天然优势，具备培育国内文旅融合发展先进示范区的肥沃土壤。国家文旅部的成立标志着文旅融合发展已经成为全国文旅产业发展的重要战略与发展方向，全国各省市结合自身情况纷纷部署文旅融合发展的区域战略与具体路径，甘肃省也在各个层面率先制定了相应的制度保障与总体规划，文旅融合发展已经成为甘肃省文旅产业发展的鲜明特色与浓重底色，在全国文旅融合发展的宏观背景下，甘肃省凭借其丰厚的文化旅游资源、良好的产业增长趋势必将在区域旅游经济发展中成为全国文旅融合发展的典型区域。

最后，甘肃河西走廊将有可能成为中国西部最重要的跨境文化旅游廊道，甘肃文化旅游产业的发展将会成为"一带一路"建设的重要内容和产业支撑。第一，丝绸之路横贯亚欧大陆，出于地势地形限制，形成了一条宏大的形似走廊的天然通道——河西走廊，作为丝绸之路的精华地段，河西走廊集中汇聚了东西方文化碰撞融合的结晶与瑰宝，历史悠久，文化厚重，一直以来都是甘肃省文旅产业发展的第一抓手与重要品牌，无论是其产业规模、文化价值还是市场影响力，都已经完全具备中国西部最重要的跨境文化旅游廊道的建设基础与发展条件。第二，文旅产业与生俱来的综合性、复合性、开放性、生态性与"一带一路"倡议的发展理念、建设原则高度契合，伴随以丝绸之路西段河西走廊跨境文化旅游廊道、大敦煌一体化旅游圈等项目为核心，以中段"兰—白"一体化建设，百里黄河风情线，甘南、临夏两州民族风情体验区，东段陇东南寻根问祖文化、农耕文化、红色文化全域旅游片区等项目为辅助的文旅产业的全面建设，甘肃省文旅产业必将在未来"一带一路"总体建设中扮演越来越重要的角色。

第二节 甘肃省旅游产业发展的模式分析

一 旅游产业发展模式与赶超模式的特征与要素

（一）旅游产业发展模式的特征

（1）指导性。旅游产业发展模式是在对某一地区一定时期内的旅游产业发展战略高度概括的基础上建立起来的，对这一时期旅游产业发展战略的总体思考和基本特征的全面归纳，指明了旅游产业发展战略的内在要求与发展方向。因此，从根本上讲，它对这个国家或地区旅游产业的发展具有指导性。

（2）阶段性。旅游产业的形成、发育及成长具有周期性，旅游产业发展模式也因此具有阶段性。阶段性是指一个地区旅游产业的总体发展方向和本质特征在特定时期内的持续存在及在不同时期的变化。

（3）针对性。旅游产业发展模式具有很强的针对性。不同地区的经济社会发展水平不同、旅游产业发展环境不同、旅游产业发展程度不同，所采用的旅游发展模式是不同的。

（4）稳定性。一种发展模式的形成需要相当长的时间，因此一旦形成，在特定历史阶段里会保持相当稳定。除非旅游产业经济运行的内部条件和外部环境发生根本性的改变，否则旅游产业模式是不会随意改变的，而当原有的发展模式难以适应新的发展需求时，这种变化也不是一蹴而就的，也将会是一个相对漫长的过程。

（二）旅游产业发展模式的要素

从资源实际出发。旅游资源包括自然风光、历史古迹、革命遗址、建设成就、民族习俗等，是旅游产业系统中的重要组成部分。某一地区的旅游产业发展模式必须适用于当地旅游资源实际，也只有依托于旅游资源的发展模式才能切实促进旅游产业的发展。

优质旅游产品。旅游产品是旅游产业发展所依托的主要载体和核心要素，是旅游企业通过开发、利用旅游资源提供给旅游者的旅游吸引物和旅游服务的组合。旅游产品数量的多少、品质的高低、质量的好坏直接关系到旅游产业发展的好坏。

基础设施配套。旅游基础设施是指为满足旅游者旅行的需要而建立的各项物质基础，是旅游产业发展所必需的配套设施，包括旅游饭店、旅游餐饮设施、旅游交通、旅游文化娱乐机构、旅游购物、疗养等设施。旅游基础设施是联结旅游活动主体和客体的纽带，是旅游活动中必不可少的一个环节，会直接影响旅游产业的健康发展。

旅游服务到位。旅游产业是一个劳动密集的服务型产业，旅游产业的各个行业和部门都离不开旅游从业者所提供的服务，构建旅游产业发展模式要关注提高旅游服务水平，从吃、住、行、游、购、娱各个方面为游客提供更多的便利，保障游客出行。

政策制度保障。旅游产业政策制度是国家或地方政府，以及一些旅游行政组织为促进旅游产业的发展而制定的行动准则。它是各区域旅游产业发展的基本出发点，关系到区域旅游产业发展的宏观背景和微观环境。旅游产业政策会改善旅游资源在各部门之间的合理分配和有效配置，会推动旅游经济效益的提高，会促进旅游市场的发展和完善，会保护、加速旅游产业的发展。

营销宣传推广。旅游目的地通过营销宣传来吸引游客。这是旅游产业发展中重要的一环。通过各种宣传推广的方式提升知名度、获得游客的关注、吸引游客前来消费，从而实现旅游产业的发展。

（三）旅游产业赶超模式的特征

（1）后发性。旅游产业赶超模式一般适用于旅游产业发展较为落后的地区，这些地区可以充分利用后发优势，通过学习、借鉴和吸收先发展地区的经验教训，尽量减少不必要的代价，选择更好更快的发展道路。因此，旅游产业赶超模式具有明显的后发性。

（2）高效性。旅游产业赶超模式具有高效性。某一地区的旅游产业要想实现赶超，必须比其他地区更能吸引游客的到来，打造更优质的旅游产品，在相同或更短的时间里创造出更高的社会效益。高效性不仅包括速度的提升，还包括质量的提升。

（3）科学性。赶超并非盲目、一味的赶超，旅游产业赶超模式是一种全面、协调、可持续、惠民生、促和谐的科学发展新路，是在与国民经济发展相适应的情况下，在与旅游发展密切相关的其他产业协调发展的基础上，兼顾当前发展与长远发展，经济、社会、生态环境协调发展的模式。

(4)带动性。旅游产业涉及吃、住、行、游、购、娱等多个行业，旅游产业赶超模式关联度高、带动力强，着眼于经济社会发展全局，能辐射和拉动其他产业的发展，有效促进区域内经济增长和社会进步。

（四）旅游产业赶超模式的要素

资源整合。旅游产业赶超模式旨在整合包括旅游资源在内的所有有效资源，最大限度地发挥资源利用效率，优化地区各种公共资源与公共服务的有效配置，让自然资源、人文资源、社会资源具备旅游资源的特质，比如城市公共服务设施，不仅要满足地区居民的日常需要，还要具有审美品质，成为提升城市形象、服务游客的资源。

产业融合。旅游产业融合是指旅游产业内部或者旅游产业与其他产业之间发生的相互联系、相互渗透的关系，最终形成一个新的产业形态。旅游产业赶超模式着眼于经济社会发展全局，统筹区域发展，推进"旅游+"发展理念，充分挖掘相关产业的旅游观赏、体验、休闲、度假功能，全面提升与旅游密切相关的第一、第二、第三产业发展水平，形成产业生态群落，激发新的生产力与竞争力，进而实现地方社会的全面提升。

区域合作。经济全球化、区域一体化已经成为不可阻挡的时代潮流。旅游产业更是区域一体化中的先导产业，要想实现更好更快发展，必须加强区域之间、城市之间、景区之间的旅游合作，开拓互利共赢局面。旅游产业赶超模式根据旅游资源的差异性及区位相近的便利性，通过资源共享、线路互联、市场互动、客源互送等方式开展区域合作，促进彼此的发展，实现优势互补、合作共赢。

全方位创新。实现旅游产业的发展与赶超离不开创新。除了针对不同目的的旅游者出行、住宿、餐饮、游览、购物、娱乐等活动提供服务的产品、商品、经营、管理、监督等方面进行的创新，旅游产业赶超模式的创新还表现在创新旅游产业业态、创新旅游产业投融资渠道、创新旅游产业制度、创新旅游资源开发模式、创新旅游产业宣传营销等方面，通过创新为旅游产业注入活力，从而加速旅游产业的发展。

科技渗透。科学技术是第一生产力，旅游产业的发展与赶超需要依托科技手段。关注科学的进步、技术的革新，并应用到旅游产业之中，使科技因素渗透到旅游产业的各个行业，由此产生新的旅游业态和旅游产品，促进旅游产业的发展，实现旅游产业的赶超，拉动地区经济增长和社会进步。

可持续发展。旅游产业赶超模式注重旅游资源的可持续利用与管理，不破坏当地自然环境，不损坏现有和潜在的旅游资源，养护自然风光，保护文化遗产，以政策法规为保障、科学技术为支撑，走生态旅游之路，使旅游产业在环境、社会、经济三效合一的基础上持续发展。

二　甘肃省以往旅游产业发展模式及反思

（一）政府主导型模式

政府主导型旅游发展战略，是指在以市场为基础配置资源的前提下，充分、合理地发挥政府宏观调控职能，通过产业政策、法规标准等措施，积极引导和规范各旅游主体的经营行为，以实现旅游资源的配置达到或接近最优状态。20世纪90年代以来，甘肃实施的"政府主导型"旅游发展战略，不仅获得了十分可观的经济效益，也使区域旅游业取得了重大发展和空前繁荣。甘肃省相关政府部门通过引导思维模式、制定法律法规、收集整理发布旅游文化信息以及提供公共物品和服务，促进了旅游产业发展。在政策制定方面，政府依据旅游文化产业相关法律法规，结合甘肃省旅游文化产业实际情况，出台了《关于促进旅游业改革发展的意见》《甘肃省旅游局项目采购管理办法（试行）》《甘肃省旅游协会旅游行业诚信经营自律公约》等符合各级政府实际条件的，高水平、全方位的，集目标、组织、规划开发、促销等要素于一体的政策支撑体系。政府支持政策具有强制性、直接性、权威性等特点，所以旅游业在政府的推动下呈现出蓬勃的发展势头。在人才培养方面，甘肃省政府相关管理部门重视人力资源对旅游文化产业的巨大推动作用，组织相关从业人员进行培训，成立导游翻译管理委员会，制订旅游业青年专家培养计划，积极完善旅游文化产业人才培养机制，拓宽人才培养渠道。在文化宣传方面，甘肃省政府相关部门通过组织导游大赛、旅游景点摄影大赛、敦煌·丝绸之路国际旅游节等一系列活动，对本省的旅游文化进行了大力宣传，以期建立完善的旅游文化形象，开拓市场，吸引游客。在投资融资方面，甘肃省政府通过与企业的合作来建立相应的投资融资平台，为旅游文化产业所需资金开辟更多渠道。

（二）资源驱动型模式

资源驱动型模式主要挖掘自然和人文旅游资源，吸引更多游客，追求数量型增长，依靠高品位旅游资源的拉动力带动旅游业的发展。甘肃省依靠独特的自然资源优势，已建成自然保护区47处，总面积850.49万平方米，其中有国家级自然保护区七处，如祁连山自然保护区、兴隆山自然保护区、尕海—则岔自然保护区、白水江自然保护区等；甘肃省已建森林公园46处，其中国家级森林公园有吐鲁沟国家森林公园、石佛沟国家森林公园、松鸣岩国家森林公园、云崖寺国家森林公园等。甘肃省以其丰富的人文资源，建立了嘉峪关文物景区、平凉崆峒山风景名胜区、天水麦积山景区、敦煌鸣沙山—月牙泉景区以及拉卜楞寺宗教旅游区等高品质的人文旅游景区。此外，甘肃还凭借其独特的自然风光、民族风情、风景名胜受到影视界的青睐和垂青，自20世纪70年代以来吸引了许多知名影视导演的注意力，40多年来，先后有几十家电影制片厂来甘肃拍片，诸如《牧马人》《文成公主》《彭大将军》《大决战》《新龙门客栈》等上百个电影电视作品，这些影视作品的拍摄和上映极大地宣传带动和促进了甘肃经济、文化等的迅速发展，影视也因此成了甘肃旅游资源开发的巨大驱动力，更进一步推动了甘肃旅游业的迅速发展。

（三）景区带动型模式

依托本地优势旅游资源，把旅游作为一项支柱产业来做，着力打造特色鲜明的景区（景点），快速提升景区知名度，以特色和知名度吸引更多游客，拉长旅游产业链，提高旅游经济效益。旅游产品、公共服务设施、基础设施都围绕优势景区来规划，以优势景区的发展带动该地区旅游业的发展，从而带动该地区的社会发展，带领周边群众脱贫致富。如漳县遮阳山景区带动周边新联村、酒店村、晨光村等三个建档立卡贫困村发展乡村旅游，先后建成标准化农家乐60户，发展旅游服务马队41户、特色小吃26户，组建农家乐协会一个，带动附近112户建档立卡贫困户448人直接参与旅游经营；兴隆山发挥得天独厚的旅游资源优势，先后通过争取国投资金、招商引资筹集资金8000多万元，完成了文化广场、高空滑索、客运索道、道路护栏、攀岩广场等一大批基础设施工程建设，极大地改善了景区基础设施条件。同时也不断加大对外宣传力度，先后举办农历"六月六"文化庙会、"兴隆之夏"音乐会、"迎国庆"登山比赛、"金秋红叶"旅游节等节庆活动，并参加省内外一系列宣传推介活动，使兴隆山知名度不断提高，游客数量逐年提升；高台县近年来深入挖掘乡村文化内涵，推进乡村旅游与精品农业、特色农业相融合，依托大湖湾、月牙湖景区和小泉丹霞、黑河沙漠胡杨林等景点，打造了以生态休闲、避暑度假、户外运动为主的生态观光游。以暻辉生态园、新绿达生态休闲观光园、乐三村金麒麟垂钓中心等果园、菜园为载体，开发了以农事体验、田园采摘、农家美食为主的乡村田园游。充分挖掘正义峡景区、天城村民俗文化、乐二村"乐善忠义班"等文化资源，发展了一批以民间刺绣、民间曲艺等为主的特色民俗文化游。同时，在特色农产品上下功夫，开发了以乡里娃粉皮、面筋、祁连葡萄酒、番茄酱礼盒、葡萄籽油等为主的乡村旅游商品 30 多种，乡村旅游特色商品体系逐步完善。

（四）旅游城市辐射型模式

甘肃省旅游城市辐射模式主要针对甘肃独具特色的旅游产品、便捷的交通、完善的配套服务，以城市旅游辐射带动周边地区旅游，形成旅游大市场。如以敦煌为龙头，开发敦煌周边地区仍处在"养在深闺人未识"的冷落境况中的景点，推出新产品，增加新卖点，依靠敦煌的优势能力，形成以敦煌为中心的旅游辐射圈，积极与周边嘉峪关、酒泉等旅游城市开展营销合作，向东延伸到张掖、武威，主打石窟宝藏、丝绸古道、古关古城、大漠风情、神奇探险等旅游品牌。加强与周边新疆、青海、陕西、宁夏等旅游大省（自治区）和乌鲁木齐、西宁、西安、银川等热点旅游城市的沟通与协调，争取联合推出更多的精品旅游线路，努力形成各为一体、相互连贯、互促共进的旅游业发展局面；近年来甘肃打造了兰州至天水段以华夏龙脉、丝路胜迹、寻根朝觐游为鲜明主题的旅游带；以贯穿甘肃全境的黄河为主题的观光、漂流、探险、体验游线路，注重与宁夏沙坡头、沙湖，以及四川大九寨等的关联，进一步浓缩黄河文化，再现甘肃远古文明；以临夏、甘南原生态的回、藏民俗生活体验为主题，主动与四川大九寨、青藏唐蕃古道旅游联动，联合打造回、藏原生态民俗风情旅游带，带动临夏回族自治州和甘南藏族自治州的旅游业发展。以平凉崆峒山道教文化、庆阳周文化、黄土高原民俗大观园为主体，注重与陕西关中、陕北、宁夏六盘山旅游区的联动，共同形成了陇东风格雄浑的黄土高原文化。

（五）反思

（1）进一步强化政府主导型旅游发展战略优势，按照旅游业的自身特点，以市场为主要基础来配置资源，充分发挥政府在旅游产业发展中的主导作用，争取旅游业更大的发展。曾几何时，在甘肃旅游经济的发展实践中，有关部门对"政府主导"战略的认识，长时间还未从观念上完全摆脱计划经济的思维定式。把"政府主导"理解为"政府主宰"，沿用计划经济体制下的行政领导模式，由长官意志代替企业行为，以行政命令取代市场规律；把"政府主导"理解为"政府主财"，由政府财政拨款包揽一切，旅游企业对政府只有"等、靠、要"，不仅束缚了自身发展空间，也失去了有利商机；把"政府主导"理解为"政府主干"，全部事务由政府投资并进行直接管理，政府的主要职能就是给旅游企业以多种政策保护和政策优待，这样难以形成公平有序的市场竞争格局，从而丧失了市场机遇，错过了发展期。今后甘肃在稳步推进"政府主导"型旅游发展战略的过程中，政府要充分尊重旅游市场本身的内在规律，实行规范化和法治化管理，兼顾效率与公平，既要规避政府管理中可能存在的信息不足或信息丢失现象，避免决策迟缓情况，又要凭借市场机制作用，促进旅游企业的自主创新；同时节约决策成本和社会成本，实现旅游资源的科学合理开发。

（2）要始终高度重视环境保护工作，严守旅游产业发展的"生态红线"，推进甘肃旅游产业绿色发展的新模式。甘肃是文化旅游资源大省，资源富集度在全国相对较高，许多资源在全国乃至全世界都具有唯一性、垄断性和不可替代性，文化旅游业发展蕴藏的潜力无可限量，但在当前甘肃面临发展不平衡、不充分与生态环境极其脆弱的双重压力情况下，难以加快发展文化旅游业。良好的生态环境是甘肃文化旅游产业发展的根基，而甘肃省在以往的旅游资源开发过程中，一些开发者和经营者忽视了环保教育的开展，环保意识跟不上产业发展的速度，加之大量人流的涌入，生态环境与产业发展的矛盾日益呈现；再加上一些地方规划不当或开发过度，不仅破坏了当地的生态根基，也使文化旅游资源的质量严重下降，终将严重制约文化旅游产业的持续发展。故而，甘肃省旅游产业在今后的发展中必须牢固树立"绿水青山就是金山银山"的生态文明价值观，严格落实环境保护相关法规，牢固树立绿色发展理念，推进节能减排与环境保护，在重大旅游项目建设、重点旅游资源开发过程中坚持保护性开发原则，注重对资源和环境的保护，在保护的前提下发展，以发展带动保护。

（3）必须顺应旅游消费大众化、旅游需求品质化的新趋势，创新发展理念，转变发展思路，加快由传统景点、景区模式向全域旅游发展模式转变，促进旅游发展转型升级，实现旅游业发展战略的优化提升。改革开放以来，甘肃旅游业主要依靠建设景点、景区和宾馆饭店等传统基础要素的发展模式，但随着大众旅游时代的新要求，这种传统的发展模式不再适应大众对于旅游的需求，因此必须树立"以点到面、不断突破、循序渐进、协调发展"的思路，构建适宜甘肃旅游产业新发展的新战略。甘肃具有吸引力的旅游景点虽多，但在许多细节上仍有很大问题，个别地方重开发轻保护、重建设轻管理。首先，部分地区为谋局部利益而不顾环境保护和资源节约，没有考虑到旅游的可持续发展，景区缺少统筹管理理念。其次，景区与景区之间衔接性较差，游乐设施与购物点的建设也不匹配，使景点辨识度不够高，游客活动空间安排不合理，以至于游客多时会出现无秩序、拥挤的情况，降低游客对旅游目的地的满意度。最后，基础设施不完善，如路牌陈旧、公厕较少、图示不清等。

三　甘肃省未来旅游产业发展的新模式探究

（一）全域旅游发展模式

全球旅游发展模式的核心是打造甘肃三级全域旅游发展区域：一级区域是以丝绸之路黄金旅游带贯穿的全境全景区域；二级区域包括河西走廊国际文化旅游廊道、两州两市黄河文化旅游中廊道、两州五县民族文化旅游西廊道、陇东南祖脉寻根旅游东廊道等四区；三级区域重点建设敦煌、张掖、武威河西走廊文化旅游目的地，兰州、白银都市黄河文化旅游目的地，定西中国农耕文化原乡旅游目的地，平凉康养旅游目的地，天水历史文化旅游目的地，甘南民族文化旅游目的地，等等。

（1）遵循覆盖全部区域、整合全部资源、社会全部参与的原则，把甘肃省视为一个大景区来规划设计、建设管理，实现到处都是景、时刻看见景的城市旅游风貌。无论是从全国范围内还是甘肃省的旅游资源状况来看，发展全域化都是一个大的趋势，也是"十三五"期间的主要发展基调。由以抓各个景点为特征的旅游发展模式向区域资源整合、产业融合、共建共享的全域旅游发展模式加速转变，推进旅游业与水利、林业等其他行业的融合发展。加强中国丝绸之路旅游推广联盟、黄河旅游推广联盟、长城旅游推广联盟、青藏铁路沿线旅游推广联盟、中国世界遗产旅游推广联盟和西北五省区旅游协作区、黄河沿线省区旅游协作区、川陕甘旅游协作区等联盟的协作。甘肃省内加强区域协作，实现区域旅游一体化产业集聚发展。深度推进各市州之间，河西五市、沿黄四市州和陇东南五市三大联盟的协作。

（2）西北五省区应积极改变相对封闭的发展现状，加强区域协同性，努力促进旅游业、农林业、畜牧业等领域实现跨区域合作，共建线上合作平台，降低区域竞争性，增强区域合作性，以实现互利共赢、发展一体化战略的目标。各省份之间取长补短、求同存异，借助他省主要优势来弥补自身不足，通过旅游资源的共享和旅游产品的合作开发增强西北五省的整体竞争力。这一点对于甘肃省的旅游业发展尤为重要。目前新疆和陕西两省区的旅游业在西北五省区中发展成果较为突出，可充分发挥两省区的带动作用及旅游业发展的经验、技术等的溢出效应，带动甘青宁三省区的旅游业发展。西北五省区的旅游资源具有交叉性和相似性，同时兼有差异性和多样性。这保证了甘青宁在借鉴过程中不会存在"千城一面"的状况。"他山之石，可以攻玉"。甘肃省应积极借鉴东部和中部地区旅游业发展的经验和线上技术应用，通过人才和技术经验的交流共享打造旅游业发展的新业态和合作化。

（二）"互联网+旅游"新模式

"互联网+旅游"新模式主要依托互联网的不断发展更新，越来越多的产业借助互联网这座新时代桥梁实现跨越式发展，"互联网+旅游"的旅游业营销模式初具规模。根据《国务院关于印发"十三五"旅游业发展规划的通知》，到"十三五"结束之时，甘肃省应实现线上旅游消费支出占旅游消费总支出的20%以上，4A级以上景区实现免费WiFi、智能导游、电子讲解、在线预订和信息推送等全覆盖的目标。

（1）建设旅游产业大数据平台、支持"互联网+旅游"目的地联盟的建设、实施"互联网+旅游"的创新创业行动计划已经上升为国家政策。这在一定程度上为甘肃省发展线上旅游提供了政策保障。近几年的发展表明，甘肃省线上旅游发展的成果和前景十分明朗。位于"一带一路"发展的黄金带的甘肃省无疑是国家政策大力扶持的对象，在一定程度上削减了旅游业等相关配套产业开发建设的成本。此外，甘肃省具有独特的自然与人文景观，其旅游资源在世界范围内都具备比较优势和天然的特殊性。"互联网+旅游"的新趋势对甘肃来说必定会成为一个重要的营销手段，通过不断加深人们对甘肃省旅游业的了解，改变以往甘肃省只有大漠风光的印象，可以增加其潜在游客数量，提高潜在游客的转化率。

（2）宣传方面，除了对兰州敦煌甘南草原这样的优质旅游景点进行重点介绍宣传外，还应规划几条特色旅游路线，以满足不同游客的需求，或者为潜在游客提供路线参考。旅游景区附近的配套设施也应同步跟进，线上大力宣传具有地域特色的旅馆、餐厅，同时提供在线预订服务，方便游客进行选择，提升游客旅游体验。管理方面，甘肃省旅游局应积极响应国家号召，通过互联网构建全省旅游产业运行监测平台，建立旅游与公安、交通、统计等部门的数据共享机制，形成旅游产业大数据平台，建设成国家智慧旅游省份。这样既能提升服务效率，又能优化管理质量，在方便游客游览的同时也将大幅降低政府和景区的管理成本。借助"互联网+旅游"的新模式与"一带一路"建设平台，甘肃省将有望进入旅游业发展的新时代。

（三）产业深度融合模式

产业深入融合模式的核心思想是"旅游+"。甘肃产业融合的优势得天独厚，如以酒泉、嘉峪关、金昌、白银、兰州的航天、工业文化为依托的"旅游+工业"，以全省丰富多样的自然地貌为依托的"旅游+体育""旅游+户外"，以丰富而独具特色的历史文化和红色文化为依托的"旅游+文化"，等等。以"旅游+"为路径，丰富跨界旅游产品的供给，推动旅游要素深度整合及旅游业与相关产业融合，进而形成产业生态集群，促进旅游产业体系化发展。

（1）"旅游+文化"产业。大力发展甘肃省的文化产业会极大促进旅游业的发展，而旅游业和文化产业的发展趋势是两者融合发展，即文化旅游。甘肃的历史遗产、民族民俗文化、旅游观光文化等资源丰富，与此同时，甘肃历史人文类旅游资源相对比较突出。这为旅游业和文化产业的融合提供了基础条件。首先，推动旅游业和中医药文化融合发展。甘肃省的中医药文化博大精深，中药材产量高，可深入挖掘和整理岐伯文化、皇甫谧文化等积淀深厚的中医药养生保健文化资源。传承推广独具特色的中医养生技术，打造以中医药文化传播体验、康复理疗、养生保健为核心的中医药养生保健文化旅游产业。举办中医养生保健节庆会展，建立中医药养生保健文化普及推广平台。开发中药材调查、研究与旅游于一体的科研旅游等。其次，促进旅游业和丝绸之路文化融合发展。打造类似于《飞越丝路》《西域传奇》《七彩神州》等的大型实景主题演绎项目。最后，加强旅游业和节庆会展融合发展。打造世界一流的国际文化交流合作平台。统筹节庆会展管理，创新节庆会展理念，鼓励错位发展、特色办展和差异化竞争，培育壮大节庆会展市场主体，形成政府引导、市场主导的运作模式。强化品牌建设，争取承办落地一批国家级节庆会展活动。完善节庆会展服务配套设施，提高智能化、精细化水平。

（2）"旅游业+零售业"。旅游业和零售业合作开发旅游商品，会极大地促进甘肃省旅游业的发展。首先，加大对旅游商品的开发投入。甘肃省有品类非常丰富的特产。加强出土文物的复制研究，扩大现有复制文物的厂家规模，培训复制员工的技能，提高复制水平，研究复制品包装设计，提高包装的文化含量。精心研制，不断创新，既要有美学价值，又要有地方特色，且多样化、适用化，价格更合理适销。建立土特产相关产品的培育基地，研究优异良好的品种，规模化生产。建设各类产品的高技术加工厂，生产成套、成体系的产品。其次，在重点旅游城市建立民族工艺展览馆、民族艺术休闲街等。在政府、旅游局的统筹下，广集艺人，培养人才。通过师傅带徒弟、"传帮带"的方式，实现传统工艺的保存、继承和发展。最后，旅游产品的销售方式。销售应该合理规划，在大型百货商场或在火车站、机场、宾馆酒店等人流集中的地方，设立橱窗展示独特精美的旅游商品。建立旅游商品一条街，在建筑风貌上突出特色，以多种方式来经营销售旅游商品。旅游商品的销售应面向区域、全国甚至是世界各国，建立一个多层次网络零售系统，从各个层面多角度推动旅游商品的销售。参与有影响力的各类促进销售的活动。推行联网代销，广开销售渠道。鼓励建立新型旅游商品企业。设立旅游商品专项资金,用在产品的研发、生产加工以及销售的奖励和补助等方面。成立旅游商品研发中心,以市场为导向,促进"产、学、研"结合,推进与发达地区合作开发。挖掘甘肃省内各地丰富独特的资源,研究设计新产品。改革生产工艺,开发新精品。力争在每个系列中树立起名牌产品。加强对旅游商品创意设计的保护。鼓励有创新特色的旅游商品申请专利等。

(四)多元目标体系导向且旅游经济价值适度优先模式

多元目标体系导向且旅游经济价值适度优先模式是指以兼容性发展的新型理念来统帅和支配甘肃旅游产业的发展,贯彻多元目标体系导向(经济、社会、文化、生态及人的发展)且旅游经济价值适度优先的发展模式。旅游产业的兼容性发展特指在旅游产业发展中,必须建立产业发展的多元价值体系和目标体系,旅游产业的发展必须同时或同步实现旅游产业应当涵盖的多元价值或多元目标,如果多元价值或多元目标存在产业关联意义上的目标序列的因果逻辑关系,则应当厘清并顺应产业发展目标之间的逻辑关系,科学、合理、有效地安排产业发展的要素秩序和产业发展所实现的目标序列,最终实现旅游产业发展与多元价值和目标体系相兼容的兼容性发展。

(1)处理好旅游产业发展驱动经济增长的产业定位和引领区域发展的社会定位之间的关系。把甘肃旅游产业发展定位为区域发展重要的社会载体,使区域旅游的发展嵌入它本该有的、宝贵的区域生态、区域群体和个体、区域文化等多元的发展要素,使区域旅游发展所承载的产业要素和增长要素成为区域旅游发展社会要素的结果,而不是相反。

(2)处理好旅游产业发展推动区域经济增长和增加区域国民收入水平与富民、增加充分就业及提高人的收入水平之间的关系。使广大农牧民能够充分地和最大限度地参与到旅游产业发展的进程中去,充分尊重和保护广大农牧民的愿望和权益,充分吸纳广大农牧民在旅游产业中就业,通过旅游产业的发展优化广大农牧民的收入结构。

(3)处理好传统旅游业态与新型旅游业态之间的关系。积极创新真正富有特色和文化内涵的观赏性、体验性及参与性旅游产品;积极促进旅游与其他产业的融合,创造新的旅游业态和旅游产品,在旅游资源有效保护、旅游产业可持续发展及旅游市场稳步增长的前提下科学论证、精心规划、慎重发展，使旅游产业获得更好的发展。

（4）处理好旅游产业发展的特殊模式与全球化背景下旅游产业发展的一般模式之间的关系。旅游资源开发与旅游产业的发展必须审慎地与国际接轨，主要表现在旅游资源开发与旅游产业发展的理念、旅游资源的有效保护和永恒存续的方式、具有特色的旅游资源的开发与运营模式、工业化进程对文化可能带来戕害的有效规避以及旅游产品符合旅游发展规划的创新方法等诸多领域。

（5）处理好旅游产业发展与人的发展的关系。旅游产业的未来发展必须将广大农牧民的发展置于旅游发展的重要位置上考量，要建立旅游产业发展中人的发展指标体系，包括旅游产业发展与广大农牧民生产结构和生活结构转型的必然关联、对广大农牧民必要的培训、广大农牧民在旅游产业中的收入以及他们在旅游企业组织和产业中的个人职业生涯的成长和发展等。

（6）处理好旅游产业发展与文化发展的关系。合理认知文化之于旅游业的角色和意义，正确处理旅游产业发展与民族文化之间的关系，积极创新既符合旅游产业发展规律，又符合文化发展规律的文化旅游产品，通过旅游产业的发展来发展文化，通过文化的发展去发展旅游产业，实现文化与旅游产业的共同发展和可持续发展。

（五）智慧旅游发展模式

智慧旅游发展模式依托于2018年2月甘肃省人民政府办公厅印发的《甘肃省人民政府办公厅关于加快全省智慧旅游建设的意见》，意见提出，"到2020年，基本建成以'一中心三体系三朵云（即大数据中心，智慧旅游管理体系、服务体系、营销体系和智慧旅游支撑云、功能云、内容云）'智慧旅游体系"，因此甘肃要加强统筹规划，科学设计规划，分出建设先后顺序。

（1）构建"快旅慢游"的交通网。组建混合所有制航空公司，购买、租赁中小型飞机，形成连接省内各大景区的航空网，争取使甘肃省内主要旅游景点城市与国内大中城市直航。加快通往各大景点景区的公路建设。

（2）构建"便捷乐享"服务网。提升旅游服务设施的功能和品质。依托旅游特色小镇和旅游风景通道，修建改造具有浓郁地方特色的宾馆、酒店、客栈和农家乐，实施一批文化产业园区、大型演艺、民俗古镇街区等项目。根据甘肃地形狭长、干旱缺水的实际，科学布局、建设旅游厕所。

(3) 构建"智慧智能"互联网。适应出游趋势，建设覆盖省市县和大景区的旅游大数据平台，实现4A级以上景区移动通信信号和WiFi全覆盖。推进旅游与公安、交通、商务、环保、气象等部门的数据共享。借鉴湖南、新疆等省区景区指纹门禁、电子导游、网络售票"一城通"做法，解决游客排队买票、领票等问题。加快应急平台建设，对甘肃省主要景区重点位置进行实时监控，实现对各类突发事件、自然灾害的及时预警、准确反映和科学应对。

第三节 甘肃省旅游产业发展的优势分析与优势再塑

一 甘肃省旅游产业发展的优势分析

（一）旅游资源优势

甘肃省各个空间的旅游资源富集、种类齐全，且具有丰富性、独特性和高品位性三大特点。甘肃自然人文旅游资源丰富多彩、多元，除海洋岛礁之外，甘肃拥有其他地区所有的旅游资源类型，而且很多单体资源具有奇绝性、独特性和垄断性的特点。甘肃是华夏文明的重要发祥地，丝绸之路文化、黄河文化、民族文化以及祖脉寻根文化在这里交相辉映；甘肃地处黄土高原、内蒙古高原和青藏高原三大高原交会地带，自然地理风光独特，自然生态多元，有世界地质公园1个、世界人与生物圈保护区1个、国家级风景名胜区4个、国家地质公园5个、国家森林公园23个、国家级自然保护区16个、国家级水利风景区9个；甘肃是革命老区，全省共有革命遗址682处，目前全省共有A级红色旅游景区八处，形成了十条红色旅游精品线路；甘肃还有酒泉卫星发射中心、武威葡萄酒城、金昌镍工业基地等工业旅游景区。

甘肃旅游资源点、线、面的分布非常合理，旅游资源在全省范围内全面铺开。丝绸之路横贯全省，甘肃省几乎全部躺卧在丝绸之路上，甘肃全境似乎天然形成了发展旅游的空间结构。省内既有河西走廊片区，又有黄土高原片区，又是黄河上游非常重要的黄河文化片区，覆盖了两市两州；西南有回族发祥地临夏回族自治州和安多藏区的甘南藏族自治州，祁连山有肃南裕固族片区；陇东南为寻根文化、农耕文化旅游片区；甘肃红色文化片区是陕甘宁边区的重要区域。这些都构成了甘肃发展旅游的独特优势。

（二）区位优势

甘肃省地处青藏、内蒙古、黄土三大高原交会处，东邻陕西，西连新疆、青海，南靠四川，北与内蒙古、宁夏和蒙古人民共和国接壤，是我国东中部地区和远西北地区的接合部、连接大西北的枢纽、古丝绸之路的必经之处，也是第二欧亚大陆桥的重要通道，具有承东启西、连南通北的区位优势；省会兰州是中国陆域版图的几何中心，具有坐中四连的"黄金十字"优势，是黄河上游经济区重要的经济中心和"西陇海兰新经济带"重要的支撑点和辐射源，是我国东中部地区联系西部地区的桥梁和纽带，是大西北的交通通信枢纽；陇海、兰新、兰青、包兰四大铁路干线交会于此，是西北地区最大的货运站和新亚欧大陆桥上重要的集配箱转运中心，也是西部地区通信枢纽和信息网络中心。

甘肃是西北地区铁路、公路、航空、水运、管道兼备的综合性交通运输枢纽，是联系全国并通向中亚、西亚的交通枢纽，邮电通信枢纽和能源运输大通道，已成为西部南来北往、东进西出的交通要冲和物流集散地。此外，甘肃省还处于西部大开发战略中三大经济带之一的"西陇海兰新经济带"上和"一带一路"倡议的"丝绸之路经济带"上，地理位置十分重要，区位优势十分明显。通达的交通运输网络，大大提高了甘肃省旅游的可进入性，是甘肃省旅游业发展必不可少的条件。

（三）发展基础优势

甘肃省旅游业自改革开放以来，经过40年的发展，已形成了一定的产业规模和自我发展的能力，为甘肃省旅游业的发展和实现"支柱产业""旅游强省"的目标创造了条件。近年来，甘肃省旅游业的发展已经在速度、规模体量、旅游品牌等方面具备了一些优势。2017年，全省接待国内游客23900万人次，比上年增长26%；国内旅游收入1580亿元，比上年增长29.5%，占国内生产总值的20.56%。2018年1月至10月，全省共接待游客2.77亿人次，实现旅游综合收入1910.4亿元，分别较上年同期增长22.4%和28%。近五年来，甘肃省旅游以令人振奋的平均25%以上的增长速度在飞速发展，一直位居全国31个省区市的前五位，成为全国旅游业发展最活跃的区域之一，尤其是"一带一路"国家倡议提出并实施以来，甘肃省一些处在陇东南和河西走廊的重要景区旅游几乎呈井喷态势。在旅游市场规模扩大的同时，长三角、珠三角、环渤海地区国外游客占比越来越高，旅游市场结构也在逐步优化。

目前，甘肃省以20个大景区为基础，辐射带动30个精品景区、50个特色景区同步发展，着力形成精品丝路旅游、九曲黄河旅游、长城边关旅游、寻根访祖旅游、民族风情旅游、红色征程旅游六条品牌旅游线路产品，以大景区为重头的旅游产品线路不断丰富。全省具有融合区域文化、农业、工业、水利等基础资源优势，文化旅游、红色旅游、乡村旅游、休闲旅游、绿色生态旅游、民族民俗旅游和宗教文化旅游资源得到渐次开发，旅游与文化、科技融合发展势头明显，旅游产品体系不断丰富完善，全省旅游业的发展已具备了一定的基础。敦煌国际文化旅游名城建设取得实质性突破，敦煌的智慧旅游在全国具有一定的显示度；甘南藏族自治州的全域旅游发展成为全国民族地区全域旅游发展的样板；嘉峪关方特欢乐世界形成了强大的文化旅游聚合效应，《敦煌盛典》等一批驻场旅游演艺成为常态，丝绸之路（敦煌）国际文化博览会、敦煌行·丝绸之路国际旅游节等重大文化旅游节会活动精彩纷呈；兰州马拉松、玄奘之路戈壁挑战赛等体育品牌赛事成为"流动的景点"；中医药养生保健旅游产品正在蓬勃兴起。

（四）政策优势

旅游发展的政策体系不断完善，配套方案相继出台。从国家层面看，旅游业的发展迎来了前所未有的变革时代，"一带一路"国家倡议优势、国家全域旅游与优质旅游发展等相关政策引导力度空前。2016年3月，《中华人民共和国国民经济和社会发展第十三个五年规划纲要（2016—2020年）》指出要推进"一带一路"建设，特别指出要办好"一带一路"国际高峰论坛，发挥丝绸之路（敦煌）国际文化博览会等的作用。2016年7月，习近平总书记指出："发展全域旅游，路子是对的，要坚持走下去。"12月国务院发布的《"十三五"旅游业发展规划》中又指出要促进旅游与文化融合发展，重点打造丝绸之路旅游带、黄河华夏文明旅游带、长城生态文化旅游带、长征红色记忆旅游带等十条国家精品旅游带。

从甘肃省看，自"十二五"开始，历届甘肃省委省政府都将旅游产业的发展逐渐纳入区域经济社会发展的战略框架中，出台了《关于加快发展旅游业的意见》《甘肃省"十三五"旅游业发展规划》《甘肃省文化旅游产业发展专项行动计划》等一系列旅游发展的政策。2017年，省委省政府相继出台了一系列旨在推动甘肃文化旅游产业发展的重大政策，从顶层设计、全局统筹的角度，已经形成了把甘肃省从旅游资源大省向旅游产业强省转型发展的基本战略，按照全域化发展、全产业融合、全要素配套的思想，稳步推进旅游业的转型升级、提质增效，在全省范围内形成了旅游业发展的政策环境。

（五）平台和节庆会展优势

甘肃作为华夏文明传承创新示范区、"丝绸之路经济带"的核心区域，又有影响越来越大的丝绸之路（敦煌）国际文化博览会，具有发展文化旅游的平台优势、节会优势。依托丰厚的历史文化资源和自然人文资源，近几年，甘肃省特别设计举办了一批有文化特色、民族民俗特色和地域特色的节庆赛事会展活动，产生了良好的经济、文化效应，以及宣传、推介效应。丝绸之路（敦煌）国际文化博览会成为我国与"丝绸之路经济带"沿线国家开展文化交流合作的重要平台、推动中华文化走出去的重要窗口和"丝绸之路经济带"建设的重要支撑。一年一度的敦煌行·丝绸之路国际旅游节，已成为最具人气的重要品牌节会。以"弘扬伏羲文化、传承中华文明、凝聚全球华人、打造祭祖圣地"为主题的天水伏羲文化旅游节，成为"全国最具发展潜力十大节庆"活动之一。素有"陇东粮仓"之称的庆阳，借悠久的周祖农耕历史文化，打造了中国庆阳农耕文化节。"张芝奖"全国书法大展、中国民间艺术节、中国国际鼓艺术周、临夏中国民歌艺术节、西和中国乞巧文化旅游节等，同样是这些年甘肃省各地举办的特色文化节会。

重大体育赛事方面，连续举办的兰州国际马拉松赛，成为中国田协"金牌赛事"；作为亚洲顶级赛事的环青海湖国际公路自行车赛延伸至甘肃后，带动了除体育、旅游业之外的更多行业、产业联动发展；在河西走廊，嘉峪关国际滑翔节、嘉峪关国际铁人三项赛、敦煌全国沙滩排球巡回赛、张掖全国汽车拉力赛等，已成为在全国叫得响的品牌体育赛事。

以省博物馆为代表的省文博系统，通过开展各种展览、展示活动，成为世界了解甘肃文化的新窗口。节庆会展活动作为文化旅游的一种载体，在推介甘肃省生态资源、旅游资源、地域文化、投资环境等方面都起到了重要作用。

（六）旅游融合优势

近年来，甘肃省旅游与其他产业、业态的融合发展取得了较大进展，"旅游+文化""旅游+乡村""旅游+体育""旅游+节会""旅游+红色""旅游+产业"等优势明显，尤其是文化与旅游融合发展势头良好。以文化旅游融合为标志的旅游业态已经成为甘肃省经济社会发展的龙头产业和战略性支柱产业，文化与旅游融合的产业体系逐步形成，文化与旅游产业融合发展初具规模和成效，形成了丝绸之路文化、祖脉寻根民俗文化、民族文化和黄河文化四个特色鲜明、资源丰厚及产业基础较为雄厚的文化旅游产业体系和文化旅游圈层，是甘肃文化与旅游融合发展的重要基础。

同时，甘肃旅游横向、纵向合作的态势进一步增强，除了与传统文化结合外，还与工业、农业、民俗、演艺、饮食、商务、教育、宗教、节会赛事等文化元素融合，各地举行的冠以文化名称的节事活动有敦煌行·丝绸之路国际旅游节、兰州黄河文化旅游节、中国天水伏羲文化旅游节、中国·张掖户外运动节、兰州国际马拉松赛等 20 余项，《丝路花雨》《大梦敦煌》等文化旅游业的元素日渐丰富和多元化。2018 年，第八届敦煌行·丝绸之路国际旅游节成功举办，文化旅游会展对经济的拉动作用进一步凸显。通过连续举办敦煌行旅游节等节会活动，加深了各地游客对甘肃文化的认同感，提升了甘肃旅游的知名度和影响力，众多外地旅行商与甘肃省达成输送游客协议。

二 甘肃省旅游产业发展的优势再塑

（一）"目的地—客源地"的旅游产业体系再塑

互联网时代，甘肃省旅游业要实现跨越式发展，首先需要重构"目的地—客源地"的旅游产业体系，一个高质量和可持续的区域旅游经济的重要特征之一是不断产生"目的地—客源地"系统迭代的区域旅游。在旅游产业体系中最基本的"目的地—客源地"系统建设中，"目的地—

客源地"旅游产业体系的重构体现在目的地上需要更加重视优秀文化内涵注入、打造游客与当地居民共享空间、城乡和区域一体发展及多要素文化旅游共生发展；体现在客源地上则需要更加重视文化旅游目的地构建的全球市场打造、"中体西用式"游客观览与服务体系建设、针对不同客源市场的文化旅游IP的形成以及加强在"一带一路"建设中境外旅游客源市场的营销与建设等。首先，在对甘肃省旅游资源、旅游产品和旅游市场进行深入分析的基础上，重构旅游目的地产品体系；其次，从"目的地—客源地"新系统的要求出发，重建当下适合并适度超前的客源市场新结构；最后，重新考虑在新的"目的地—客源地"体系下的区域旅游品牌与营销系统并充分以互联网为基础，以大数据、云计算技术为手段，实现区域旅游品牌和营销方式的转型升级。当然，根据甘肃省目前区域旅游营销的发展阶段和区域旅游产业发展的规模和质量看，甘肃省区域旅游品牌营销必须从目前的总营销过渡到总营销与分类分型营销结合的营销新阶段。

（二）旅游资源优势再塑

甘肃省以文化资源为主的文化旅游发展决定了主要的客源市场以小众旅游为主，游客的体验属于"文化苦旅"，而以文化为主线的观光旅游也形成了甘肃旅游市场的"塔尖市场"，即难以形成大规模的大众旅游市场，而这种以观光旅游为主的单一业态很难向休闲度假转型，也很难形成多元结构业态。为此，需要进一步充分发掘甘肃省旅游资源潜力，再塑旅游资源优势。甘肃省目前的旅游资源至少应当有三个重要分层：一是体量巨大和特色鲜明的各类文化资源和自然生态资源，二是经由文化和旅游与相关产业融合发展形成的新型产业融合资源，三是现代创意文化、数字文化和其他软文化形成的新型文化旅游资源。同时，必须高度关注旅游消费市场巨大的迭代导致新生代旅游消费者所强烈关注的再生型旅游资源的开发和产品转化。总之，必须充分以甘肃天赋文化旅游资源为基础，融合和嫁接现代再生型各类创意和数字文化旅游资源，以现代科技为手段，对甘肃文化旅游资源再认识、再梳理、再挖掘、再包装、再设计、再定位和再营销，全面进行甘肃文化旅游资源的动态性和活化塑造。

（三）旅游产业体系优势再塑

从全省和重要的片区角度来看，甘肃省旅游产业体系尤其是整体宏观产业体系尚未形成，宏观产业体系不完备。宏观产业体系是相对于微观产业体系而言的，微观产业体系就是"吃、住、行、游、购、娱"的内部产业体系，而宏观产业体系则是整个社会都为旅游产业发展服务，自觉地协同区域旅游产业发展，成为旅游产业发展的重要管理系统、运营系统、资源系统、体制系统等，从而支撑宏观旅游产业体系的构建和形成。旅游业的发展更加需要宏观产业体系的支撑。就甘肃而言，敦煌、嘉峪关、张掖和甘南藏族自治州等地区的宏观产业体系和旅游产业发展的协同性较强，而其他片区的宏观产业体系和旅游产业发展的协同性较弱，并没有为旅游产业的发展发挥自身的重大作用。在整体宏观产业体系构建方面，文化与旅游厅是最重要、最核心的力量，经贸委、发改委、文化局、文物局、农业局等都应全部自觉地协同于旅游产业的发展，各部门共同协同完善旅游整体宏观产业体系，需尽快通过政府的顶层设计、政策制定和组织实施，推动全省几个重要全域旅游发展场域宏观产业体系的构建。

（四）旅游产品供给优势再塑

改革开放 40 年来，随着人口红利衰减、"中等收入陷阱"风险累积、国际经济格局深刻调整等一系列内因与外因的作用，我国社会经济发展正进入"新常态"。在此背景下，旅游业发展也迫切需要改善供给侧环境、优化供给侧机制，使经济增长由规模增长向结构优化型、质量效益型增长转变，并通过改革制度供给增强我国经济长期稳定发展的新动力。甘肃省旅游业供给侧结构性改革应主要从供给侧结构改革的旅游业制度和理论供给、供需渠道再建、要素服务体系重构、旅游产品项目重组等几个方面考虑。旅游业供给侧结构性改革的方向需要从以下方面考虑：从存量与增量的关系上看，消化存量、优化增量并举；从产业层面来看，传统产业、现代产业和新型产业发展并举；处理好文化旅游投资推动旅游经济增长和旅游经济增长的质量效益之间的关系；推动文化旅游产业体制机制创新，增强文化旅游预算约束水平，减少无效文化旅游供给。重建甘肃区域旅游产业的业态和产品新供给体系是当下的关键，还深刻地依赖于更加彻底和科学的体制机制创新与更加程序化和科学化的旅游产业发展决策水平。

（五）旅游融合发展优势再塑

产业融合是现代旅游业发展过程中不可逆转的趋势，是旅游发展中的关键步骤和重要抓手。甘肃省各类文化资源具有规模宏大、结构多元和特色鲜明的独特优势。这是充分发挥区域旅游产业融合发展优势的重要基础。发展旅游产业，要把大旅游理念融入经济社会发展全局，着力推动旅游和产业融合发展。以旅游业为中心，结合农业、工业、商贸、文化和体育等传统产业进行资源重新整合，优化要素配置，延长全产业链条，开辟旅游业发展新空间；要结合甘肃省区域文化旅游资源和相关产业的特质和实际，科学地探索和研究区域文化旅游产业融合发展的方式和手段，不断衍生有着独特的"甘肃气质"和"甘肃形象"的融合类文化旅游业态和产品；文化旅游产业的融合发展"永远在路上"，不是静态的，不可能一劳永逸，要不断跟进文化旅游侧和相关产业侧两端的演变和发展，源源不断地提供"常融常新"的文旅融合新产品，可持续和可垄断地据有目标市场，使得动态发展的目标市场再持续地反哺文旅融合业态，实现区域文化旅游产业系统的良性循环。

（六）旅游产业发展的区位优势再塑

习近平总书记2013年出访哈萨克斯坦和印度尼西亚时提出的"一带一路"倡议已成为全球很多国家的共识，"一带一路"建设作为全球新治理体系正在世界经济中发挥着越来越重大的作用。甘肃省位于"丝绸之路经济带"的腹地，是我国西北地区与陆上丝绸之路关联程度最高的区域，从东南到西北绵延近1700千米的甘肃大地基本都"躺卧"在丝绸之路上。"一带一路"建设从根本上改变了甘肃文化旅游产业发展的区位条件，紧紧抓住"一带一路"建设提供的巨大区位空间优势和条件，大力发展文化旅游产业，是甘肃得天独厚的发展机遇。习近平总书记视察甘肃时曾明确指出"甘肃发展出路在'一带一路'上"。事实上，"一带一路"建设为文化旅游产业的发展提供了更大的发展条件。当下，一是要形成甘肃经济社会发展紧紧围绕"一带一路"建设和在"一带一路"建设框架下的区域经济社会发展战略的基本定位，确立以"一带一路"和向西开放为基本产业发展方位的甘肃文化旅游产业发展战略重点；二是在此战略框架下考虑业态、融合、产品、形象、市场和营销等文化旅游产业发展要素的重构和建设；三是必须改变目前甘肃内外部市场发展不均衡的态势，以跨境旅游尤其是入境旅游为未来市场开拓的重点，利用甘肃独特的丝绸之路文化优势大力发展入境旅游，并改善甘肃区域服务贸易发展水平弱小的不利状态，优化甘肃以入境文化旅游为基本特质的现代服务贸易的结构与品质。

（七）区域旅游形象优势再塑

区域旅游形象定位和传播是区域旅游发展的重要环节，这是由旅游产业的特殊产业属性决定的。在过去的发展阶段，甘肃区域旅游形象定位及传播一直持续处在波动之中，不利于客源市场对甘肃省区域旅游的认知、认同和形成一个稳定的、成熟的概念，也不利于甘肃省区域旅游形象的传播。这是制约甘肃文化旅游发展的极大障碍。为此，一方面，打响"交响丝路·如意甘肃"旅游主题宣传口号，并能够长期、持续地进行宣传，在对外宣传、文化、经贸、体育等重大活动中统一使用；同时，对各地州市和县区的旅游形象进行全省统一策划，避免重复、交叉进而形成区域内竞争。另一方面，提炼河西走廊国际文化旅游廊道，寻根文化、农耕文化和红色文化，民族文化，黄河文化四大文化旅游片区主题形象，形成以全省主题旅游品牌为龙头、区域旅游品牌为支撑、景区品牌为基础的旅游品牌宣传体系。发挥丝绸之路旅游推广联盟作用，积极融入黄河、长城等旅游联盟推广，加强与"一带一路"沿线国家和地区、国际友好省州和城市及知名旅游企业等的合作，建立促销联盟，统筹开展甘肃文化旅游的整体形象宣传。利用广播、电视、报纸等传统媒体资源，微博、微信、移动互联网等新媒体资源，打造跨区域、跨平台、跨终端立体性营销体系。

（八）旅游产业发展协同优势再塑

甘肃省拥有多元的自然资源和文化资源，形态上呈现相对集中分布状态，不具有行政分异性，需要打破行政区域人为对天然的旅游资源切割、分离和分解，打破行政区域的管理边界，建立以资源完整性为基础的空间结构和特质的管理体制，资源认知的理念，对资源的有效利用、对资源的管理和对资源规划的体制机制，形成各资源组团的龙头区域，为资源集中开发、龙头带动以及与其他资源整合开发、强化集聚效应提供有利条件。为此，必须加强各级层面的旅游产业发展协同。加强与中国丝绸之路旅游推广联盟、黄河旅游推广联盟、长城旅游推广联盟、青藏铁路沿线旅游推广联盟、中国世界遗产旅游推广联盟等联盟的协作和与西北五省区、黄河沿线省区、四川等省区的省级层面的协作；加强省内各市州的旅游协作，推进河西五市、沿黄四市州和陇东南五市三大联盟的协作，建立市州一级的区域协作机制，加强营销策划、相互推介和联合宣传推广，共同打造跨区域的具有国际影响力和竞争力的主题旅游线路产品。当下，甘肃区域文化旅游的域内协作的战略重点应当是陇东南寻根文化、养生文化和农耕文化片区，两州两市黄河文化片区，陇西南民族文化片区和纵贯全省的丝绸之路文化片区的协作；域外协作的战略重点应当是丝绸之路文化廊道的国际国内合作开发和建设，"三州三区"扶贫开发型民族文化旅游的协作和发展。

（九）旅游基础与环境优势再塑

从我国区域旅游发展的类型看，发达地区有着较高的区域经济发展水平，从而在基础设施建设上为文化旅游产业发展提供了强大的正外部性，区域文化旅游产业发展的产业成本较低，因而有着更高效率和更高水平的区域旅游产业发展；欠发达地区较低的区域经济发展水平无法在基础设施建设层面支撑区域文化旅游产业的发展，因而区域文化旅游产业发展的产业成本更高、难度更大。为此，必须为基础设施建设投入更多的资金才能支撑区域文化旅游产业的发展。值得欣慰的是，经过十几年国家西部开发战略的实施和区域经济社会发展战略的调整，甘肃省既服务于全省经济社会发展，又服务于文化产业发展的基础设施建设条件得到了极大的改善，为"十二五"和"十三五"期间全省文化旅游产业的高速增长提供了极大的支撑。目前，要继续加大基于大尺度国内旅游市场开拓和具有全球价值的丝绸之路文化旅游目的地的发展为目标的基础设施建设投入，大幅提高国内三小时以上经济圈市场和国际旅游市场对甘肃区域文化旅游的可进入性，大幅降低游客以时间成本为主的旅游交易成本，形成可观的国内国际旅游市场规模。

（十）开放经济视野下的旅游产业优势再塑

文化旅游产业是天然的开放性经济产业，在入境旅游占比较高的区域尤为如此。尽管甘肃省目前入境旅游无论是规模还是结构，还处于较低发展水平，但与丝绸之路关联最为紧密的甘肃省发展具有鲜明开放经济特色的入境旅游潜力巨大，以入境旅游为战略抓手，造就甘肃在新时代的开放经济新格局正当其时。从甘肃省旅游产业发展的战略部署看，未来十年，入境旅游的增长速度要远高于文化旅游的平均增长速度，入境旅游结构优化的速度也要远高于文化旅游结构优化的平均速度，力争到2025年入境旅游收入占到全省旅游收入的10%左右，到2035年占到20%左右。当下，要结合国家"一带一路"倡议，培育旅游合作对外通道，融入全球旅游发展。以河西走廊为龙头，率先打造丝绸之路国际文化旅游廊道文化旅游发展示范区，优先以河西走廊国际文化旅游廊道作为推进甘肃入境旅游发展的主体场域，通过"一廊多点"的规划和发展，把河西走廊五市按照丝绸之路文化的内在逻辑脉络连接起来，辐射丝绸之路上天水、平凉、兰州等重要的历史文化名城，形成甘肃文化旅游发展的国际品牌。重点发展符合现代旅游特质和需求的丝绸之路自驾游、自助游和自由游，同时发展文化遗址观光旅游、自然生态旅游、民俗文化旅游、休闲度假旅游，传统文化旅游产品的升级换代和新型文化旅游产品的创新再造结合，使河西走廊、丝绸之路、国际文化旅游廊道成为甘肃入境旅游发展的龙头和核心，成为全球最知名的入境旅游和国际旅游目的地，成为撬动甘肃省入境旅游发展的杠杆，并可能成为甘肃省新开放经济体系打造的突破口。

第四节　甘肃省旅游产业优势再塑的战略支撑

一　十五大支撑工程建设

（一）丝绸之路黄金旅游带建设工程

依托华夏文明传承创新区中丝绸之路文化发展带历史文化和自然旅游资源富集的优势，以沿线平凉、天水、定西、兰州、武威、金昌、张掖、酒泉、嘉峪关和敦煌为节点和增长极，突出特色，集中打造旅游发展高地，实现多极突破。建立联动机制，加大资源整合力度，深入挖掘文化内涵，充分展示区域大漠戈壁、丹霞砂林、冰川雪峰、森林草原、民族风情等多彩魅力，打造甘肃丝路旅游黄金大廊道，使之成为最具辐射带动功能的旅游发展轴，成为全国丝绸之路精品旅游带的脊柱，共同提高丝绸之路旅游带在全国的首位度和世界知名度。

（二）河西走廊国际文化旅游廊道建设工程

全面培育和重点打造河西走廊丝绸之路国际文化旅游廊道，使之成为甘肃文化旅游发展和推动旅游产业转型升级的主体场域和龙头空间，率先发展，进而带动其他文化旅游空间的发展。将西起敦煌、东至兰州、全长1150千米的"泛河西走廊"作为我国在"一带一路"建设背景下和西部发展战略框架下的中国文化旅游发展综合示范区，纳入区域经济社会发展的重大战略通盘考虑，先行先试，建设两到三年，升格为国家文化旅游综合示范区，形成南有海南国际旅游岛、西有河西走廊文化旅游综合示范区的国家旅游战略格局。

（三）敦煌国际文化旅游名城建设工程

落实《敦煌国际文化旅游名城建设规划纲要》和《敦煌旅游综合改革试验区总体方案》，推进敦煌国家旅游改革创新先行区建设，加快国际化进程，实现与中亚、西亚地区直至欧洲各国"政策、道路、贸易、货币、民心"五通，建成中国国际丝路艺术旅游目的地、国家研学旅游目的地、国际化特色旅游城市。努力发挥丝绸之路（敦煌）国际文化博览会的平台作用，使其成为国家层面最有影响力的一流文化盛会；倾力办好丝绸之路高峰论坛，使其成为拉动甘肃省现代服务业加速发展的新引擎，将敦煌建成丝绸之路上的国际文化旅游名城。

（四）酒嘉旅游一体化打造工程

打通酒泉、嘉峪关两市之间的交通瓶颈，互相开放道路运输，实现货车、出租车的互通，以便各类生产要素流通。消除两市之间的政策壁垒，在土地出让、市场准入、城乡就业等方面实行同一政策，实现教育、卫生资源共享；在新能源建设以及旅游等方面协作发展，实现优势互补。充分发挥嘉峪关城市功能健全、基础设施完善、景区发展较好、产品业态丰富等优势，按照全域旅游示范区创建要求和建设标准，实现景城一体化、全域景观化、产业融合化，联动酒泉和航天城，打造国际著名、国内一流的旅游目的地，引领全省旅游产业综合开发。

（五）张掖多元文化旅游目的地建设工程

全面推进张掖旅游文化体育医养融合发展示范区建设，围绕构建多元融合的产业体系，不断拓展新的发展空间，催生新的产业形态，形成新的消费热点，打造产业融合发展的新高地。以国家等级交通线网为基础，加强祁连山风景道（青海门源、祁连—甘肃民乐、张掖）沿线生态资源环境保护和风情小镇、特色村寨、汽车营地、绿道系统等规划建设，完善游憩与交通服务设施，实施国家旅游风景道示范工程，形成品牌化旅游廊道。把张掖建成丝绸之路沿线重要旅游节点和目的地、中国西部区域性游客集散中心和国际特色休闲度假名城。

（六）武威历史文化名城再造工程

充分发挥中国旅游标志的品牌影响力和市场竞争力，打响"天马行空·自在武威"形象品牌，深入挖掘深厚的"天马故里"历史文化名城资源，整合开发特色鲜明的中国葡萄酒城、奇特的腾格里沙漠景观、浓郁的藏区民族风情、瑰丽的祁连雪山冰川等丰富资源，以"金色大道—马踏飞燕"大景区建设为突破口，构建标杆性经典旅游产品体系，着力完善旅游要素配置和产业链，建成东接兰州、西连敦煌的旅游支点和"中国旅游标志名城"，把武威打造成名副其实的中国旅游标志目的地、甘肃丝绸之路旅游带上乃至全国的重要历史文化名城。

（七）金昌"紫金花海"与"黄金十字"优势再塑工程

依托"骊轩揭秘、镍都探奇、紫金赏花、沙漠历险、乡村寻美、祁连览胜、研学体验、婚庆康养"八张特色旅游名片，将太空小镇建设作为全新的引爆点，使其成为甘肃旅游的新样板。发挥金昌地处河西走廊东段、祁连山北麓、阿拉善台地南缘，连接祁连山麓、阿拉善右旗、巴丹吉林沙漠、丝绸之路"黄金十字"的区位特质，以及河西走廊自驾游黄金廊道的节点城市优势，与内蒙古阿拉善左旗、阿拉善右旗、额济纳旗、河西走廊四市形成区域协作，将金昌打造为内蒙古旅游集散地或河西走廊旅游综合服务区，成为区域旅游的重要后勤保障基地。

（八）两州两市黄河文化旅游中廊道建设工程

以甘南、白银交通枢纽以及兰州、夏河机场为进出口，以沿黄快速通道、京藏高速、兰海高速、包兰铁路、兰成铁路串联起沿黄四市州的重要旅游景区，形成黄河文化旅游中廊道。以"九曲黄河、奇峡秀水"为主打形象品牌，以黄河之都、水韵古镇、壮美石林、草原湿地、回藏风情为核心内容，融黄河文化、都市风光、自然山水、民族风情于一体，深入挖掘甘肃段黄河文化旅游特色，通过黄河文化与都市文化旅游产品和品牌的整体打造和区域旅游协作的发展，将黄河文化旅游中廊道建设成为甘肃旅游产业发展的增长极地区。

（九）两州五县民族文化旅游西廊道建设工程

以甘南、临夏、兰州、张掖、敦煌等交通枢纽为进出口，以省道301、省道302、兰郎高速和兰新铁路、敦格铁路等串联沿线重点景区，形成祁连腹地民族文化旅游西廊道。充分认识到甘肃作为中华民族文化大观园和各民族文化交汇并存的鲜明特征，统一布局、统一规划，深度发掘开发和展示宝贵的民族文化遗产，形成以张掖为中心的河西蒙古族、裕固族民族文化圈，以临夏为中心的回族、东乡族、保安族等伊斯兰民族文化圈以甘南为中心的藏族民族文化圈，将祁连腹地民族文化旅游西廊道建设成为我国民族文化旅游的重要基地和示范地。

（十）陇东南祖脉寻根旅游东廊道建设工程

以陇东南五市交通枢纽为进出口，以青兰（庆定）高速、天定高速、天平高速、十天高速、兰渝铁路、宝成铁路、陇海铁路等串联沿线重点旅游景区，形成陇东南祖脉寻根旅游东廊道。以始祖文化、农耕文化、先秦文化、高原地貌、山水田园、天池溶洞等资源为特色，以"华夏祖脉、养生福地"为主打形象品牌，以羲皇故里、道源圣地、岐黄故里、中医养生、农耕体验、生态养生为系列产品，以全球华人祭祖圣地和中医药养生保健旅游为开发重点，构建中医药养生特色国际旅游目的地、国家级休闲度假旅游目的地和全球华人祭祖圣地。

（十一）平凉康养旅游目的地建设工程

深入挖掘平凉中医药、针灸、道教、武术、山水生态等优质养生旅游资源，大力发展医养、食养、文养、武养、山养、水养、道养等系列养生产品，打造并打响"神奇秀美崆峒山、天下养生第一地"养生旅游品牌。以崆峒山为龙头，以中华崆峒养生地和大景区建设为抓手，主动融入"一带一路"建设、提升开放开发水平，全域化推动文化旅游深度融合发展。着眼打造全国文化旅游养生第一地这一目标，进一步把平凉旅游品牌推向全国、推向世界，把平凉建成全国著名的中医药康养旅游目的地、国际中医药文化旅游交流示范区。

(十二) 庆阳黄土高原国家地质公园建设工程

依托庆阳黄土高原风貌雄浑独特，山、川、塬兼有，沟、峁、梁相间的地质特色，以及董志塬作为世界上面积最大、土层最厚、保存最完整的黄土原面，堪称"天下黄土第一原"，具备打造以黄土文化为特色的地质公园的最优基础。以黄土高原地质公园建设工程为引擎，以红色南梁大景区为支撑，以子午岭生态风光为基底，加强红色文化与岐黄中医药文化、周祖农耕文化、民俗文化融合，将庆阳建设成为陕甘宁毗邻区域旅游集散中心、全国红色文化旅游胜地、中国农耕及民俗文化体验基地、全国乃至世界知名的黄土高原地质公园。

(十三) 文化旅游龙头精品建设工程

实施文化旅游龙头精品建设工程，全力打造和实施一个在国内外有影响力和知名度的大型、龙头型和支柱型文化旅游精品，形成有竞争力和生命力的文化旅游产品。在区域经济社会尚欠发达、整体经济发展对旅游产业的支撑相对较弱且旅游产业生产要素的市场化注入尚且乏力的不利条件下，应先选择诸如河西走廊国际文化旅游廊道这样的全球性大体量旅游空间资源进行全力开发和打造，使之在"一带一路"的文化旅游产业中成为具有引领性、龙头性和标杆性的文化旅游空间，带动全省乃至整体丝绸之路旅游产业的发展。

(十四) 文化旅游节会品牌建设工程

持续办好丝绸之路（敦煌）国际文化博览会、敦煌行·丝绸之路国际旅游节、公祭伏羲大典、中医药产业博览会等全省重点节会，鼓励市州、社会团体及企业举办各类文化旅游节会活动，推介旅游项目和产品，放大节会品牌效应，以节促销，以节促游。以东亚、东南亚、中西亚、欧洲为重点，以建交纪念日、节庆日等为时间节点，充分运用传统媒体与新媒体、自媒体开展多层次、全方位营销推广，积极组团赴"一带一路"沿线国家和地区开展"甘肃文化周""交响丝路·如意甘肃"文化旅游推介会等活动，加快推动甘肃省文化旅游品牌"走出去"。

(十五) 文化旅游商品创意研发工程

充分挖掘甘肃省文化旅游资源的文化元素和价值内涵，开发地方特色鲜明的系列文创产品、数字旅游产品、民俗工艺品、生活化艺术品、旅游商品和纪念品，不断提升其艺术性、纪念性、实用性和便携性。引导农民和旅游合作社将自产农产品进行加工包装，转化为旅游纪念品、特色食品等乡村旅游商品。扶持培育一批文化旅游商品研发、生产、销售龙头企业，完善产业链条，扩大文化旅游消费。力争到2020年，评选命名"甘肃旅游推荐商品"100种以上，每个大景区至少开发两种标志性旅游商品，旅游购物收入达到旅游总收入的1/3。

二　十大支撑平台建设

（一）投资融资协作平台

建立囊括内部旅游开发项目的统筹管理和外部的全要素招商平台的旅游投融资协作平台。进一步增强甘肃省公路航空旅游投资集团有限公司实力，通过财政注资、资产整合等方式扩大集团资产规模，提高运营能力。根据甘肃的特点进行投融资顶层规划，制定旅游投融资白皮书和旅游投融资规划，以其为范本进行招商指导。对旅游招商项目进行特定的包装后，打造线上和线下双重渠道的招商平台。

（二）政府社会合作平台

打造链接财政资金和社会资本的政府和社会资本合作平台。推进旅游产业领域供给侧结构性改革，创新旅游产品供给机制，引导社会资本积极参与PPP项目。鼓励社会需求稳定、具有可经营性、能够实现按效付费、公共属性较强的旅游项目采用PPP模式。确定一批推广先行区，加强对旅游PPP项目的跟踪指导和经验总结，推动形成一批可复制、可推广的成功案例，发挥示范带动作用。

（三）人力资源培育平台

打造旅游人力资源培育平台，建设线上和线下人力资源服务产业园，形成完整的人力资源服务产业链，为企业和人才提供"一站式"服务。平台站位旅游人力资源服务和人才发展配置，重点围绕"引人、留人、育人"，创新"人力资源+创业孵化""人力资源+互联网""人力资源+资本"三大特色服务模式，制订发展目标和培养计划，专业人员率先成长，重点解决需求端的人力资源培育问题。

（四）品牌营销宣传平台

建设品牌营销宣传平台，依托大数据搭建旅游目的地营销系统，建立起立体化的旅游产品传播矩阵，形成分期营销、分型营销、分级营销新格局。根据目标市场的消费特点，选择不同的新媒体营销策略，把新媒体作为域外宣传的第一战场，将游击战转为阵地战，通过持续发声，创造出长期价值。将宣传的过程和结果留存下来，提供灵活的资源置换套餐，帮助旅游企业有效盘活资源，促进产业融合。

（五）数据采集分析平台

加快智慧旅游平台建设，实施"一部手机游甘肃"计划。打造集自助导游导览系统、移动支付应用系统、旅游团队管理与服务系统等于一体的甘肃旅游一站式信息资讯、营销推广、行业管理大数据平台。建立旅游大数据数学模型，对未来市场进行预测，精确市场定位。完善监测网络，加强监测数据台账管理，及时掌握 GDP 核算数据、旅游行业增加值等重点数据，客观评估发展现状，科学预测发展趋势。

（六）公共服务统筹平台

建立公共服务统筹平台，促进旅游基础设施、公共服务和智慧旅游全域化、全覆盖。加快推进城市及交通干道至 A 级景区连接道路建设，加快道路、景区和乡村旅游点停车位建设，实现主要景区公共交通和服务的无缝对接。依托综合客运枢纽和道路客运站点，建设布局合理、功能完善的游客集散中心。在3A级以上景区、重点乡村旅游区以及机场、车站等地建设旅游咨询中心，实现咨询服务全覆盖。

（七）营商环境建设平台

尽快出台《甘肃省优化旅游领域营商环境实施方案》，为重点和特色旅游项目企业搭建直接交流和沟通的平台。健全"一站式服务、一窗式受理"工作机制，简化审批程序、优化审批流程、依法限时办结。主动适应旅游产业发展新要求，简政放权，加强旅游系统从业人员培训，提升人才队伍综合素质。推进"1+3+N"综合体制改革，建立健全旅游市场综合监管机制，明确监管主体，落实监管责任。

（八）旅游资源交易平台

打造甘肃旅游资源交易与综合配套服务平台，由省委省政府统一部署，文化与旅游厅具体负责，甘肃省产权交易所运营服务。平台致力于为地方政府、旅游企业以及相关投融资机构提供旅游实物资产交易、旅游项目招商、旅游企业融资与股权交易、旅游产品发布、"互联网+旅游"等各类服务。平台立足甘肃、面向全国，与京浙等地共建，促进旅游资源和资本的结合，打造强竞争力的旅游项目。

（九）文旅企业整合平台

建立文旅企业整合平台，鼓励优势旅游企业采取兼并重组、品牌连锁、特许经营等新形式，扩大企业规模，拓展经营网络。组建甘肃旅游投资集团，培育打造两到三家文化旅游上市公司。采取有偿委托经营等方式，引进一批辐射带动力强的国内外知名旅游集团和管理服务品牌企业，参与大景区开发经营。鼓励中小微旅游企业之间加强合作，建立与大型旅游集团的网络服务协作，构建旅游企业战略联盟。

（十）精品演艺展示平台

建立中国西部文化精品演艺剧目展示平台，以《丝路花雨》和《大梦敦煌》等精品为龙头，以丝绸之路及甘肃丰富的民间演艺文化和民族演艺文化等为资源基础，以丝路文化旅游发展为产业载体，大力培育、扶持和发展国家级精品剧演艺项目、民间民族艺术类演艺项目以及和文化旅游性质相吻合的晚间文化小品式三大层次演艺项目，将甘肃建设成为我国西部最负盛名的丝绸之路文化精品剧目演艺中心。

第五节　国内其他省份案例研究

案例一　贵州省旅游产业的发展模式与经验借鉴

在文化旅游产业发展方兴未艾且发展趋势强劲的背景下，借助于国家将贵州建设成为"文化旅游发展创新区"的战略定位，近年来贵州省积极探索特色民族文化与旅游融合发展新路子，加快推进"文化旅游强省"建设，确立了将"贵州省建设成为国内一流、世界知名的旅游目的地、休闲度假胜地"和民族文化交流重要平台的发展目标，成绩斐然。

贵州作为西部文化旅游资源大省，丰富的原生态文化和多民族文化，厚重的红色文化及文化活动成果，为发展文化旅游提供了坚实基础。基于比较优势理论，贵州省较全国其他省份而言具有发展文化旅游产业的独特优势。贵州自然旅游资源丰富，被称为迷人的"天然公园"，境内自然风光神奇秀美，山水景色千姿百态，溶洞景观绚丽多彩。闻名世界的黄果树瀑布、赤水、织金洞、马岭河峡谷、江界河等国家级风景名胜区令人流连忘返，冬无严寒、夏无酷暑的宜人气候，使贵州省成为理想的旅游观光和避暑胜地。同时，贵州省历史悠久、民族多样，除了汉族之外，还广泛居住着苗族、布依族、侗族、水族、仡佬族、彝族等十余个少数民族，少数民族占全省总人口的38%。各族人民凭借聪明才智和勤劳勇敢创造出了各自的灿烂文化，如形式丰富的谚语诗歌、神话史诗和各种民歌与舞蹈等众多艺术形式，流传下了各种颇具特色的民风民俗、村落村寨。这一切构成了贵州省无与伦比的旅游资源，也是文化产业的内容支撑。

值得注意的是贵州省作为中国开展乡村旅游最早的省份之一，借助于20世纪80年代安顺布依石头寨、黔东南上郎德寨、西江寨苗寨以及凯里南花苗寨、青曼苗寨等民族村寨被开辟为贵州省最早的乡村旅游地的坚实基础，近年来贵州省又打造了一批以民族团结、多民族共同发展、展现少数民族风采的旅游项目，创新性地将民族节日与传统乡村旅游业相结合，让人耳目一新。得益于这一创新，贵州省乡村旅游业得到了迅猛的发展。近年来，贵州把乡村旅游作为精准扶贫的重要途径，以大力发展全域旅游为重要契机，深入实施旅游扶贫九项工程和"百区千村万户"乡村旅游扶贫工程，探索推行"资源变资产、资金变股金、农民变股东"新模式，大力推广景区带村、能人带户、合作社＋农户、公司＋农户等"两加两带"旅游扶贫样本旅游助力脱贫攻坚成效明显，乡村旅游迅猛发展，实现"井喷式"增长。2016年，贵州省乡村旅游接待游客2.42亿人次，实现总收入1070.87亿元，同比分别增长52.2%、51.7%，通过100个旅游景区建设和乡村旅游发展，带动全省29.4万建档立卡贫困人口就业增收脱贫。2017年，贵州省已建成全国休闲农业与乡村旅游示范县（点）27个，乡村旅游接待游客3亿人次，实现总收入1500亿元，占全省旅游收入的24.25%，旅游发展带动了29.9万贫困人口受益脱贫。2018年，贵州又提升和新推出1710个乡村旅游村，其中提升292个乡村旅游村，新推出1418个乡村旅游村，截至2018年8月贵州省开展乡村旅游的自然村寨已突破3000个，覆盖贫困人口107万人。

贵州省利用文化创意行业关联性强的特性，以丰富的文化资源为基础来推动文化产业和旅游产业的融合发展，自2009年提出大力发展"多彩贵州"的思路之后，贵州省不断推进旅游业供给侧结构性改革，在

"旅游+多产业融合发展"的新概念下，旅游业和农业、文化产业、手工制造业等呈现融合发展态势，旅游综合功能进一步凸显，发展效益显著提升，发展成绩令人瞩目。走出了一条"保护一方山水，传承一方文化，促进一方经济，造富一方百姓，推动一方发展"的文化旅游产业发展新路子，形成了具有全国影响力的山地旅游、民族文化旅游发展的"贵州经验"。

1. 贵州省旅游产业发展现状

伴随着全国旅游产业快速增长与文化产业快速发展，在贵州省以文化旅游集聚区为载体、以特色文化旅游资源融合为主要路径、以延伸型为主要模式，两大产业融合发展呈现出良好态势。但总体上看，贵州省旅游产业与文化产业的融合仍处于主要依赖资源融合为路径的延伸型模式发展阶段，因技术融合而发展的创意设计、动漫、网络、影视等高端业态尚处于起步探索阶段。

以文化旅游集聚区为重点，文化和旅游业融合发展取得重要进展。由于贵州省实施旅游强省战略和旅游业快速成长带来的多元需求，在游客量大的知名景区及休闲养生地出现了融合发展的势头。2014年实施的《贵州省现代服务业集聚区发展规划（2014—2020）》中提出的18个重点推进类文化旅游集聚区建设，大部分初步具备了文化展示、住宿接待、旅游商品展示和销售等功能集聚形态，出现了文化和旅游业融合发展的雏形。随着近年来旅游消费理念的升级，旅游消费者已不再满足于浅层次的观光游览型旅游产品，更多地青睐于具有丰富文化内涵和体验的文化旅游产品。针对旅游市场的变化，贵州发挥自身文化资源优势禀赋，深入挖掘旅游文化内涵，打造特色文化旅游产品，积极推动旅游产业与文化产业深度融合。主要表现在以下几个方面。

一是打造各类文化产业园区（基地），搭建文旅融合的平台载体。贵州以"十大文化产业园""十大文化产业基地"项目建设为载体，积极推动文化与旅游产业融合发展。目前，已有多家产业园（基地）已建成并投入运营，例如贵阳数字内容产业园、黔西南民族文化产业园、贵阳会展基地、贵州（凯里）民族民间工艺品交易基地、贵州日报报业集团印务传媒研发基地、多彩贵州城、黔中国际屯堡文化生态园等。

二是打造精品文化旅游线路和多种文化旅游产品，丰富旅游产品的文化内涵。目前贵州已形成了以观赏喀斯特自然风光和多民族文化为主题的多条精品文化旅游线路和文化旅游产品，此外还先后举办了各类文化旅游节庆活动，例如中国原生态民族文化旅游节、中国贵州乡村旅游节等。

三是打造民族文化演艺项目，培育文化旅游品牌。目前贵州已形成了以《多彩贵州风》《依依山水情》《八音坐唱》《神秘夜郎》《古韵镇远》等为代表的文化演艺品牌，其中民族歌舞诗《多彩贵州风》自2005年在贵阳首场演出以来，已演出了近1800场，已经成为贵州对外宣传的文化旅游名片。

四是创建文化产业示范基地，培育文化产业市场主体。截至目前，贵州先后授予贵州多彩民族民间文化艺术发展有限公司、松桃梵净山苗族文化旅游产品开发有限公司、正安国际吉他文化产业园、中国文化（出版广电）大数据产业园（CCDI产业园）、贵阳孔学堂文化传播中心、遵义1964文化创意园、贵州省土城红色文化旅游开发有限公司、黔南东升发展有限公司（中国茶文化博览园、都匀毛尖小镇）等五批省级文化产业示范基地，通过有重点地培育省文化产业园区（基地）引领并推动贵州文化旅游产业的快速发展。

贵州文化产业与旅游产业融合发展的战略方向是，坚持文化创意与科技创新两轮驱动；用高新技术与文化创意，创新文化旅游产业生产、传播、流通、消费方式；创造新型文化旅游产品；创新文化旅游产业业态，实现大文化与大旅游的融合协调发展。目前贵州在"一体两翼"打造龙头、"三元联动"全面覆盖的产业融合发展理念下，已形成了"一个中心、三个支点、六条辐射带"的文化旅游产业发展空间格局以及三种典型的文化旅游业态。

（1）"一体两翼"打造龙头、"三元联动"全面覆盖的产业融合发展理念。首先，"一体两翼"的龙头打造。"探索特色民族文化与旅游融合发展新路子"，贵阳作为空间布局的战略中心，通过挖掘民族特色文化，激活贵州比较优势，已由中心变为龙头。其中"一体"是指以民族特色文化为核心。"两翼"：一是指传统优秀文化，它主要体现在主体文化中，如广播电影电视、新闻出版和文化娱乐等；二是指先进的新型文化，主要是指网络媒体与动漫网游以及创意设计等。其次，"三元联动"的全面覆盖。打造创新区，特色文化产业与旅游产业融合发展，以民族特色文化为招牌，推动传统优秀文化、现代先进文化三元文化联动发展，通过旅游业的产业链延伸，实现全省范围的文化旅游资源的全面覆盖，以新的产业架构，拉动第三产业，带动整个国民经济的发展。

（2）建立"一个中心、三个支点、六条辐射带"的产业融合空间格局。首先，一个中心——贵阳文化旅游产业中心。以贵阳市为极核，以贵安新区为新增长点，涵盖黔中经济区范围，着力打造休闲、度假、文化、避暑养生和商务会展等文化旅游产业群，形成全省文化旅游服务中心枢纽，建成国际化旅游目的地。其次，三个支点——将贵州文化分为传统优秀文化、先进新兴文化和民族特色文化三大类，其中民族特色文化是贵州最具优势的文化，包括黔东南苗侗文化、遵义红色文化和黄果树历史文化三大板块，这三大板块都是以区域城市为依托，特色文化鲜明。最后，六条辐射带——一是黔东南文化区域内的西线喀斯特文化旅游产业带、黔南世界遗产和地质科技文化旅游产业带；二是遵义红色文化区域内的梵净山佛教文化产业带、奢香古驿文化产业带；三是黄果树历史文化区域的乌蒙夜郎文化旅游产业带、乌江文化旅游产业带。这六条辐射带构成了特色文化产业主体元素。

（3）贵州文化旅游发展的典型形态主要有三种。一是演艺产品与旅游的融合，以《多彩贵州风》为代表。二是特色文化与旅游的融合。2010年6月，黄果树景区颇具文化气息的黄果树奇石馆投入运营，成为宣传和展示贵州石文化的阵地，打破景区旅游收入单一的格局，为景区二三日旅游线路的打造增加了含金量，依托黄果树景区的市场吸引力，2013年黄果树文化旅游集聚区成为贵州省首批省级试点之一。三是民族文化与旅游的融合。贵州省独特的少数民族文化同样与旅游很好地融合，凯里西江千户苗寨就是个中翘楚，它是以原生态民族文化资源为路径的典型延伸型融合模式。

2. 贵州省旅游产业的发展模式

旅游"贵州模式"得到世界旅游组织的高度认可。贵州模式以发展乡村旅游和民族旅游为动力，重点在于推动少数民族贫困地区的扶贫攻坚、农村就业和生态保护三个方面的有效结合，并结合区域文化特色和民族特色，促进广大农村地区、贫困山区、民族地区脱贫致富。

（1）全区域统筹发展模式。通过上下联动、条块联动、内外联动全域化、全方位、多部门统筹和全民参与、统筹布局，落实涵盖九市州的旅游精品、交通和基础设施项目，形成全域统筹、梯度推进、加强生态保育与文化事业建设重点突出的全省旅游产业生产力布局，构建全域覆盖的生态景观格局。

（2）四化融合发展模式。推动旅游产业化与工业化、城镇化、农业现代化融合发展，强化旅游的先导、关联、带动作用，推动农业围绕旅游提升、工业支撑旅游做强、三产依托旅游延展、文化联姻旅游做大、城镇结合旅游做靓、百姓参与旅游受益，形成三化同步、四化融合的发展模式。

（3）快进慢游模式。加快航空、高速公路、高铁和城际轨道等"快速交通"建设，提升贵州交通的快捷畅通，保障旅游的可进入性。同时，通过系列风景道、绿道和旅游廊道等建设，以及立体化、多样化的旅游交通方式设计，打造"慢游贵州"的深度体验旅游。

3. 贵州省旅游产业发展的经验借鉴

（1）大力发展乡村旅游助推脱贫攻坚。2017年10月19日，习近平总书记参加十九大贵州省代表团欣赏了花茂村的新貌后强调："脱贫攻坚，发展乡村旅游是一个重要渠道。"要抓住乡村旅游兴起的时机，把资源变资产，实践好"绿水青山就是金山银山"的理念。贵州乡村旅游再一次从国家层面得到了鼓励与肯定。乡村旅游的蓬勃发展，极大地促进了农业增效、农民增收、农村繁荣。如今，乡村旅游已经成为贵州旅游发展的新引擎，是贵州扶贫攻坚的崭新生力军。近年来，贵州把乡村旅游作为精准扶贫的重要途径，强化旅游扶贫政策、项目、资金支持，因地制宜选好景区建设+乡村旅游扶贫、民族文化+乡村旅游扶贫、美丽乡村+乡村旅游扶贫、山地农业+乡村旅游扶贫、"三变改革"+乡村旅游扶贫、互联网+乡村旅游扶贫等路径，不断提升"山地公园省·多彩贵州风"的品牌影响力，以建设美丽乡村而整村脱贫的"华茂路径"、互联网+旅游扶贫的"好花红模式"、民族文化+旅游扶贫的"西江样本"、"三变"改革+旅游扶贫的"娘娘山思维"、产业融合的"云谷田园"路径、特色产业发展的"杉坪路径"……贵州已积累了发展乡村旅游助推脱贫攻坚的系列经验，找到各种以"乡村旅游"为核心的旅游融合脱贫致富新路径，以旅游业供给侧结构性改革为主线，促进"旅游+"多产业融合发展，助推决胜脱贫攻坚、同步全面小康。

（2）制定科学合理的文化旅游产业融合规划。资源融合是产业融合的前提，贵州文化底蕴深厚，这为贵州发展文化旅游提供了天然的资源基础，丰富的资源只是产业融合的前提，科学合理的规划则是融合的关键。因此，要对文化资源进行科学合理的规划，使文旅融合始终在正确的方向上进行。一是制定文化旅游产业发展规划，发挥规划引领作用。通过对贵州历史遗迹、民俗文化、人文景观、非物质文化遗产等各类文化资源进行全面调查整理，建立旅游文化资源数据库，科学合理制定文化旅游产业发展规划。二是挖掘文化资源的旅游功能与价值，实施文化旅游创新发展战略。以市场需求为指引，以满足旅游消费者多样化的旅游需求为目标，利用创意对文化资源进行包装和再造，积极打造具有本土特色的文化旅游产品，不断提升旅游产品的文化内涵。三是要强化对文化资源的保护，以文化旅游名镇（街区）的建设为重点，加强对文物古迹、历史建筑和传统民居的修缮与保护，传承展示名镇古色古香风貌，同时强化对于各种非遗技艺的传承，建立完善的文化资源保护体制。

（3）打造特色精品文化旅游品牌。品牌是文化旅游业的名片，贵州以打造"山地公园省·多彩贵州风"文化旅游品牌为核心，积极打造了一批极具吸引力、影响力、竞争力的文化旅游品牌，构建和完善贵州文化旅游品牌体系，使贵州文化旅游品牌整体形象更加突出。构建和完善文化旅游品牌体系，一是打造精品景区景点品牌；二是打造高品质旅游演艺产品品牌；三是打造文化旅游工艺品（纪念品）品牌。应从对旅游文化产品的研究和开发入手，以全新的理念和创意对具有文化特色的工艺制作进行创新，赋予旅游工艺品以文化内涵，打造具有文化特色的旅游工艺品（纪念品）品牌，完善旅游工艺品（纪念品）体系。

（4）积极培育壮大文化创意产业。贵州依托现有的旅游和文化消费市场，充分发挥自身独特的民族文化、红色文化、国酒文化等资源禀赋，文化联姻旅游做大做强，推动全省文化产业与旅游产业的融合协调发展。同时，出台相关政策鼓励扶持以文化旅游演艺、影视拍摄制作、动漫动画设计、游戏游艺、现代传媒、工艺美术、广告和景观设计、策划规划、科技创意、雕塑创意为主导的各类文化创意产业园和创意产业基地集聚发展，并积极举办各种动漫展、影视展、演艺展、服装展、博览会和艺术节，集聚人流、物流和信息流。

(5) 强化文化旅游品牌的营销推介。营销推介是提高贵州文化旅游品牌知名度、美誉度的重要途径。过去贵州的文化旅游资源是"养在深闺人未识"，现在随着贵州交通等基础设施的逐步完善，贵州的文化旅游产品开始为外人所知晓。当前贵州紧紧围绕"多彩贵州"文化旅游的品牌形象，开展全方位、多领域的宣传推介营销活动。一是创新宣传推广方式，构建立体的宣传体系。在积极运用报刊、广播、影视、演艺等传媒手段之外，还应利用网络、微博、微信、App、动漫等现代媒介，通过组织开展形式多样的文化旅游品牌推介和展示活动，向外界展示贵州多彩的文化，推广文化旅游产品。二是精准细分旅游市场，做到精准营销。通过对贵州旅游市场的细分，发挥市场推广优势，做到精准营销。在向外推广贵州的旅游项目时，充分展示贵州文化旅游品牌形象，使贵州文化旅游品牌的覆盖面和影响力得以不断扩大和提升。三是统筹开展文化旅游品牌的对外宣传工作，开展形式多样的节庆会展活动以及各类影视创作，使贵州文化与旅游融为一体，共同发展。

案例二 陕西省旅游产业的发展模式与经验借鉴

文化旅游产业一直是陕西省的优势产业，陕西省独有的历史文化和自然风光，为其文化旅游产业的发展奠定了良好的基础。近年来，陕西省紧抓"一带一路"机遇，以促进资源整合、产业融合，以实现共建共享为目标，形成"旅游+12个产业"的融合发展趋势。以建设丝绸之路旅游走廊、秦岭人文生态旅游度假圈、黄河旅游带、红色旅游系列景区"四大旅游高地"，充分彰显陕西国际一流文化中心的魅力。

1. 陕西省旅游产业发展现状

陕西拥有厚重的文化底蕴，缔造了以周、秦、汉、唐为代表的灿烂古代文化，集聚了极具革命性和先进性的丰富红色文化，拥有关中、陕北、陕南三大区域特色鲜明的民俗文化。此外，陕西现代文化实力雄厚，培育了"长安画派""文艺陕军"等一批具有较强影响力的优秀艺术家群体和优秀作品。陕西省现有世界文化遗产36处、全国重点文物保护单位235处、国家级非物质文化遗产名录项目74项、省级非物质文化遗产名录项目600项。西安鼓乐、中国剪纸（安塞剪纸、延川剪纸）、中国皮影戏（华州区皮影戏）成功入选联合国人类非物质文化遗产名录。全省国家级、省级非物质文化遗产项目代表性传承人分别有63名、398名。国家级陕北文化生态保护实验区和国家级羌文化生态保护实验区建设有重大进展。省、市、县、镇、村5级文化基础设施网络基本形成，建成了一个国家级文化产业示范园区、11家国家级文化产业示范基地、8家国家动漫认定企业、41家省级文化产业示范基地、101家省级文化产业示范单位，基本形成了门类比较齐全、产业链比较完整的文化产业体系。

陕西省是旅游资源大省，在全国旅游格局中具有重要地位。近年来旅游产业规模不断扩大，"十二五"时期全省接待境内外游客14.04亿人次，旅游业总收入1.06万亿元，旅游人数年均增长21%，旅游收入年均增长25%。旅游经济的拉动力不断增强，带动工业、农业、林业、水利、文化、文物等资源转化成旅游产品，旅游业对住宿业、民航与铁路客运业、文化娱乐业、餐饮与商业的贡献突出。一批集景区建设、文化演艺、旅游服务为一体的国内知名旅游产业开发集团逐步形成，以黄陵、韩城、文安驿、照金、漫川关、棣花等为代表的一批县域旅游目的地及文化旅游名镇发展势头强劲，袁家村、曲江新区等模式成为行业典型。国际国内旅游市场进一步拓展，旅游基础设施与服务设施不断完善，全省新建和改造景区旅游道路2000千米、旅游厕所5000座、停车场320个。在此基础上，不断提高旅游资源利用效能，深入挖掘文化内涵，打造国际水平的旅游产品，加快推进旅游产业从量变到质变、从粗放经营到质效提升。

近年来，陕西省不断深入挖掘景区的文化内涵，以文化旅游跨界融合的方式，推出了一批特色鲜明的产品，形成以枣园文化广场、《延安保卫战》等为代表的红色文化与旅游融合项目，以《长恨歌》为代表的历史文化与旅游融合项目，以礼泉县袁家村为代表的民俗文化与旅游融合项目，以《道·梦空间》为代表的宗教文化与旅游融合项目，以青木川古镇为代表的文化艺术作品与旅游融合项目，以"大华1935"为代表的工业文化与旅游融合项目。同时，着力加强以文化为主题打造旅游景区，策划包装了两汉三国文化景区、白鹿原影视基地等一批优秀文化旅游项目。

陕西省坚持"以文强旅、以旅兴文",结合文化特色和旅游资源分布,形成了以"两核十区"为主骨架的文化旅游融合发展格局。

"两核":以西安、延安为两大中心的融合发展核心区。首先,以西安为中心的文化旅游融合发展核心区。依托西安国际文化的影响力,丰富的旅游和文化资源,充分发挥各类文化要素和生产要素集聚优势,围绕历史文化、红色文化、民俗文化、现代文化、秦岭文化等五大领域与旅游深度融合,以体制机制建设、发展模式创新、产业集群培育、创意设计研发、金融信息服务、人才技术支撑等为重点,全方位、深层次推动融合发展,发挥对全省的综合示范和引领支撑作用。其次,以延安为中心的文化旅游融合发展核心区。依托延安革命圣地形象,以延安市域内红色旅游资源为核心,整合红色旅游资源与黄土风情资源,凸显革命传统教育与文化感悟的红色旅游特质,打造革命圣地延安旅游品牌,把延安建成"国际红都"和中国革命博物馆城。

"十区":宝鸡、咸阳、铜川、渭南、榆林、汉中、安康、商洛、韩城、杨凌十个特色文化旅游融合展示区。宝鸡重点围绕"周礼文化"与旅游融合发展。咸阳重点围绕"大秦文化"与旅游融合发展。铜川重点围绕"药王文化"与旅游融合发展。渭南重点围绕"民俗文化"与旅游融合发展。榆林重点围绕"大漠风情文化"与旅游融合发展。汉中重点围绕"两汉三国文化"与旅游融合发展。安康重点围绕"秦巴汉水文化"与旅游融合发展。商洛重点围绕"商鞅文化"与旅游融合发展。韩城重点围绕"史记文化"与旅游融合发展。杨凌重点围绕"农耕文化"与旅游融合发展。

2. 陕西省旅游产业的发展模式

"丝绸之路经济带"倡议的实施,使得陕西作为我国内陆地区与中亚、南亚乃至欧洲国家的联系日益密切,陕西省发挥古丝绸之路的起点和人文生态优势,以重大项目为支撑、核心景区为龙头、精品线路为纽带,深化文化、旅游等合作,着力构筑文化旅游新高地,其文化旅游产业国际竞争力得以进一步提升。2017年陕西《政府工作报告》中提出"坚持以文化带动旅游发展,以旅游促进文化繁荣,推进资源整合、项目结合与产业融合,着力构建文化旅游融合发展新格局"的工作要求,力图将陕西打造成"丝绸之路经济带"科技教育和文化旅游交流的中心。

2017年7月的陕西省全省旅游业追赶超越重点工作推进会中，陕西省也提出要统筹抓好国际一流文化旅游中心建设的战略部署。2018年5月，涵盖12大项109个公项的《陕西省全域旅游示范省创建工作指标体系和工作要求》正式发布，在全国叫响了顶层设计、高端发力、全域推进的全域旅游发展陕西实践模式。

（1）政策规划顶层设计。为保证全域旅游发展的可行性和科学性，陕西各地创新性出台了一系列政策、法规、规划和工作方案，省上先后印发了《陕西省全域旅游示范省创建实施方案》、《陕西省旅游业"十三五"发展规划》、《陕西省沿黄旅游带建设工作方案》以及《"旅游+"12个部门融合发展实施意见》等，使全域旅游的政策、规划和制度体系进一步完善。汉中、宝鸡、商洛、韩城、咸阳及华阴、大荔、佛坪、宁陕、礼泉、延川、宜川等县区先后编制了全域旅游规划，且多地全域旅游规划已经进入评审阶段，各市在编制全域旅游规划的过程中，也更加注重与国民经济发展规划、土地利用规划、城乡规划、环境保护规划以及其他自然资源和文物等人文资源的保护和利用规划相衔接。

（2）整合资源产业升级。2017年8月28日，北起榆林府谷，南至华山脚下，长达828.5千米，贯通榆林、延安、韩城、渭南4市12县50多个景点景区的沿黄观光路正式开通，让新时期陕西大力推进的"四大旅游高地"建设全面走进公众视野——丝绸之路起点旅游走廊、秦岭人文生态旅游度假圈、红色旅游系列景区、黄河旅游带，分别突出了以西安为中心辐射关中的丝绸之路关联文化；以秦岭自然生态资源为依托，联动陕南三市和秦岭南北的综合性休闲度假旅游业态；以革命圣地延安为中心，串起铜川、咸阳、渭南等地红色景区和线路的革命旧址、遗迹体验游、传统教育游；以黄河沿岸、民俗文化、风景廊道为线路，贯通陕西东北部城乡的多元化产业融合特色。"四大旅游高地"将构成陕西旅游新时期全业态优质发展的竞争力支撑。

（3）文旅融合彰显魅力。陕西省致力打造国际一流文化旅游中心，结合丝绸之路元素，抓好整体旅游形象设计、文化包装，综合培育涵盖产品、服务、营销活动中独具陕西地域特点的文化元素。2017年，全省182个重大活动集中展示了陕西旅游目的地新形象；2018年春节推出的"西安年·最中国"、春季推出的"春满中国·醉西安"系列文化旅游活动火遍大江南北;"5·19"中国旅游日启动的"夏满中国·嗨西安"系列活动,联动全省,辐射周边,让西安古都文化元素大放异彩。数据显示,仅"西安年·最中国"第一季活动,就让西安春节期间接待游客、旅游收入分别同比增长66.56%和137.08%。宝鸡、咸阳、渭南、铜川、延安、榆林、汉中、安康、商洛、杨凌和韩城等市(区)的旅游营销也进行了调整,文化元素和地域特色成了最接地气的撒手铜。陕西省旅发委下一步将深度策划包装古镇文化、乡村文化、研学旅游等产品和线路,大力开发旅游商品和文创产品,加速实现"一网知陕西、一机游陕西",让"文化陕西"的旅游魅力全面释放。

(4)"旅游+"新格局正在形成。陕西积极推进"旅游+"和"+旅游",拓展发展空间,促进共建共赢。2017年8月,陕西省出台了旅游业与文化、建设、交通、农业、林业、国土等12个部门融合发展意见;九个运动休闲小镇建设全面启动,休闲农业及乡村旅游示范县、休闲农业庄园创建持续深入;国家级森林公园改造计划,"十线百站"林业风情驿站建设进展顺利;31个文化旅游名镇建设"形态、文态、业态、生态"同步推进,4A级景区突破13个;沿黄观光路、渭河百里画廊照金—旬邑旅游专项等风景道建设成效初显;韩城文史公园、岐山西周文化景区等文化旅游项目建设深入推进,西安事变《12·12》、《红色延安》等一批文化旅游演艺新品纷纷呈现;宝鸡凤翔西凤酒厂、渭南航天博物馆等工业旅游成效显现。各市也结合本地产业结构调整,加强旅游与优势产业的融合发展,"旅游+"已经成为旅游业作为综合性产业的显著标志。

(5)"品质立游强旅"成工作导向。陕西以大众旅游时代不断升级的多元化和品质化旅游需求为导向,围绕"品质立游强旅"工程,着力提升产品品质和服务质量。一方面,用标准化提升旅游产品和要素体系的品质,在旅游景区、星级饭店和乡村旅游点全面贯彻旅游行业标准和地方标准,着力提升旅游要素的品质。另一方面,通过依法治旅提升服务质量,规范市场秩序。利用省整顿旅游市场联席会议制度,连续开展了"春季行动""暑期整顿""秋冬会战"专项整治行动,2017年共联合执法检查868次,出动检查人员2156人次,检查导游人员380人次、检查旅游景区(点)357次、旅游购物点157次、旅游星级饭店266次、旅行社及门市部978次,行政处罚违规旅行社38家,罚款97.75万元。同时,各市县按照现代旅游治理体系的要求，加快设立旅游警察、旅游工商分局、旅游巡回法庭等，着力推进依法综合监管。

3. 陕西省旅游产业发展的经验借鉴

（1）打造"文化陕西"品牌。陕西省主动担当文化使命，以"文化陕西"和"了解中国从陕西开始"整体形象为统领，深耕国际旅游市场，不断扩大"丝绸之路起点、兵马俑的故乡"等标志性品牌的影响力。2013年9月，习近平总书记在出访中亚时提出共建"丝绸之路经济带"的伟大倡议。陕西省文化厅第一时间提出"建立'丝绸之路经济带'新起点文化先行"的工作思路，积极策划，推动了以"丝路文化"为主题的系列工作，同时申办丝绸之路国际艺术节。2014年9月，经党中央、国务院批准，同意设立丝绸之路国际艺术节。艺术节由文化部、陕西省政府共同主办，陕西省文化厅牵头承办。这是全国首个有关丝路文化的国家级综合性艺术盛会，也是全国唯一有关丝路文化可以设奖评奖的国家级综合性国际艺术节，每年举办一届，永久落户陕西。

（2）积极营销推介。陕西省密切关注营销环境，实行文化旅游与商务、外宣、体育、影视、航空、重点活动等结合的推广方式，在依托广播电视、报纸杂志、广告标牌等传统媒体宣传的同时，充分利用各类门户网站、电子地图、微博、微信等新兴媒体，构建全域化、全方位、全智能宣传营销体系。陕西省不断借助"中美旅游年""中澳旅游年"、"中加旅游年""中欧旅游年"等旅游外交、国际展会和省上对外经贸活动，开展旅游宣传营销，五年来累计在29个丝路沿线国家和地区举办陕西旅游重大推介活动80余次，每年邀请和接待境外旅行商和媒体十多批次，深度体验陕西旅游产品和服务。同时，采取了丰富多彩的旅游推介形式，利用推介会平台发放资料、纪念品；协调旅游企业和航空部门，举办抽奖赠票活动；组织相关人员，举办文艺演出、图画展览、民俗现场展演，宴请招待、特色美食等体验性活动；组织旅游企业进行贸易洽谈、协议签订；邀请新闻媒体、旅行商来华考察；在客源国推出展示户外静态、动态广告等举措，不断拓宽旅游营销宣传渠道，让陕西优质旅游产品和服务走出去，形象树起来。

（3）增加文化旅游产品的创新与供给。陕西省依托精品文化旅游资源，不断进行资源整合，促进产业转型升级，深度挖掘旅游景区与地域文化，开发、打造出一批新的文化旅游精品，增强文化旅游景区的高端特色和旅游基础设施的供给水平，旅游产品结构越来越合理、旅游产品内涵越来越丰富，构建陕西国际文化旅游目的地系列品牌。结合民俗文化、民间工艺体验旅游等项目的开发，保护和发展传统民间艺术，促进传统工艺提高品质、形成品牌，走上产业化发展之路，构筑多元立体的文化旅游融合发展新形式。

(4) 鼓励投融资，强化金融服务。陕西省积极拓宽文化旅游产业融资渠道，鼓励建立"全产业链"的金融服务体系。重点加大对文化旅游融合发展示范项目、重点旅游项目、小微文化旅游企业的信贷投放。对信用状况良好的文化旅游企业，鼓励银行业金融机构加大信贷资金支持。推动金融机构设立文化产业服务部门，针对文化旅游业特点创新信贷产品，运用知识产权质押贷款等多种方式，支持文化旅游企业创新发展，积极拓宽文化旅游企业的直接融资渠道。发挥陕西文化产业投资基金和陕西旅游产业基金的撬动和带动作用，引导担保公司为文化旅游业提供融资担保。

(5) 增强人才供给。陕西省各地文化、旅游部门联合编制本地区的文化旅游人才培训规划，根据市场需求和文化旅游产业发展实际，定期组织文化旅游从业人员开展业务培训，建立了一批文化旅游实践基地。完善现有资格考试与岗位认证制度，推行旅游管理人员与从业人员职业技术等级评定与考核制度，进一步规范旅游人力资源的评估工作。优化人才发展环境，建立吸引人才的长效机制，重点加强紧缺型、高端型、复合型人才的培养引进，特别是在创意设计、技术研发、经营管理、营销策划等领域，加快培养了高素质、专业化的人才队伍。

(6) 加强区域合作，实施部门联动机制。陕西省高度重视文化旅游的跨区域合作，积极参加每年一届的西北旅游协作区会议，与甘肃、宁夏、青海、新疆等省份携手，实施区域资源整合，联手开发优势旅游产品，共同制订市场拓展计划，推进区域一体化。同时，发挥西北旅游协作区、沿黄旅游协作区、陕甘川旅游协作区年会等的平台作用，实施了横向协作联动旅游宣传促销项目。陕西省还分别与30个省份（包括香港、澳门、台湾）签订了一系列战略合作协议，开展旅游合作，联合进行市场营销。

（7）乡村振兴和扶贫旅游。近年来，陕西将乡村振兴与文化产业发展相融合，使大型文旅企业与当地资源禀赋优势互补，实现了乡村旅游快速发展，呈现出亮点不断、旅游扶贫效果显著的态势，突破了"千村一面、千镇一面"的同质化发展瓶颈。2018年陕西以"五变战略"为指导，即景区变扶贫基地、旅游项目变扶贫开发区、乡村旅游点变精准扶贫点、农产品变旅游商品、贫困人口变经营老板，持续推动"六个一批"工程——旅游示范县建设带动脱贫一批、旅游景区建设带动脱贫一批、文化旅游名镇建设带动脱贫一批、旅游扶贫试点村建设带动脱贫一批、汉唐帝陵旅游带发展带动脱贫一批、旅游土特产生产销售带动脱贫一批，力争168个扶贫重点村、9万贫困人口从中直接受益。

案例三　浙江省旅游产业的发展模式与经验借鉴

浙江地处中国东南沿海长江三角洲南翼，旅游资源非常丰富，历史悠久，文化灿烂，是吴越文化、江南文化的发源地，是中国古代文明的发祥地之一，境内有著名的河姆渡文化、马家浜文化和良渚文化等。传统民居等文化底蕴深厚：西塘、乌镇、南浔为江南六大古镇之三。素有"鱼米之乡、丝茶之府、文物之邦、旅游胜地"之称。得天独厚的自然风光和积淀深厚的人文景观交相辉映，使浙江成为名副其实的旅游胜地。以"诗画江南·山水浙江"为主题，"文化浙江""休闲浙江""生态浙江""海洋浙江""商贸浙江""红色旅游"是浙江精心打造的六大旅游品牌。近年来，浙江省通过"旅游+行行"的产业融合道路，让旅游成为联动一、二、三产业的纽带。积极引导旅游投资、创业，使水乡古镇、文化创意、乡村旅游等产品呈现喷薄之势。同时，不断加强海陆空立体多元的大交通建设，为游客带来更多满足感、幸福感，并为浙江省文化旅游在新一轮发展中转型升级奠定了坚实的基础，为助推"两美浙江"建设发挥了重要作用。

1. 浙江省旅游产业发展现状

"东南形胜，三吴都会，钱塘自古繁华。"赵宋以来，两浙素以人杰地灵、文化渊薮著称海内。浙江传统文化积淀深厚，漫长的历史长河和自然特色，为浙江省创造了极其丰富且分布广泛的文化旅游资源。目前，浙江在丰富的文化旅游资源的支撑下，文化旅游产业发展增速迅猛。

第一，资源开发利用优势继续保持，并在一定程度上得到新的发展。浙江省文化旅游资源单体数量多、储量大、丰度高。省内既有独特的山水文化景观，又有悠久的人文景观，特别是遗址遗迹资源丰富，民俗、文学艺术、节庆等文化资源独具特色。以绍兴市为例，绍兴提出"江南古城看绍兴、江南风情看绍兴、江南文化看绍兴"等理念，作为文化名城的形象继续保持并逐步扩大影响，文化内涵也不断得到挖掘和发展，各种现代节庆或民间习俗得到展示。

第二，以文化资源为中心，展开了形式多样的开发利用。浙江历史悠久，有众多的古文化遗址。浙江至今保留着许多有古朴风情和独特建筑的古镇、古村落和古民居。典型的江南水乡古镇是浙江省文化旅游资源中的一张名牌，同时也是浙江省地域文化特色的象征。许多名城、名镇及其边缘地区都有甚为丰富的历史文化遗存，宗教文化遗存正是历史文化遗存中不可忽视的重要组成部分，有的甚至已成为该地的一种特色与标志。浙江注重对文化资源的深层挖掘，将文化旅游资源与各种载体结合，进行非物质文化旅游资源的保护与开发以及历史事件的恢复等。

第三，各个地市旅游业飞速发展，区域联动发展趋势明显，实现文化旅游跨区整合。区域旅游整合在旅游发展的过程中能够在一定程度上增强区域旅游的竞争力。浙江省在旅游规划与开发时，依据省内各区域内不同类型旅游资源的空间分布特点，将全省旅游划分为"三带十区"。"三带"即三大旅游经济带。以城市为核心，以交通干线为轴线，以产业发展为纽带，形成各具特色、分工合作的三大旅游经济带：一是杭州湾历史文化旅游经济带，以历史文化名城、吴越文化、古镇、古运河等为主要特色资源。二是浙东沿海海洋旅游经济带，以海洋海岛风情、海天佛国、阳光沙滩等为主要特色资源。三是浙西南山水生态旅游经济带，以自然山水、风景名胜、植被生态为主要特色资源。"十区"即十大旅游区，包括杭州国际休闲旅游区、宁波河姆渡—东钱湖旅游区、温州雁荡山—楠溪江旅游区、浙北古镇运河古生态旅游区、绍兴古越文化旅游区、金华商贸文化旅游区、衢州南宗孔庙—石窟文化旅游区、舟山群岛旅游区、台州天台山—神仙居旅游区、丽水绿谷风情旅游区。

第四，文化旅游不断推出新线路、新产品，新景点也层出不穷，成为新的旅游增长点。文化旅游业在浙江省旅游业中占有很大比重，民俗风情、山水文化、历史文化在省内旅游产品以及旅游线路开发中比重加大。同时，节庆活动和表演节目也随着文化旅游业的发展应运而生，如浙江的主要节庆活动有：中国国际动漫节、浙江国际文化旅游节、中国湖州国际湖笔文化节、观音文化节、中国舟山国际沙雕节等。大型歌舞艺术表演有，以西湖浓厚的历史人文和秀丽的自然风光为创作源泉的《印象·西湖》和融合世界歌舞、高科技、杂技艺术于一体的《宋城千古情》，每年都会吸引大批海内外游客，促进当地文化旅游业的发展。省内文化旅游发展基本以交通发展和资源配置为导向，以旅游城市为轴心，沿杭甬、上三、杭金衢、甬台温、金丽温等高速公路交通线、河道等发展，形成了全省文化旅游大网络。

2. 浙江省旅游产业的发展模式

"以文兴旅，以文促旅"成为浙江文化旅游产业互动并进的基本模式，浙江省文化旅游应依托有形的文化遗存、自然生态，以及无形的文化积淀、文化底蕴带动旅游业及相关行业的联动发展。2015年浙江在全国首先提出特色小镇的发展战略，立即引起社会各界广泛关注，特色小镇迅速成为浙江引领中国经济新常态下改革发展的"金名片"。特色小镇不仅是浙江命题，更是中国命题。国家"十三五"规划纲要明确提出，要"因地制宜发展特色鲜明、产城融合、充满魅力的小城镇"。特色小镇具有功能复合性的特征，是集产业、创新、文化、旅游、社区和生态环境建设为一体的产城融合、人文与自然融合、创新与传统融合、生产与生活融合的包容性空间发展载体。特色小镇是浙江适应和引领经济新常态发展的战略选择，是浙江应对产业转型升级、克服土地瓶颈、优化环境容量等多项资源禀赋约束而做出的策略选择，是具有中国特色的城乡治理体系现代化和产业转型发展的综合试验区，有力推动了浙江经济社会大发展。经过近几年的探索和实践，浙江特色小镇已经初步形成了相对成熟的发展模式。总体来看主要有三种类型。

一是企业主体规划、政府提供服务模式。这需要龙头企业的参与带动，充分发挥企业市场容量大、资金实力雄厚、产品服务范围广泛的优势。特色小镇的建设是政府、市场、社会多方共同参与的行为，不能仅从政府层面着手，而是坚持以政府为主导、以市场为主体、社会共同参与的运行机制。政府做好顶层设计、制度建设、服务管理等工作，把控整体方向、创造业态环境、建立健全公共基础设施、提供优质公共服务；企业通过资源整合以及市场化的运作管理方式，成为特色小镇建设中的主角，在特色小镇的创建过程中发挥主体作用，成为最活跃的创新力量。特色小镇积极吸引各类企业的入驻，同时注意发挥龙头企业在建设中的关键作用。

二是政企合作规划、项目组合联动建设模式。每个小镇均需明确一个主要投资主体，企业独立运行项目，以"大项目支撑，小项目扩张"的方式来落实特色小镇建设；政府重点做好特色小镇的规划引导、资源整合、服务优化、政策完善等工作。依托2006—2015年浙江省新型城市化战略十年的成功实践，浙江省委省政府创造性地将特色小镇建设作为转型升级期引领经济新常态的抓手，由省发展改革委牵头抓总，统一规划，统筹推进。首先，完善政策规范，为特色小镇建设保驾护航。早在2015年4月，浙江省政府就在全国率先出台了特色小镇建设的指导文件，早于国家政策一年半。2017年浙江省又出台了中国特色小镇建设的第一个地方标准《特色小镇评定规范》。其次，配套机制改革，有效推动特色小镇战略的落地。最后，创新考核机制，明确市场化导向。特色小镇创建培育以来，省发展改革委作为全省特色小镇建设主管部门较好地发挥了引导作用，严格执行特色小镇建设的相关规定，注重过程管理动态化。

三是政府规划建设、市场招商模式。政府直接参与投资，对小镇建设、产业发展具有重要影响。政府可以直接参与投资以撬动社会资本进入，可以通过产业等各种政策鼓励社会资本进入，也可以搭建小镇产业发展和创新融资平台。由此探索"XOD（以城市经济、社会、生态三大类基础设施为导向的城市空间开发模式）+PPP"模式，培育"基础设施+产业+生态"建设发展模式。以城市经济、社会、生态三大类基础设施和城市土地一体化开发利用为理念，提高城市土地资产的附加值和出让效益，为特色小镇建设创新融资方式，拓宽融资渠道。加强政府与企业合作的力度。鼓励私人企业、民营资本与政府合作，参与公共基础设施的建设，为特色小镇建设及时补进资金缺口。在成为特色小镇后，浙江省政府也未以政府取代市场，而是注重发掘优秀企业家，以完善、提升功能区服务为根本，撬动社会资本投入特色小镇建设，进一步推动了特色小镇的可持续发展。

3. 浙江省旅游产业发展的经验借鉴

浙江省旅游资源文化积淀深厚，具有发展文化旅游的很大优势，因此，浙江省注重从文化上寻找突破口，深入挖掘旅游资源的文化内涵，以文化旅游作为全省旅游资源开发的突破口，实现旅游可持续发展的战略目标。

（1）发挥政府在文化旅游发展中的保障作用。文化旅游是涉及面广、带动力强的综合性产业，它的发展离不开政府的高度重视和相关部门的大力支持。因而要采取相应的扶持政策和有力的措施保证，才能实现文化旅游发展目标，使文化旅游尽可能成为社会经济发展的新的增长点。浙江省具有开发文化旅游资源的良好的政策环境，2017年浙江省第十四次党代会着眼于浙江发展新方位，提出了建设"文化浙江"的新目标，并计划到2020年努力建成文化强省。政府在文化旅游产业发展中要以市场为主导，适度放松管制，加强引导，规范市场。浙江省借助行政外力，依据各个城市旅游业之间的边界关联度、比较优势、综合实力、紧密程度来制定不同城市之间的联动发展政策，推动各个城市之间的旅游业共同发展。通过政策层面增强区域联动，通过区域联动推动区域之间的互动发展。为旅游产业和文化产业的发展创造有利的政策环境和服务保障。

（2）依托垄断性资源建设文化旅游的优势品牌。历史文化积淀、现代建设成就和蓬勃发展的特色产业共同为旅游产业的发展提供了坚实的资源支撑。浙江省旅游资源丰富，具有一批高品质的文化旅游资源。在文化旅游开发过程中注重选择具有垄断性、稀有性的资源，作为文化旅游开发建设的重点区域，形成具有竞争力的优势品牌。浙江良渚文化古城遗址的发掘被称作是继20世纪殷墟发现之后中国考古界的又一重大发现，将极大地推动中国文明史研究进程和考古学发展。良渚古城的绝对垄断性对于浙江省文化旅游整体形象的提升，具有重要的推动作用。由此，在原有良渚文化博物馆的基础上，开发的"博物馆—良渚古城遗址"旅游专线，将古城遗址纳入当地文化旅游线路中去，发挥资源的垄断性优势，吸引更多的游客。根据省内资源优势和市场需求重点培育垄断性的文化旅游产品，并将其作为带动区域旅游资源全面开发的增长极，是浙江文化旅游产业发展的重要经验。

（3）围绕目的地建设推进文化旅游资源的开发。对于很多文化型的旅游目的地来说，经常面临的一个问题是旅游景区景点分布散落，不成体系。因此，有必要用文化这根主线来统领旅游的整体发展。浙江省红色旅游资源丰富，在全国占有十分重要的地位。从旧民主主义革命、新民主主义革命时期一直到社会主义建设时期，各类事迹、景点俯拾皆是，各具特色。但由于布局较分散、不集中，资源开发面临较大困境，经济效益不明显。因此浙江省努力打破资源分散不成体系的局面，通过对具有重大历史价值的红色资源进行保护和整修，开发高、精品质的旅游产品；合并开发同类景点资源，合理组成相似线路，以"同"求规模，以"似"扩影响，避免游客分流；适度综合开发，整合不同类型的旅游资源等方式在全省形成点、线、面相结合的红色旅游格局。

（4）推动传统文化旅游目的地的升级转型。相对于上海市的都市文化，浙江省悠久的历史和丰富的文化遗存具有很强的互补性和吸引力，传统的文化旅游目的地如历史文化古城、水乡古镇、古村落、宗教旅游地在发展中具有一定的优势。但江苏省同样以人文旅游资源见长，苏浙都是江南文化的代表，两者在形象上有一定程度的重合。浙江省对传统文化旅游目的积极进行升级转型，充分发挥在茶文化、丝绸文化、水乡文化、古文化遗址、名人文化、宗教文化、民俗文化方面的绝对优势，整合多样化的文化旅游资源，开发参与性、体验性强的旅游产品。同时，整合具有相同特色的文化旅游资源并形成独特旅游区，在一定程度上增强了浙江省旅游的竞争力。

（5）强化产业融合。旅游业是一项综合性产业，"综合产业必须综合抓"。在旅游产业发展上，浙江相关部门都认为旅游业发展是分内职责，相互补不拆台、挣利不争利，各履其责、各记其功，构建起以旅游为平台的复合型旅游产业结构。近年来浙江始终坚持一产业围绕旅游调结构、二产业围绕旅游转方式、三产业围绕旅游上档次，推动旅游与各大产业之间的资源性、生产性和服务性融合，延伸产业领域，拓展发展空间。大力实施"旅游+"战略，推动旅游与农业、林业、水利、工业、文化、教育、科技、体育、健康养生等有机融合，培育旅游新业态、新产品。

第六章

甘肃省入境旅游发展研究

第一节 甘肃省丝绸之路旅游资源丰度评价——以河西走廊为例

旅游业被视为国民经济的战略性支柱产业,承载着经济发展、文化交流的重要使命,其发展离不开旅游资源,作为旅游活动的客体或对象,旅游资源是一个国家或地区旅游业赖以生存和得以发展的基础。

旅游资源评价近年来在国内发展迅速,目前已涉及多个研究领域和主题,如生态旅游资源、水体旅游资源、文化旅游资源、海岛旅游资源等,评价方法主要由定性描述向定量分析转变。在此基础上通过3S、虚拟现实和计算机模拟等技术推动评价研究的深化,运用频率较高的评价方法有模糊评价法、层次分析法、灰色评价法及方法之间的综合使用;评价区域主要集中在小尺度区域或省域,热点研究与政策导向关联度较大,从已有研究来看,大尺度廊道区域旅游资源丰度评价及相关研究目前较少。本研究以丝绸之路精华段——河西走廊为研究对象,探索在新的旅游发展阶段及"一带一路"背景下,大型廊道区域的旅游资源丰度。

旅游廊道集聚各种旅游产业要素,注重景观、道路和城镇节点的相互关联以及产业融合,并强调节点、道路和区域综合发展。对于天然走廊式的河西走廊地区而言,通过旅游廊道建设,能够有效区别于传统目的地旅游节点孤立发展的方式,促进多维旅游商品、思想、文化、资源和价值的交流与互惠发展,最大可能地打通河西走廊,使廊道空间延伸能够连接河西走廊内各类自然景观与人文景观,实现自然与人文景观的结合,提高河西走廊旅游资源整体利用价值。

为此，本研究立足于当前我国经济社会发展及旅游产业化进程，借助"一带一路"倡议的引导，通过构建廊道型区域节点城市旅游资源丰度评价指标体系，对丝绸之路精华段——河西走廊旅游资源的丰度进行定量测度，在资源丰度评价的空间维度及评价结果的基础上，试图提出构建以旅游业发展为本底的跨区域、全方位"河西走廊—旅游廊道"的具体建议。以促进河西走廊各节点城市的综合发展，助推河西走廊区域合作，辐射周边地区，加强与陕西、青海、宁夏等地区的合作，打造内陆型改革开放的新高地，推进内陆开放型经济试验区建设。实现河西走廊地区旅游资源整合、优化资源利用效率、延伸廊道空间、合理嫁接自然与人文资源、容纳多元旅游项目，提升河西走廊整体旅游价值，为廊道内产业价值链奠定分析基础，为河西走廊今后的旅游业发展提供决策参考。

一 研究区概况

河西走廊是我国境内罕见的集文化与景观于一体的大型廊道，位于甘肃省西部。主体分布于祁连山北部、腾格里大沙漠以南，东起古浪峡，西至敦煌以西，南北宽仅数十千米，东西长 1200 余千米。作为丝绸之路贯通的枢纽地区，东西方文明在这里交融汇聚，悠久的历史文明在河西走廊积淀了丰富深邃的古文化遗存，区域内共辖武威、金昌、张掖、酒泉和嘉峪关五市，面积约 27.41 万平方千米。

曾是丝绸之路的必经之地，古代中国内地通往西域的要道，从兰州出发，进入河西走廊，依次经过武威、金昌、张掖、酒泉、嘉峪关，西端延伸至玉门关附近。境内文物品类极其丰富，艺术成就很高，如简牍、彩陶、壁画、岩画、雕塑、古城遗址等文物价值突出，不仅是我国历史上重要的"文化长廊"，而且因为敦煌莫高窟、武威天梯山石窟、张掖马蹄寺石窟、瓜州榆林窟等紧密排列的石窟群，又被称为"石窟艺术走廊"。在历史的更替演变中形成了长城文化、丝路文化、民族文化、绿洲文化、石窟文化、现代城市文化等大量的人文资源，区域内的自然景观包括：沙漠、绿洲、草地、冰川、戈壁、雅丹、内陆河等。因此，河西走廊地区的人文资源与自然景观共同赋予其发展旅游业的显著优势。

二 示范区文化资源丰度评价模型构建

(一) 评价指标及数据来源

旅游资源是构成旅游业发展的前提和基础,主要包括自然风景旅游资源和人文景观旅游资源,学界目前关于旅游资源的研究与界定尚未统一,在旅游资源开发利用方面普遍认为:自然界和人类社会凡能对旅游者产生吸引力,可以为旅游业开发利用,并可产生经济效益、社会效益和环境效益的各种事物和因素。本研究对河西走廊节点城市旅游资源丰度评价时,通过前往河西走廊开展实地调研,充分考察其旅游资源的赋存状况、旅游业发展情况,综合考虑河西走廊旅游资源的富集程度、吸引力、知名度和影响力等因素,以国际国内相关组织对文化资源和自然资源的分类作为重要参考,最终选取具有较大影响力和较高权威性的世界遗产、世界地质公园、国家级风景名胜区和国家历史文化名城等20种世界级和国家级旅游资源作为评价指标,使评价结果具有一定的综合性和普适性。节点城市旅游资源的数量主要来自国家统计局、前国家文物局、国家旅游局及各市旅游官网,部分缺失数据通过相关地市当年国民经济与社会发展统计公报补充,统计数据截止时间为2018年11月,统计结果见表6—1。

表6—1　河西走廊节点城市主要旅游资源数量

评价指标 \ 城市	武威	张掖	酒泉	金昌	嘉峪关
全国重点文物保护区	12	18	22	3	3
国家4A级及以上景区	5	16	10	3	5
全国爱国主义教育示范基地	0	2	1	0	1
世界遗产	0	0	4	0	1
国家博物馆	0	3	2	0	1
国家历史文化名城	1	1	1	0	0
中国优秀旅游城市	1	1	1	0	0
国家级风景名胜区	0	0	1	0	0
国家级自然保护区	2	0	3	0	0
国家湿地公园	1	1	2	2	1

续表

评价指标\城市	武威	张掖	酒泉	金昌	嘉峪关
国家地质公园	0	2	2	0	0
国家森林公园	1	0	0	0	0
国家水利风景区	2	6	6	0	0
甘肃省非物质遗产名录	25	22	28	7	4
甘肃省重点文物保护单位	71	60	82	16	5
甘肃省自然保护区	4	4	16	2	0
甘肃省古遗址	27	19	45	6	3
中国历史文化名镇、名村	1	0	0	0	0
甘肃省历史文化街区	0	3	4	0	0
甘肃省近现代重要史迹及代表性建筑	6	7	3	1	0

（二）评价方法

本研究主要采用模糊综合评价法，此方法旨在通过模糊数学，对一些边界不明确、不易定量的因素进行量化，是从多个因素来评价事物隶属等级状况的一种方法，目前已在能源、矿产、生态等相关领域得到普遍应用，也是旅游资源评价常用的方法之一。模糊综合评价法能使旅游资源评价结果具有较好的科学性和层次性，同时便于相互比较。因此，本研究应用该方法对河西走廊主要节点城市的旅游资源丰度进行评价。首先，设定两个有限论域 $U = \{u_1, u_2, \cdots, u_m\}$ 和 $V = \{v_1, v_2, \cdots, v_n\}$，其中 U 为评价指标所组成的集合，共有 m 个指标，V 为评价等级所组成的集合，共分为 n 个等级；其次，构建评价指标相对于评价等级的隶属函数，并将实际值代入相应函数得到第 i 个评价指标对第 j 个评价等级的评价矩阵 $R_{ij} = (r_{ij})_{mn}$，其中 r_{ij} 指 u_i 隶属于 v_j 的程度；最后，确定各评价指标的权重，设权重 $A = \{a_1, a_2, \cdots, a_m\}$（且 $0 \leq a \leq 1$），通过模糊变换，得到 V 的一个模糊子集，即为评价结果 $B = A \times R$。据此，利用所选取的20种旅游资源建立评价指标集 $U = \{u_1, u_2, \cdots, u_{20}\}$，将评价等级设为优、中、差三个层次，对应 v_1、v_2、v_3，得到评价等级集 $V = \{v_1, v_2, v_3\}$。本文评价的目的是明确河西走廊五个节点城市的旅游资源各自所处的地位，所以各种旅游资源赋存的评价等级是相对的，即

v_1、v_2、v_3分别对应五个城市20种旅游资源的最大值、平均值和最小值，由此构建各种旅游资源评价的标准值（见表6—2）。

表6—2　　河西走廊节点城市旅游资源丰度评价指标及其标准值

评价因子	v_1	v_2	v_3
全国重点文物保护区 u_1	22	11.6	3
国家4A级景区及以上 u_2	16	7.8	3
全国爱国主义教育示范基地 u_3	2	0.8	0
世界遗产 u_4	4	1	0
国家博物馆 u_5	3	1.2	0
国家历史文化名城 u_6	1	0.6	0
中国优秀旅游城市 u_7	2	1	0
国家级风景名胜区 u_8	1	0.2	0
国家级自然保护区 u_9	3	1	0
国家湿地公园 u_{10}	2	1.4	1
国家地质公园 u_{11}	2	0.8	0
国家森林公园 u_{12}	1	0.2	0
国家水利风景区 u_{13}	6	2.8	0
甘肃省非物质遗产名录 u_{14}	28	17.2	4
甘肃省重点文物保护单位 u_{15}	82	46.8	5
甘肃省自然保护区 u_{16}	16	5.2	0
甘肃省古遗址 u_{17}	45	20	3
中国历史文化名镇、名村 u_{18}	1	0.2	0
甘肃省历史文化街区 u_{19}	4	1.4	0
甘肃省近现代重要史迹及代表性建筑 u_{20}	7	3.4	0

（三）评价指标权重确立

由于各评价指标对旅游资源丰度的影响程度不同，需要赋予相应的权重以确定其重要性。根据评价指标数量大小对应权重大小的原则，通过借鉴既有研究，采用超标倍数法来测算河西走廊五个节点城市20种旅游资源的权重，其公式为：

$$\overline{U_i} = \frac{1}{M}\sum_{j=1}^{n} u_{ij}, V_i = \frac{C_i}{\overline{U_i}}, W_i = V_i \sum_{i=1}^{n} V_i \qquad (6-1)$$

式中，C_i 为指标 i 的实际值，u_{ij} 为指标 i 第 j 级标准值，n 为级别数，$\overline{U_i}$ 为指标 i 各级评价标准的平均值，W_i 为指标 i 的权重。对权重进行归一化处理，得到五个主要节点城市 20 种旅游资源丰度评价指标的权重值（见表 6—3）。

表6—3　河西走廊节点城市旅游资源丰度评价指标权重值

旅游资源分类 \ 城市	武威	张掖	酒泉	金昌	嘉峪关
全国重点文物保护区 u_1	0.0521	0.0639	0.0548	0.0689	0.0459
国家4A级及以上景区 u_2	0.0296	0.0776	0.0340	0.0941	0.1044
全国爱国主义教育示范基地 u_3	0.0000	0.0929	0.0327	0.0000	0.1998
世界遗产 u_4	0.0000	0.0000	0.0730	0.0000	0.1119
国家博物馆 u_5	0.0000	0.0929	0.0434	0.0000	0.1332
国家历史文化名城 u_6	0.0993	0.0810	0.0570	0.0000	0.0000
中国优秀旅游城市 u_7	0.0529	0.0440	0.0608	0.0000	0.1865
国家级风景名胜区 u_8	0.0000	0.0000	0.0760	0.0000	0.0000
国家级自然保护区 u_9	0.0794	0.0000	0.0684	0.0000	0.0000
国家湿地公园 u_{10}	0.0361	0.0295	0.0415	0.3823	0.1272
国家地质公园 u_{11}	0.0000	0.0929	0.0652	0.0000	0.0000
国家森林公园 u_{12}	0.1324	0.0000	0.0000	0.0000	0.0000
国家水利风景区 u_{13}	0.0361	0.0886	0.0622	0.0000	0.0000
甘肃省非物质遗产名录 u_{14}	0.0807	0.0581	0.0519	0.1197	0.0455
甘肃省重点文物保护单位 u_{15}	0.0843	0.0583	0.0559	0.1106	0.0209
甘肃省自然保护区 u_{16}	0.0300	0.0245	0.0689	0.0693	0.0000
甘肃省古遗址 u_{17}	0.0631	0.0363	0.0604	0.0742	0.0247
中国历史文化名镇、名村 u_{18}	0.1324	0.0000	0.0000	0.0000	0.0000
甘肃省历史文化街区 u_{19}	0.0000	0.0720	0.0676	0.0000	0.0000
甘肃省近现代重要史迹及代表性建筑 u_{20}	0.0916	0.0875	0.0263	0.0809	0.0000

三 河西走廊旅游资源丰度综合评价

(一) 河西走廊廊道内各市旅游资源丰度评价结果

通过三角函数建立旅游资源丰度各评价指标的隶属函数,得到河西走廊五市评价指标的评判结果。例如,建立世界遗产对各评价等级的隶属函数:

$$f_{优}(x) = \begin{cases} 0 & x < 11.6 \\ 1 - (22 - x)/10.4 & 11.6 \leq x < 22 \\ 1 & x \geq 22 \end{cases} \quad (6—2)$$

$$f_{中}(x) = \begin{cases} 1 - (11.6 - x)/11.6 & 0 < x < 11.6 \\ (22 - x)/10.4 & 11.6 \leq x < 22 \\ 0 & x \geq 22 \end{cases} \quad (6—3)$$

$$f_{差}(x) = \begin{cases} 1 & x \leq 0 \\ (11.6 - x)/11.6 & 0 < x < 11.6 \\ 0 & x \geq 11.6 \end{cases} \quad (6—4)$$

然后将各城市世界遗产的实际值代入以上函数,求得各城市世界遗产的评判集。重复以上步骤,得出各城市其他19个评价指标的评判集,最终得到各城市20个评价指标的评价决策矩阵 R。最后,将各城市的权重集 A 与其评价决策矩阵 R,根据合成运算法则 $B = A \times R$ 进行矩阵计算,得到河西走廊五市旅游资源丰度综合评价结果(见表6—4)。

表6—4　河西走廊节点城市旅游资源丰度评价指标隶属度

城市	优	中	差
武威	0.570	0.366	0.064
张掖	0.745	0.218	0.037
酒泉	0.898	0.099	0.003
金昌	0.382	0.120	0.498
嘉峪关	0.033	0.576	0.391

模糊评价法一般以最大隶属度来评判资源丰度的等级,本研究也是根据最大隶属度来判定主要节点城市旅游资源丰度的等级。首先,将最

大隶属度所处的等级认定为旅游资源丰度的等级。其次，对于最大隶属度为中的等级，通过比较优、中级隶属值之和与中、差级隶属值之和的大小，将其进一步细分为良好和中等两个级别，即如果优、中级隶属值之和大于中、差级隶属值之和，则为良好，反之则为中等，据此得到主要节点城市旅游资源丰度的等级划分（见表6—5）。酒泉、张掖、武威三市的旅游资源赋存丰度为优级；金昌、嘉峪关为中等，天然形质突出的廊道内资源整体丰度较高，但分布差异明显。结合河西走廊五市空间分布的位置与其资源丰度评价，可以看出，河西走廊五个节点城市旅游资源丰度在空间上由东到西呈现出优（武威）、中（金昌）、优（张掖）、优（酒泉）、中（嘉峪关）的排列格局。

表6—5　　　河西走廊五个城市旅游资源组合状况（丰度等级）

等级	城市
优	酒泉、张掖、武威
良好	无
中等	金昌、嘉峪关

（二）节点城市资源组合状况及优势分析

表6—6　　　河西走廊节点城市旅游资源极差及标准差

城　市	极差	标准差
武　威	0.132	0.043
张　掖	0.093	0.035
酒　泉	0.076	0.021
金　昌	0.382	0.088
嘉峪关	0.200	0.066
廊道城市平均值	0.177	0.051

对于廊道型区域来说，旅游资源的组合状况对区域发展、资源开发、营销、旅游形象定位有着重要的意义，可以借助于旅游资源权重的极差和标准差进行判断。结合数理计算的结果以及阐释的意义，极差和标准差数值与资源的组合状况成反比，极差和标准差数值越小，则资源组合优

势就比较明显，反之也成立。从表6—6来看，极差和标准差数值最小的是酒泉，分别为0.076和0.021，表明在河西走廊内，酒泉的资源组合状况最好，品级较高。酒泉市境内有22项全国重点文物保护单位、4项世界遗产、3个国家级自然保护区等，从资源的分布数量、类型、景观丰富程度以及资源的价值等方面来说，均领先于廊道内其他节点城市。著名的世界遗产敦煌莫高窟位于此，世界影响力较大，应充分发挥4项世界遗产的魅力，突出酒泉在此廊道内的引领、带动作用，以敦煌作为河西走廊廊道内重要的发展极核，提升廊道内旅游资源的组合发展水平，实现效益和品牌最优化、最大化。其次是张掖和武威两市的极差和标准差均小于廊道城市的平均值，资源类型分别达到15种和14种，表明旅游资源组合优势相对明显，资源类型丰富，作为国家级历史文化名城，张掖和武威境内国家级和省级重点文物保护单位数量较多。张掖是历史上丝路重镇与东西交流的重要门户，境内景观资源丰富，草原、沙漠、丹霞、森林、湿地等汇聚于此，尤其是张掖丹霞近年来在国际国内的知名度很高，当地具有发展旅游业的天然优势和比较优势。武威历史文化悠久，古凉州曾是长安以西的第一大都会，文化事业发展繁荣，此地适宜种植葡萄，以之酿酒，旅游业的发展与葡萄酒产业密切相关，当地著名酒庄星罗棋布，独具特色。

金昌和嘉峪关两市的级差和标准差均大于廊道城市平均值，分布的资源类型有8种和10种，缺少世界级的品牌资源、组合状况一般、类型单一、存在一定开发难度，在整个河西走廊旅游业发展中不容乐观，但可以充分利用其廊道优势，大力发展廊道旅游，以突破发展瓶颈。嘉峪关素有"天下第一雄关""边陲锁钥"之称，是明代万里长城的西端起点，以天下雄关命名。虽然嘉峪关面积狭小，境内资源组合优势并不突出，夹在酒泉市和张掖市中间，发展旅游业的遮蔽效应明显，但可以转化思维，发挥境内典型旅游资源的优势，与邻近两市形成良好的区域合作关系，与廊道内其余四个节点城市整体对外营销，提升其城市旅游的知名度。金昌——"祖国镍都"，是典型的资源型工矿城市，曾因矿兴企，后来被设为独立管辖的市，伴随经济转型发展，面临资源过度依赖、产业结构单一、发展后劲不足等困境，因此调整产业结构，发展花卉旅游，旅游业发展迅速，引进了文化旅游功能突出的"航天小镇"，旨在打造独具特色的航天主题青少年科普品牌，努力在全国打响太空旅游的城市新名片，旅游业发展潜力巨大。

四 讨论与建议

（一）讨论

通过对河西走廊国际文化旅游廊道内节点城市资源丰度的评价，得出以下结论：酒泉、张掖、武威三市的旅游资源赋存丰度为优级；金昌、嘉峪关为中等，天然形质突出的廊道内资源整体丰度较高，但分布差异明显。从旅游资源的组合状况来说，酒泉市资源组合状况最好，资源品级较高，世界影响力较大；其次是张掖和武威两市，资源类型丰富，组合优势相对较明显；金昌和嘉峪关两市缺少世界级的品牌资源、资源类型单一、组合状况一般、开发难度相对较大。

旅游业作为综合性较强的产业，与周围环境、政策及其他产业密切相关，且在不同阶段其数量和分布均处于动态调整和变化之中，为了确保数据的准确性、典型性和可获取性，本研究在对河西走廊节点城市旅游资源丰度进行评价时，只选择了省级以上较高等级的资源作为评价因子，等级较低或暂无等级的旅游资源因统计难度暂未纳入评价体系当中，以上原因使本评价结果存在一定的误差。关于河西走廊的研究，不仅要考虑其节点城市内部旅游资源的丰度，包括其单体资源及价值，而且要将其视为完整的旅游目的地，从整体考量旅游资源的丰度和价值。本研究只做了河西走廊内部节点城市资源单体的丰度、价值研究，是较为基础和封闭的研究，缺乏关于河西走廊与国内其他大型旅游目的地发展的动态比较分析，河西走廊外部及整体研究存在一定的局限。此外，学术界目前关于廊道型区域旅游资源丰度的评价未形成统一定论，因此，关于廊道型旅游资源丰度评价的指标体系也有待进一步完善，后续将对此展开更深入系统的研究。

（二）建议

现阶段我国旅游业正面临第四个阶段的竞争——区域合作，如何借助区域合作实现互补双赢，克服地域、交通、规划和信息障碍，寻求大尺度区域间资源和产品等方面的优势互补，从而推动区域经济发展与合作，已经成为我国新时代条件下，理论与实践层面的必然要求。河西走廊作为我国陆上丝绸之路的黄金区段，区域内资源具有完整性、文化底蕴深厚，但由于其深居祖国内陆，旅游业发展与资源品级、分布并不成正向关系，可进入性差、旅长游短、交易成本高、性价比低、生态环境脆弱，河西走廊内节点城市仍处于各自为营的阶段，良好的资源优势并没有转化为产业优势，促进经济发展。

如果将这一区域构建为"河西走廊国际文化旅游廊道"，则河西走廊未来有可能成为我国对外开放和融入"一带一路"建设的重要区域和空间，极大地提升和改善我国旅游服务贸易的规模、结构和品质。以其强大的统领辐射作用，全面启动和推动甘肃及西北地区经济社会的进步和发展及现代化进程。因此，立足于河西走廊作为整体旅游目的地的综合分析，构建"河西走廊国际文化旅游廊道"具有重要的现实意义和理论意义，以下是针对"河西走廊国际文化旅游廊道"构建提出的具体建议。

（1）将丝绸之路作为"河西走廊国际文化旅游廊道"构建的主线，以带状空间为轴心、向两侧辐射，综合影响廊道内的经济、文化、生活等。充分发挥丝绸之路文化与河西走廊多元文化融合发展的优势，利用"一带一路"的发展机遇，通过深厚的文化底蕴及廊道内资源组合的差异性，提升该廊道旅游业的整体价值。以丝绸之路为发展主线，打破廊道内各自为营的发展局面，形成发展合力及内部品牌特色，延伸产业链，复兴丝绸之路经济功能，盘活我国西部地区文化旅游市场，更好推进"一带一路"的向西开放。

（2）把兰州和敦煌打造为"河西走廊国际文化旅游廊道"今后发展的两大极核，形成双向互动的内外联动模式。敦煌作为丝路明珠，旅游市场和景区资源单项优势突出，巨大的客流量促使旅游交通配套设施逐渐趋向完备，丰厚的文化底蕴对海内外游客具有大尺度吸引力，已成为河西走廊地区的发展核心，但目前仍以"单核"模式向外辐射，影响力十分有限。可以选择兰州作为河西走廊发展的"外核"，充分发挥兰州作为通向河西走廊的"十字路口"的优势，且兰州经济体量较大，和敦煌的地位等级相当，在此情况下构建"河西走廊国际文化旅游廊道"对于当地发展意义非凡，可以形成"资源—市场"互补的双核联动发展模式，两地既有市场共辖，又有资源互补，在资源、产业和客源等方面的高相关性和互补性，可以提升敦煌及兰州两地的旅游业整体竞争力和发展水平。

(3) 以多点共生、轴线支撑、域面辐射三大系统形成全面发展的旅游廊道新格局。多点共生系统将有效整合河西走廊分散的旅游景点，充分考虑廊道内景区、景点、空间、结构、内涵、要素等条件，在实现资源保护的前提下突出重点、集中力量，提升资源的地域组合度，开发适应社会主流消费需求的文化旅游深度融合的产品，更好地结合自然与人文要素，深层次挖掘河西走廊的文化内涵，根据不同节点城市的资源特色，发展多元互生的旅游产业，在旅游产品开发时注重其体验性、文化性和休闲娱乐性，形成节点城市差异化发展格局。交通是该廊道发展的重要轴线系统，因此，打通主干道，构建"水、陆、空"立体交通体系，有效缩短时空距离，修建旅游专线公路十分必要。通过区域合作，以域面辐射为主要建设"平台"，辐射临近区域及海外市场，促进入境旅游发展，实现资源优势向产业优势转变，形成资源互补发展的全域旅游格局。

(4) 重视政府主导、市场导向、统一规划、区域合作。河西走廊作为我国重要的廊道型区域，在今后旅游业发展过程中，应坚持以政府为主导，以市场为导向，对于像河西走廊这样历史、文化和地域关系如此紧密的区域，有必要联合编制旅游发展规划，促进廊道旅游协同发展和可持续发展。组建河西走廊国际文化旅游廊道合作开发管理委员会，做好大区域的财政安排，并设立常规协作机构，保证廊道内区域旅游合作开发的顺利进行。各节点城市共同制定廊道内旅游业发展政策、消除旅游市场存在的政策性壁垒；共同制定廊道旅游业发展的合作内容、实施步骤，并进行廊道旅游形象营销、信息交流、监督保证等。打破原有的旅游市场壁垒和行政垄断，完善相关配套政策，进一步为廊道旅游业发展营造良好的环境。深入开展河西走廊地区游客调查与访谈，全面了解游客需求，对区域内游客旅游偏好进行科学的分析、归纳、总结，以旅游偏好作为今后资源产品开发的风向标。

(5) 将利益共享、监督约束、合作互信、平台建设、产业融合创新作为"河西走廊国际文化旅游廊道"建设和发展的重要保障机制。"河西走廊国际文化旅游廊道"内各节点城市应按照责任共担、利益共享原则，实现合作成本与利益均摊，对合作成本付出较高方给予合理补偿。加强廊道内群众、专家、行业协会等第三方监管，用奖惩机制保证各方积极参与并执行廊道合作协议中的相关约定。从某种意义来说，合作互信是

"河西走廊国际文化旅游廊道"开展跨区域合作的必由之路，正常看待合作关系、摒弃以往陈旧观念，以廊道内发展大局为重，促使河西走廊内各方政府、企业，进一步开展无障碍区域合作，调动旅游企业参与的积极性。在甘肃省目前推进的"一部手机游甘肃"的基础上建立投融资及智慧化平台，吸引外方和沿海发达地区投资，破解发展资金不到位困境，以便捷的智慧化服务为游客打造更好的体验。河西走廊作为我国后发型地区，应积极推进旅游业与其他服务业及旅游业与非服务业的融合，将旅游旺季向四季延伸、单项功能向综合功能转变、推进现代特色的复合型产品体系建设、着力开发"精品"和"绝品"，充分考虑游客体验、闲暇的二重性，延长游客的停留时间，增加旅游收入。

河西走廊境内旅游资源文化价值巨大，同时处在沙漠地区，面临资源破坏与保护的双重困境，因此，构建"河西走廊国际文化旅游廊道"将有利于连接各景观板块，阻止生境破坏，实现资源开发与保护利用的双重价值，重视非物质文化资源的开发利用，在加强保护的同时，通过旅游廊道让传统民间文化融入现代生活，为廊道内旅游产品的设计提供多功能性，使其更加具有生命力。与传统景区相比，旅游廊道的可进入性、流动性、开放性较强，在一定程度上减缓了旅游流活动给景区带来的环境压力，构筑新型旅游业发展背景下主客共享的人居体系，使河西走廊周边社区生态环境、资源利用方式等得到调整与优化，居民不合理参与、旅游监管缺失、目的地生态环境恶化、文化流失、居民归属感与生活满意度降低等现象得到改善和治理。

习总书记 2019 年 8 月下旬在甘肃考察调研，从敦煌自西向东，穿越河西走廊，指出要加快构建开放新格局，积极发展高附加值特色农业，统筹旅游资源保护和开发，不断夯实高质量发展基础。因此，"河西走廊—旅游廊道"的构建从实践上响应了习总书记敦煌至兰州行所提出的文化保护与传承、祁连山生态环境、脱贫攻坚、黄河治理等一系列关乎人民生活福祉的重要问题。从多重意义与角度来说，构建"河西走廊国际文化旅游廊道"对该区域今后的发展影响深远。

第二节 基于"一带一路"建设的中国丝绸之路国际文化旅游廊道构建

(一) 旅游廊道研究与跨境旅游发展述评

"旅游廊道"的概念源于"廊道"这一概念,"廊道"是景观生态学的概念,其主要作用是分割或连通单元空间,廊道大致经过了"公园路"(parkway)、"绿道"(greenway)、"风景道"(scenicbyway)、"遗产廊道"(heritagecorridor)、"文化线路"(culturalroute)等阶段的演变。这些概念的形成经过了一定的社会历史阶段,服务于社会发展需要,伴随社会的进步形成主题日益鲜明、功能逐步完善的旅游廊道空间。20世纪80年代,在美国兴起较大范围内保护历史文化的新措施,衍生出"遗产廊道"的概念,1984年美国国会通过并设立了第一个国家遗产廊道——伊利诺伊和密歇根运河国家遗产廊道(Illinois and Michigan Canal National Heritage Corridor);20世纪90年代,马德里会议形成了《线路——我们文化遗产的一部分》专题报告,基于"遗产廊道"概念而衍生的另一个概念"文化线路"(Cultural Route)逐渐成为研究焦点,欧洲第一条文化线路"桑地亚哥·得·卡姆波斯特拉朝圣之路"的建立象征着文化线路第一次在欧洲的实践,被列入世界遗产名录。2000年以来,北京大学研究团队首先将"遗产廊道"概念引入国内,王志芳、李伟等对遗产廊道的概念及特点进行了较充分的阐述,为国内学者理解、研究"遗产廊道"提供了基准;我国学者陶犁根据国外"文化线路"的概念提出"文化廊道"(Cultural Corridor)这一全新概念,认为"文化廊道"是将文化线路和遗产廊道融会贯通并进行"中国化"后,对中国线性遗产理论与实践的具体应用;而"文化旅游廊道"是对"文化廊道"这种新的线性遗产区域的旅游开发新思路,是整合区域旅游资源、推动旅游联合发展、刺激旅游流产生的重要外在拉力。

近十年来,国外学者就旅游廊道的相关研究趋于多元化,主要有生态保护[1]、历史文化保护[2]、视觉美学评价[3][4]、规划思想与方法[5][6]、使用者体验[7]、管理及与相关政策的关系[8][9]等研究。主要观点如下：日本学者亘小野（Wataru Ono）提出了运用 GIS 技术分析确定线路环境的方法[10]；美国学者丹尼尔·斯泰尼斯（Daniel Stynes）等人对俄亥俄和伊利运河国家遗产廊道（Ohio & Erie Canal National Heritage Corridor）进行了分析[11]；塔希尔（Tuxill）等人从合作方的角度对遗产廊道进行了定性分析，认为遗产廊道为不同组织群体提供了一个共同合作的框架[12]；科特尔（Cottle）从组织、产品、市场营销等三个方面分析了遗产廊道的旅游发展[13]。在中国知网（CNKI）输入主题"旅游廊道"进行检索，时间范围

---

[1] Dawson, K. J., "Acomprehensive Conservations Trategy for Georgias Green Ways", *Landscape and Urban Planning*, 1995, 33 (1): 27–43.

[2] Frederick, J. C., "Local and publicheritageata World Heritagesite", *Annals of Tourism Research*, 2014, 44 (5): 143–155.

[3] Blumentrath, C., Tveit, M. S., "Visualcharacteristics of Roads: Aliteraturereview of people's Perception and Norwegi and Esignpractice", *Transportation Research Part A: Policy and Practice*, 2014, 59 (1): 58–71.

[4] Sullivan, W. C., Lovell, S. T., "Improving the Visual Quality of Commercial Develop Mentat the Rural-urbanfringe", *Landscapeand Urban Planning*, 2006, 77 (8): 152–166.

[5] Linehan, J., Gross, M., Finn, J., "Greenway Planning: Developingal and Scape Ecologicalnetwork Approach", *Landscapeand Urban Planning*, 1995, 33 (7): 179–193.

[6] Pena, S. B., Abreu, M. M., Teles, R., "Amethodology for Creating Green Ways through Multidisciplinary Sustainable Landscape Planning", *Journal of Environmental Management*, 2010, 91 (5): 970–983.

[7] Ginting, N., "Howself-efficacyenhanceheritagetourisminmedanhistoricalcorridor, Indonesia", *Procedia-Socialand Behavioral Sciences*, 2016, 234 (10): 193–220.

[8] Hashemi, H., Abdelghany, K., Hassan, A., "Real-time Traffic Network State Estimation and Prediction with Decision Support Capabilities: Application to Integrated Corridor Management", *Transportation Research Part C: Emerging Technologies*, 2016, 73 (10): 128–146.

[9] Zube, E. H., "Greenways and the US Nation Park System", *Landscape and Urban Planning*, 1995, 33 (6): 17–25.

[10] Ono, W., *Acasestudy of Apractica Lmethod of Defining the Setting for Acultura Lroute*, Xi'an World Publishing Corporation, 2005.

[11] D. J. Stynes, Y. Sun, *Economic impacts of National Heritage Areavisitor Spending*, Michigan State University, 2004.

[12] J. Tuxill, P. Huffman, D. Laven, *Shared Legaciesin Cane River National Heritage Area: Linking People, Traditions, and Culture*, USNP Sconservation Study Institute, 2008.

[13] Cottle Curt, "The South Caroli Nanational Heritage Corridor Taps Heritage Tourism Market", *Forum Journal*, 2003 (8): 50–66.

为2009—2018年，共有旅游廊道相关文献152篇，近五年发文数量递增明显。研究焦点主要集中在：廊道理论体系及网络构建、遗产廊道内资源保护与开发、区域旅游廊道规划与空间布局、廊道旅游一体化战略研究、全域旅游背景下旅游廊道发展特征与影响机制等五个方面。代表性学术观点如下：王立国、陶梨等对文化线路和遗产廊道进行了中国化的理论解读，并对西南丝绸之路（云南段）的旅游空间进行了建构研究[①]；李创新、马耀峰等以丝绸之路跨国联合申请世界遗产为例，探讨丝绸之路的旅游合作开发模式等问题[②]；邱海莲等对三种廊道类型，即生态景观型廊道、遗产保护型廊道和旅游开发型廊道进行了理论综述[③]；魏斌等以"旅游+"视角，从顶层设计、突破瓶颈、服务提升、模式创新、营销渠道、产业融合等层面，提出了辽西遗产廊道旅游区一体化发展战略[④]；鄢方卫等研究了全域旅游背景下旅游廊道发展特征与影响机制，提出全域旅游发展注重节点、线路、域面的综合协调发展，旅游廊道作为线型空间在全域旅游建设中起到重要支撑作用[⑤]；由亚男等以"点—轴"理论为基础，运用中心职能指数和引力模型的定量方法分析中哈边境地区旅游节点、旅游廊道及其旅游地发展系统，对促进边疆地区旅游产业要素自由流动，形成布局合理、功能完善、特色鲜明的目的地形象具有重要的参考价值[⑥]；邹统钎等关于"一带一路"旅游将成为世界旅游的新增长点的论断为廊道建设提供了基本的学理遵循[⑦]；唐弘久、保继刚等就入境旅

[①] 王立国、陶梨、张丽娟、李杰：《文化廊道范围计算及旅游空间构建研究——以西南丝绸之路（云南段）为例》，《人文地理》2012年第6卷第12期，第36—42页。

[②] 李创新、马耀峰、李振亭、马红丽：《遗产廊道型资源旅游合作开发模式研究——以"丝绸之路"跨国联合申遗为例》，《资源开发与市场》2009年第25卷第9期，第841—844页。

[③] 邱海莲、由亚男：《旅游廊道概念界定》，《旅游论坛》2015年第4卷第4期，第26—30页。

[④] 魏斌：《辽西遗产廊道旅游资源价值评价与协调发展研究》，《渤海大学2018年硕士论文》2018年第6期，第1—52页。

[⑤] 鄢方卫、杨效忠、吕陈玲：《全域旅游背景下旅游廊道的发展特征及影响研究》，《旅游学刊》2017年第11卷第6期，第95—104页。

[⑥] 纪光萌、由亚男：《中哈边境文化旅游产品需求测度研究——以霍尔果斯口岸为例》，《新疆财经大学学报》2017年第2卷第6期，第56—64页。

[⑦] 邹统钎、晨星、刘柳杉：《"一带一路"旅游投资：从资源市场转向旅游枢纽》，《旅游导刊》2018年第5卷第9期，第74—80页。

游目的地构建过程中完整性要素的建构为廊道的要素建设提供了重要基础[①]。此外，吴必虎等关于旅游资源开发与规划原理和方法为大尺度空间旅游目的地的构建提供了基本的方法论遵循[②]。

纵观国内外旅游廊道研究，必须承认为现代旅游体系中旅游廊道的建设和发展提供了较为全面、成熟和规范的模式、战略及方法，但是，伴随着全球范围内社会生产力的发展和进步，伴随着科技日新月异的发展和现代信息社会令人目不暇接的创新和变化，关乎长周期、大尺度和跨文化廊道建设的理论体系和方法论体系必须适时地发展和创新，以引领现代文化旅游产业的发展。目前国内外学术界对于旅游廊道构建的研究中，基于当今全球化视野和全球旅游经济运行发展和社会历史发展的条件，在长时间维度和大空间尺度中构建集综合性、复合性、当代性和现实性于一体的多重要素叠加和复合特征的大型廊道的构建研究鲜见，多以单一维度视角下微观的、单体的、平面意义上的研究为主。人类进入 21 世纪以后，旅游产业发展受到越来越强的多重要素的约束，在文化保护和文化发展的深刻冲突和矛盾中，在当下的新时代和新背景下，从自然、生态、经济、政治、社会、文化等多元价值耦合的角度研究大跨度、长周期国际文化旅游廊道构建问题的学术讨论尚未开展；在"一带一路"倡议背景下，把一个具有非常宏大的历史叙事的跨文化遗产，打造为全新的升级版的既具有全球价值和全球意义，又具有历史价值和现实意义的新型旅游产业利益共享经济体的研究在前述研究中尚未涉及。实践是理论的创新之源，理论是实践的创新引领，"中国丝绸之路国际文化旅游廊道"的构建必须重视在已有国内外廊道研究学理和方法的基础上创新廊道研究理论，以适应 21 世纪在全球视野下大跨度文化旅游廊道的创新和发展。

在旅游廊道建设方面，目前国际上有影响的基于自然生态和文化的旅游廊道有日本新干线、美国西海岸、德国莱茵河谷和中国茶马古道等众多重要的廊道空间，这些廊道在建设和发展中，都与其所属地域和地

[①] 唐弘久、保继刚：《我国主要入境客源地游客的时空特征及影响因素》，《经济地理》2018 年第 38 卷第 9 期，第 222—230 页。

[②] 吴必虎、俞曦：《旅游规划原理》，中国旅游出版社 2010 年版，第 4 页。

区的自然资源或文化资源关联，成为国际跨境旅游目的地；同时，这些廊道的建设和运行序列大体上遵循"资源集聚—景观形成—景观廊道"的演化逻辑，而且往往是非大尺度空间、非历史性和非跨文化性的旅游空间存在。丝绸之路本体上就是一个古老而又完整的文化空间，是东西方商贸、文化、民族、经济、社会和宗教等各个方面要素交汇的空间，是人类历史上最伟大的文化融合空间。这一大跨度、长周期、文化多元、自然生态景观交汇且集聚了最多的人类文化要素的国际文化廊道是任何存在于单一国家或区域的风景道或文化旅游廊道所不能比拟的。

2018年，全球旅游业以3.9%的速度发展，为全球经济贡献8.8万亿美元，并在全球创造了3.19亿个就业机会，而且已连续八年超过世界GDP的增长速度（全球旅游业3.9% vs. 全球GDP 3.2%），旅游业活动占全球经济活动的10.4%，旅游业发展速度仅次于制造业（4%），国际旅游消费占比从2017年的27.3%增长至28.8%，即剩余71.2%来自国内旅游消费。同时，就中国跨境旅游的发展来看，经过30多年的发展，中国已经成为全球第一大旅游客源国和第四大旅游目的地国。根据《中国旅游统计年鉴》数据，初步测算2014—2018年我国旅游服务贸易支出分别约为896.4亿美元、1045亿美元、1098亿美元、1152.9亿美元，预计2018年支出额将达1202.5亿美元。同时，算得2014—2018年我国旅游服务贸易收入分别约为1053.8亿美元、1136.5亿美元、1200亿美元、1234亿美元，预计2018年收入额将增加至1270亿美元。如表6—7所示，近五年来，我国国际旅游服务贸易始终保持顺差，但顺差额呈阶段性收窄趋势，且收窄趋势并未呈现明显改善状态。

表6—7　　　　2014—2018年我国国际旅游收支统计数据　　　　单位：亿美元

年度	旅游服务贸易收入	旅游服务贸易支出	差额
2014	1053.8	896.4	157.4
2015	1136.5	1045	91.5
2016	1200	1098	102
2017	1234	1152.9	81.1
2018※	1270	1202.5	67.5

数据来源：根据2014—2017年《中国旅游统计年鉴》计算得出，带※号年份数据为预测值。

根据 2014—2017 年《中国旅游业统计公报》数据分析，如表 6—8 所示，2014—2017 年我国旅游三大市场呈现如下态势：国内旅游人数和旅游收入稳居三大市场之首，占据较高比重，增长率动态呈现最快的增长速度，旅游收入增长速度明显高于旅游人次增长速度，说明我国国内旅游平均花费正在持续增长，国内旅游消费态势强劲，呈现出明显回暖趋势；从出入境旅游的整体演变和发展来看，出入境旅游均呈现收缩态势，尽管旅游人数、旅游收入和旅游花费均正向增长，但其增长率的下降幅度较为明显，说明我国旅游三大市场的结构不尽合理，尤其是入境旅游发展日趋下降，且下降态势未见明显改善。

表 6—8　　　　2014—2017 年我国旅游三大市场统计数据

指标	国内旅游				入境旅游				出境旅游			
年份	旅游人数（亿人次）	同比增长（%）	旅游收入（万亿元）	同比增长（%）	旅游人数（亿人次）	同比增长（%）	旅游收入（亿美元）	同比增长（%）	旅游人数（亿人次）	同比增长（%）	旅游花费（亿美元）	同比增长（%）
2014	36.11	10.7	3.03	15.4	1.28	—	1053.8	—	1.07	—	896.4	—
2015	40	10.5	3.42	13	1.34	4.1	1136.5	7.8	1.17	9	1045	16.6
2016	44.4	11	3.94	15.2	1.38	3.5	1200	5.6	1.22	4.3	1098	5.1
2017	50.01	12.8	4.57	15.9	1.39	0.8	1234	2.9	1.31	7	1152.9	5

数据来源：2014—2017 年《中国旅游业统计公报》。

根据《中国入境旅游发展年度报告 2018》数据分析，如图 6—1 所示，从入境客源市场的结构特征来看，港澳台客源市场主力地位依然稳固，"一带一路"沿线国家和地区活跃度上升。2017 年香港、澳门、台湾仍然是内地（大陆）入境旅游市场的主力，占全部市场份额的 79.09%。在剩余的 20.91% 的外国人入境旅游市场份额中，缅甸、越南、韩国、日本等亚洲国家占据 71.25%，成为我国入境旅游市场的主力，而美国、法国、英国、德国、澳大利亚、加拿大、日本等发达经济体和新兴经济体在我国入境旅游全部市场份额中只占 4.02%。综合来看，入境客源市场结构已显露出优化趋势，"一带一路"沿线国家和地区在入境旅游市场中的活跃度正持续上升。

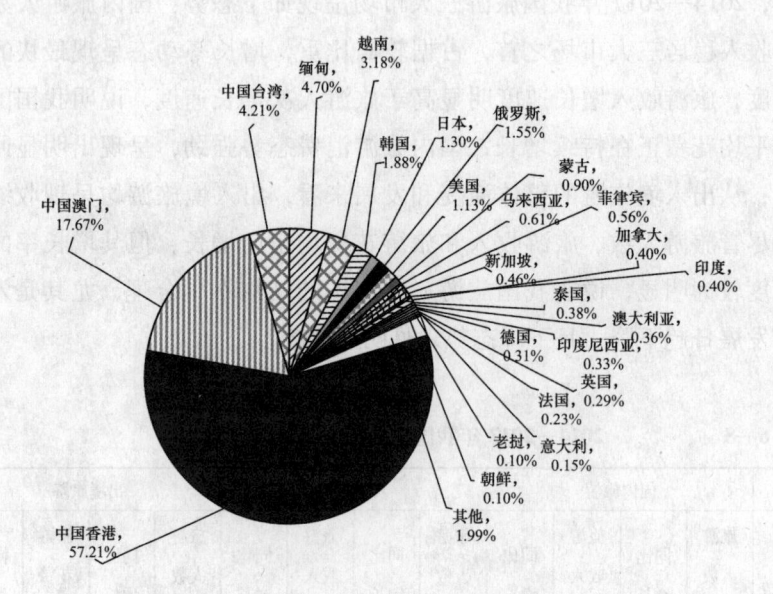

图 6—1　2017 年我国入境旅游客源市场结构状况

数据来源：《中国入境旅游发展年度报告 2018》。

综上所述，从"一带一路"建设内容的服务贸易发展看，"丝绸之路经济带"的全球双向跨境旅游发展正在起步阶段，尤其是以中国为客源市场、西向丝绸之路沿线国家和地区的跨境旅游几乎是空白；从我国作为丝绸之路重要旅游目的地的角度看，最大的问题是在旅游市场三大板块中最重要的入境旅游市场发展滞后，如何通过具有全球价值的国际文化旅游目的地的构建，引领和启动我国入境旅游的发展，从而全面改善我国旅游服务贸易绩效不良的状态，是当前我国旅游产业体系和产品体系优化、旅游三大市场结构优化以及促进区域均衡协调发展的重大命题。在"一带一路"背景下，以欧美、日韩和东南亚等国家和地区为主要客源市场，中国丝绸之路为主要文化目的地，构建全球最知名的"中国丝绸之路国际文化旅游廊道"，以这一廊道的构建和入境旅游的发展为龙头，带动古老的丝绸之路文化复兴和文化旅游产业发展，并借助以"请进来"为主要标志的文化旅游流带动全球人民对中国文化的精准认知和文化互信，综合提高我国文化软实力，建构与我国经济发展体量相适配的文化体量，应当是"中国丝绸之路国际文化旅游廊道"建构的主要目标。"中国丝绸之路国际文化旅游廊道"东起关中，西至霍尔果斯口岸的中国陆路边境，约4000千米长度范围的广袤空间，我们可以从旅游经济学和旅游地理学的双重意义和构建国际旅游目的地的空间结构完整性意义上将"中国丝绸之路国际文化旅游廊道"划分为东、中、西三段主要廊道，其中东廊道起于西安、止于兰州；中廊道从兰州开始通向敦煌，包括北线草原丝绸之路、中线河西走廊、南线西北旅游环线三条丝绸之路支线；西廊道是指三条支线汇聚后由敦煌去往新疆，划分为敦煌—北疆、敦煌—南疆两条支线，这一廊道是在自然生态和文化上具有典型意义的自然和文化遗产并重的特定的复合型廊道。同时，应当高度关注中廊道的河西走廊，这一绵延约1000千米的空间具有更加重要的文化旅游产业发展价值，这一空间不单是中国而且是全球丝绸之路的精华区段，可以考虑率先建设和优先发展，使之成为"中国丝绸之路国际文化旅游廊道"建设的引爆型和龙头型区域。

二 旅游廊道建设的背景与体系

习近平总书记关于"一带一路"倡议的提出及其向纵深的推进和发展，为丝绸之路沿线区域旅游业的发展带来了千载难逢的机遇。旅游业作为对外合作最前沿、人文交流最活跃、市场前景最广阔、产业带动最强劲的综合产业，是建设"丝绸之路经济带"的先行者和主力军。打造具有国际水准的旅游廊道，是提升丝绸之路旅游核心竞争力，实现"政策沟通、设施联通、贸易畅通、资金融通、民心相通"的关键。中国丝绸之路文化旅游资源遗存丰富、历史古城集中、资源类型多元，作为旅游完整性最强的全球跨境旅游热点区域在旅游发展中有着不可替代的地位和作用。构建"中国丝绸之路国际文化旅游廊道"，为重拾丝绸之路文化记忆和想象提供一种存在已久的、灵魂深处的文化体验的现实性，对推动丝绸之路国际旅游区经济利益共同体的建立具有探索性意义，对西部五省区区域经济社会全面发展和进步具有深远意义。本研究认为，陆上丝绸之路具有生态文化、历史文化、长城文化、边塞文化、多元民族与宗教文化、红色文化、文化与相关产业跨界衍生的新文化、现代体育文化与美食文化等多文化叠加特质；有着保存最完整、结构最良好的古丝绸之路文化遗存；有着自然生态、文化特质和独特戈壁绿洲农业交叉存在的独特资源和景观体系。因此，将陆上丝绸之路打造成21世纪全球意义上最重要的文化旅游目的地和跨境旅游大尺度空间，具有重大的历史、文化和旅游经济价值。

（一）"一带一路"双向跨境旅游目的地创新发展的新引擎

在全球服务贸易发展中，旅游服务贸易是其中最重要的体量，在"一带一路"建设中，宜高度重视有"民心相通"和"人民相亲"重要特质的跨境旅游发展。从短期看，全球经济依然处在下行期，全球服务贸易依然在低位运行，必须通过全球旅游新业态、新产品及新目的地的构建和运营进行供给侧改革和结构优化，创新国际双向旅游新型目的地体系，以形成全球旅游流消费结构的转型升级和发展，提高旅游收入在各国服务贸易中的比例，优化丝绸之路沿线国家和地区服务贸易发展的水平；从长远看，复兴古老丝绸之路，在新的全球化和社会经济发展背景下创新丝绸之路的文化和经济新价值，使之成为各国人民"共建共享"的国际文化旅游目的地，是全球旅游业发展的必然趋势，是更加广阔的、利于丝绸之路沿线各国和各地区人民的发展前景的和更加深远的、加强人民之间互信以及构建"人类命运共同体"的重要人文交流载体，从而成为全球双向跨境旅游发展的新引擎。

（二）"一带一路"建设尽快落地的重要文化和产业依托

"一带一路"建设的现代要义是"五通"，基本主旨则是新的社会历史发展时期的文化融通和各国各民族之间的文化交流、相互欣赏与尊重。无疑，生产要素和商品货物的交换，设施的连通以及交通运输条件的全面贯通一定是"一带一路"建设的重要内容。但文化的互认互信应当是一切融通的重要基础，当文化认同建构起来了，我们才可以从产业层面大幅掘进，使"一带一路"建设成为基于中国经济和全球经济升级换代的新发展空间。如果说现代旅游产业是现代服务业最具发展潜力的新兴产业，如果说旅游消费是现代生活具有"文化消费"和"生活消费"双重性质的刚性需求，如果说跨境旅游是兼具"文化融通"和经济价值双重属性的复合产业，则建构位于我国丝绸之路腹地的国际文化旅游廊道，就必然成为"一带一路"建设重要的文化依托和产业依托，在文化互信层面和产业发展层面，为"一带一路"建设提供强大的和恰逢其时的支撑。

（三）"一带一路"建设中实现民心相通的首要产业发展空间

我们必须认识到，在国际经济发展中，无论是不同产业产品以及生产要素的贸易活动，还是基于国际分工的直接投资和跨国公司的形成，都应当被视为传统世界经济的基本类型，也是促进全球分工体系形成和全球经济增长和发展的主要内容。但站在今天的时代看，伴随着越来越复杂的国际形势，伴随着世界经济由于地缘政治、宗教、文化以及社会等因素更多地渗入国际经济关系中的形势，伴随着"逆全球化"和贸易保护主义及民粹主义的抬头，纯粹地基于资本和政府间驱动的国际经济发展受到了很大阻滞，并很有可能发生重大逆转，极大地伤害国际分工体系和世界经济的健康稳定运行和发展。因此，我们必须高度重视基于"文化差异"而形成的旅游业态的国际分工，高度重视现代旅游业基于消费者自主选择的具有自发性质的产业属性，高度重视跨境旅游实现的不同国家和人民"相识相亲"和"民心相通"的重要特质。大力发展跨境——尤其是以我国作为目的地的——入境旅游，为此建构最具有全球共识和"共同空间"的"丝绸之路国际文化旅游廊道"，建构在新的全球情势下的国际分工和世界经济发展的文化空间，具有重要价值。

（四）"一带一路"建设中区域差异化发展的示范空间

在现代交通和信息网络高度发达的今天，"一带一路"已经不是历史上单一的"狭路"概念，"一带一路"建设和发展已扩充到了地球上所有的区域，其"朋友圈"几近没有边界，其发展已提供了无限的可能性和想象力。就我国的状态看，中国幅员辽阔，不同区域资源和经济禀赋各异，又有着不同的发展差距，经济互补性很强。经过2014—2018年的建设与发展，我国不同区域逐渐形成了在"一带一路"建设中的不同特色和优势，以及不同领域和重点，极大地推动了"一带一路"建设，也实现了区域经济的发展；应当进一步在"一带一路"建设中强化我国国内的区域分工，认可并尊重差异化，坚决避免同质化，促进"一带一路"健康发展。传统丝绸之路也即今天的"丝绸之路经济带"，在空间意义上与我国广袤的西北地区关联度最大，由于历史和现实，这一地区经济增长和发展水平不高，是我国的欠发达区域。但应该同时看到，这一区域是我国自汉唐以来中国文化最富集、文化交互最频繁和自然资源最具有特色优势的区域,是发展现代跨境旅游、重拾丝绸之路记忆和彰显中国文化最不可多得的区域,全球丝绸之路8000千米、中国丝绸之路约4000千米都"躺卧"在这一区域,在差异化发展的前提下,将这一始于关中并一直延伸到霍尔果斯与中亚驳接的中国新疆地区建设成最具有全球价值的国际文化旅游目的地,则可能极大地推动我国西北地区的经济增长和发展,实现21世纪我国经济社会的全面协调发展。

综上所述,我们将从遗产廊道理论的视角出发,构建"中国丝绸之路国际文化旅游廊道"。在"一带一路"建设背景下,梳理和整合丝绸之路包括多廊道复合的廊道价值及多元旅游资源价值,形成"中国丝绸之路国际文化旅游廊道"基于规划和设计层面的基本轮廓和样式,构建支撑"丝绸之路国际文化旅游廊道"运行的生态、基础设施和配套服务体系条件,形成"丝绸之路国际文化旅游廊道"基于互联网和全球现代交通网络的旅游方式,建成21世纪最有价值的全球跨境旅游目的地体系。我们的主要目标应该是:①依托"一带一路"建设,在旅游产业发展层面构建一个中国向西开放的最重要的跨境旅游目的地体系,同时支撑国家"一带一路"建设向产业纵深拓展。②在全域旅游和遗产廊道理念下,构建一个具有大尺度地理空间和丰厚文化底蕴并存的并可持续发展的区域共建共享的旅游收益全新机制和全新文化旅游试验区。③通过打造国际文化旅游廊道,形成丝绸之路关联区域经济社会发展的战略要冲和投资风口,以全面推动这一区域的经济社会发展与现代化进程。"中国丝绸之路国际文化旅游廊道"的构建应该涵盖如下方面:①"丝绸之路国际文化旅游廊道"多资源多要素共生共存的价值和丝绸之路多廊道复合价值的构建。包括廊道本体的生态、经济、社会、文化价值的构建,廊道资源现状梳理,资源价值评价,空间定位,具有丝路文化、长城边塞、戈壁绿洲、科学考察、户外运动、饮食文化等多个属性的廊道体系构建,等等。②"丝绸之路国际文化旅游廊道"产业体系与产品体系建设。包括传统资源型旅游产品体系建设;文化旅游与其他产业融合发展的体验型旅游产品体系建设;科技、创意和资本驱动下的创新型文化旅游产品体系建设;支撑多个序列产品体系的微观、中观、宏观产业体系的建设;等等。③"丝绸之路国际文化旅游廊道"概念性策划。包括廊道发展目标与定位;整体形象和局部形象设计;廊道功能区规划;廊道支撑体系建设；客源市场发掘和营销方案设计；等等。④"丝绸之路国际文化旅游廊"是基于多要素复合型特质的廊道内生态、经济、社会、文化以及人的均衡协调发展和多元价值的实现方式。包括廊道旅游经济运行的结构高度化；廊道旅游经济宏观、中观、微观效益；廊道旅游经济运行的多元价值和效益；等等。⑤丝绸之路自然生态系统的优化保护和文化旅游产业发展的相互支撑体系建设。包括环境评价；廊道旅游容量监测；自然生态系统与旅游经济运行系统的互适和支撑体系；等等。⑥"丝绸之路国际文化旅游廊道"区域协同和利益共享机制建设。包括廊道内部不同区域，区域内部不同组织和不同经济主体之间的利益共建共享机制；廊道内部不同线路之间的理论逻辑关系和在旅游实践中的驳接关系；廊道内部战略协同、产业协同、组织协同、产品与市场协同、品牌与传播协同。⑦"丝绸之路国际文化旅游廊道"发展和运行的体制机制、制度体系和政策支撑体系建设。包括国家、区域和省不同层面政府的政策顶层设计；产业政策支撑；产业组织建设；要素形成及集聚方式；等等。

三 旅游廊道建设的价值和政策支撑

在"一带一路"建设中，"21世纪海上丝绸之路"的双向跨境旅游已经成熟，无论是东南亚、东盟与欧洲对我国的入境旅游，还是我国对这些国家和地区的出境旅游，基本上呈双向均衡发展的良好态势；但传统陆上丝绸之路的双向跨境旅游基本上还是未开垦的处女地。改革开放40年来，由于丝绸之路中国段经济社会发展状态比较成熟与稳定，旅游产业发展已经具备相当良好的基础，中国丝绸之路的西安、敦煌以及北疆地区更是传统的优质入境旅游目的地，以"中国丝绸之路国际文化旅游廊道"为新型国际文化旅游目的地进行"廊道旅游"建设，由点到线，由线及面，前景可期，可以率先发展；同时，我们宜在"一带一路"建设中加强我国对中亚、中东、非洲及西南欧等国家和地区出境旅游的谋划，在跨国直投和双边经济文化发展中加大基于双向跨境旅游与西向国家和区域的深度交流，尤其要加大国内对这些国家和地区历史文化、民族风情及自然风光的宣传，启动基于旅游外交的文化、法律及签证等方面的交流沟通和合作，提高丝绸之路沿线国家和人民之间的相互了解和相互信任，为未来更高水平和更加规范的丝绸之路双向跨境旅游发展打下良好基础。通过启动"中国丝绸之路国际文化旅游廊道"的建设，极大地提升和改善我国旅游服务贸易的规模、结构和品质，优化跨境旅游尤其是入境旅游经济结构，构筑我国西向跨境旅游的新格局。当下，根据丝绸之路国际旅游目的地在分段和分区域层面的不同时序和成熟度，宜率先将丝绸之路中国段打造成为全球跨境旅游文化廊道；同步地，在中国与西向丝绸之路沿线国家向纵深发展的经济文化交流进程中，不失时机地大力支持和发展中亚、中东、非洲及西南欧等国家和地区为目的地的、跨度更长和空间更大的丝绸之路文化旅游廊道西延部分，使整个全球丝绸之路在现代旅游产业发展层面活跃起来，使沿线国家和地区的人民借助丝绸之路的复兴和产业发展走向具有新的历史和文化价值的相亲和互信。

(一)"中国丝绸之路国际文化旅游廊道"的战略定位

"中国丝绸之路国际文化旅游廊道"的空间距离大约有4000千米，基本横跨中国西北地区，又处在亚欧大陆桥的腹地，有良好的跨境旅游基础，其中的西安、敦煌、乌鲁木齐等城市是我国传统跨境优质旅游目的地。这一空间在结构上呈"廊道"特质，其间的河西走廊又是"廊道"中的"廊道"，可谓"河西走廊冠丝路"。如果这一区域可以成为我国开放的重要区域，又可成为我国和西北地区融入"一带一路"建设的重要空间，则将这一区域建设成为全球意义上极富发展潜力的国际旅游目的地就具有重要的战略意义。事实上，从20世纪90年代开始，我国政府就多次向全球推介过我国最有价值的入境旅游线路，"中国丝绸之路"一直是首位的最佳入境旅游目的地，发展基础良好。与"一带一路"建设相呼应，应该高度重视中国丝绸之路的"一带一路"建设定位、国土空间定位、产业发展定位和国际旅游目的地定位，在顶层设计上明确其作为我国乃至全球最有价值跨境旅游的大尺度空间是当务之急。

(二)站在全球经济层面进行高标准规划和建设

二战后，人类进入一个相对和平稳定的重要发展时期，社会生产力迅速发展，以美国为首的西方国家最早进入现代化国家序列，人均收入水平大幅提高，推动了消费水平提高和消费升级。旅游消费从弹性需求到刚性需求，已成为现代服务业最重要的业态之一，也是现代服务贸易最重要的体量，美国、法国、德国、西班牙、日本、澳大利亚及韩国等国都成为全球旅游者最青睐的旅游目的地。改革开放以后,我国社会生产力迅速发展,现代旅游业遵循赶超经济模式也获得了跨越式发展,形成了较为规范和成熟的现代旅游经济体系,旅游业已成为现代服务业的新兴龙头产业和国民经济的支柱产业。但是,也必须同时认识到我国的旅游业与发展有一百多年以及高度发展已有七十多年的发达国家相比,仍有较长距离。"中国丝绸之路国际文化旅游廊道"建设须遵循国际惯例和标准,高起点规划,高标准建设,尤其是重视沿线各个省区之间目的地规划和建设方面的协调和同步。目前,基于经济走廊的"中俄蒙"走廊、"长安—天山"廊道等的规划和建设在进行中,但是,基于跨境旅游目的地的"中国丝绸之路国际文化旅游廊道"的战略定位、规划和建设尚处于讨论和起步阶段,应加快在国家层面和西北各省区协调共建共享层面的谋划,尽快推动这一廊道的全面建设和发展。

(三)加快廊道开放经济体系和产业体系建设

应当充分认识到,"中国丝绸之路国际文化旅游廊道"是构建我国新开放经济体系的重要产业依托。我国的改革开放发端于东部沿海地区,40年的时间造就了环渤海、长三角及珠三角中国经济的高地,新时代区域协调发展已成为战略中的重中之重,构建欠发达西部地区大跨度的入境旅游目的地,对于经济的辐射带动和引领作用不言而喻。在"中国丝绸之路国际文化旅游廊道"的建设中,应注重支撑开放体系的产业体系建设,这一产业体系建设既包括现代旅游业内部与旅游要素关联的微观产业体系建设,更重要的是与廊道关联的西部各区域的要素与产品体系建立在合理分工与协作条件下的共建共商共用共享体制和机制创新,以及与之相适应的廊道所在区域全产业全要素集约支撑旅游业发展的新战略体系的形成,并在开放经济体系大框架下考虑产业体系的构建。从发达国家和我国东部地区跨区域产业发展的经验和模式看,一个成熟的极具发展潜质和可持续发展的旅游目的地必须是开放经济体系和产业体系融合良好的区域,这是"中国丝绸之路国际文化旅游廊道"建设的重要战略内容。

(四)打造全新的基于我国跨境旅游的"客源地—目的地"体系

如果说建设开放经济体系和产业体系并高度融合开放经济体系和产业经济体系是目的地本体战略的话,那么,构建"客源地—目的地"体系则应当是目的地关联战略。诚然，任何外向型产业经济都必须考虑市场和产业、市场和产品之间的关联，但现代跨境旅游业由于消费的文化性质、空间位移性质和业态的高度复合性质，决定了其市场和业态之间的关联之于任何一种产业业态都有更高的复杂度、变化度和敏感度，对于市场和业态之间的关联要有更高的管理和驾驭水平。应当承认，我国旅游三大市场的结构不尽合理，尤其表现在入境旅游的增长持续低于国内旅游，尤其是出境旅游的增长，除了全球经济下行、结构调整、汇率变动及签证便利化等一些共有的因素影响以外，还与我们不太注重市场维护与管理、忽视从"客源地—目的地"体系建设角度进行入境旅游管理有关。"中国丝绸之路国际文化旅游廊道"是改善我国入境旅游状况的重要战略，是与"一带一路"建设紧密契合的落地产业业态，更是在开放经济体系下具有全球意义和价值的跨境旅游目的地，未来游客的主体应当主要指向境外市场和国际市场，应高度关注全球经济市场消费结构和偏好的变动，以丝绸之路的"复兴"和丝绸之路历史、文化和记忆的"打捞"为核心内容进行打造和建设，从而构建全球意义上的"客源地—目的地"新体系。

（五）新时代"中国丝绸之路国际文化旅游廊道"的形象定位与传播

"中国丝绸之路国际文化旅游廊道"是一个全新的生态、文化、经济和旅游的复合型廊道，是国际跨境旅游中最大跨度和空间的旅游目的地，是历史上存续时间最长、最古老的人类文化交互空间，是与全球多个国家和多个民族都有历史和现实关联的全球公共旅游区域。要在新的全球化背景下、新的社会历史发展条件下和新旅游消费时代的框架下进行"中国丝绸之路国际文化旅游廊道"形象的定位和策划，创新这一廊道的传播和营销渠道，提高"中国丝绸之路国际文化旅游廊道"在全球的知名度和美誉度。廊道周边区域在进行分段形象定位、策划和营销过程中，必须高度关注对整体廊道形象和品牌定位的遵循，以及与周边区域和区段形象定位策略和分销的协同和关联；要高度重视廊道内重要的区段和节点的相对独立形象传播和营销，要特别区分廊道内注入长城主题、彩陶主题、佛教文化主题、民族文化主题、自然生态主题、绿洲现代休闲农业主题、戈壁沙漠体育运动探险主题以及研学科考等主题线路产品的开发，满足不同类型入境游客的需求，不同区域、区段和主题的廊道线路产品既相互独立又相互协同，最终成为"中国丝绸之路国际文化旅游廊道"的核心内容。大品牌、大形象和子品牌、子形象相互协调，进行全球传播和营销，造就我国基于"一带一路"建设中的中国丝绸之路的新的认知和全面发展。

第三节 "一带一路"背景下西部地区入境旅游趋势与发展研究

"一带一路"倡议背景下西部旅游产业发展面临着不同的战略选择，实际上，从2014年开始，如果以"丝绸之路经济带"沿线西北地区为国内和跨境旅游目的地，那么无论是国内旅游还是入境旅游，客源结构都已有显著改善。显然，在"一带一路"倡议向纵深推进的过程中，西部地区旅游产业市场结构已经发生变化，创新并推动这一区域的旅游战略向结构不断优化和具有开放特质的方向转型。西北地区各省区应顺应旅游产业发展内外部环境因素的变化和发展条件的变化顺势向前，制定精准的旅游产业发展战略，创新开放发展战略格局，从而推动西北地区在新一轮开放态势和条件下实现区域经济跨越式发展。

一 文献综述

入境旅游是国际服务贸易的重要内容，其本质属跨境消费范畴，鉴于旅游产业在国民经济核算中的重要地位和入境旅游在旅游市场中的重要作用，与入境旅游相关的研究一直为学术界所关注。

国外学者对入境旅游的研究较早且体系成熟，随着国家社会经济的发展和国际政治格局的改变（如逆全球化与恐怖主义），国外学者近年以旅游危机事件对国际旅游的影响为关注焦点并取得了突破性的成果，如 Susana Cro（2017）使用结构断裂法（Structural Break Test）将旅游危机日期与结构性突变的年代进行比较以预测事前旅游危机，填补了国际学术界对于事前旅游危机研究的空白；国内学者对于入境旅游的研究相对较晚但已相当成熟，研究内容主要涉及入境旅游空间结构、客流流向、客源市场结构、市场发展规律、旅游竞争力、危机事件以及与宏观经济之间的关系等方面的研究，并兼具全国层面与省域层面的研究。

　　具体来说，在入境旅游空间结构方面，孙根年等（2008）运用重力模型对我国1990—2006年的入境旅游地域结构的演变进行了研究；何俊阳等（2016）利用超效率DEA方法测度了2005—2014年泛珠三角区域的不同区域入境旅游发展效率，并借助波士顿矩阵分析了该区域内部的市场竞争态势。在入境旅游客流流向方面，刘宏盈（2012）通过构建广东入境旅游流的西向扩散转移态指数对入境旅游扩散的时空分布特征进行了分析；冯娜提出了外向在线旅游信息流概念并测度出了中国城市的外向在线信息流指数。在入境旅游客源市场结构方面，韩立宁等（2013）运用市场竞争态理论分析了1995—2010年我国23个入境旅游客源国的结构变化规律与变化趋势；全华等（2012）运用偏离—份额分析法（SSM）对2001—2009年江苏省入境旅游市场结构变化进行了分析。在入境旅游市场发展规律方面，张瑞英等（2014）将我国分为八大旅游区域并分析了不同区域的结构效应和空间效应，得出了不同区域入境旅游变迁的内在规律。在旅游竞争力方面，赵书华等（2005）运用国际竞争力测度指标对全球九大旅游服务贸易收入国家的旅游服务贸易竞争力进行了研究；冯学钢等（2003）运用德尔菲法（Delphi Method）和层次分析法（AHP）对我国旅游发展的竞争力进行了量化分析，并与世界入境旅游接待人数排名前十位（2001）的国家进行了比较。在入境旅游危机事件方面，于海波（2015）定量分析了雾霾对我国入境旅游的负面影响；吴良平等（2013）基于LOWA算子组合预测模型定量分析了危机事件及政治变动对我国入境旅游的影响程度和影响时滞。在入境旅游与宏观及世界经济的关系研究方面，苏建军等（2013）利用动态面板回归模型，基于1985—2009年的时间序列数据分析了进出口贸易对入境旅游的溢出效应。但学术界对于我国入境旅游最重要的资源空间与产业空间——丝绸之路沿线西部地区的入境旅游研究则付之阙如，且这些研究大多聚焦于地理学，如基于1994—2008年我国西部陕西、四川、云南的统计数据和抽样调查数据对我国西部入境旅游客流的集散时空动态规律的研究，对2000年、2005年和2010年西部12省（区）低于耦合系统协调度及时空分异的研究，基于旅游流转移的中国西部省区入境旅游时空动态的分析，等等。

　　综上所述，我国入境旅游研究是服务贸易研究的重要方向，近几年来，研究主要聚焦于广义入境旅游以及对经济增长的贡献度等宏观领域的研究，获得了一大批富有成效的研究成果。但是，当下必须高度关注"一带一路"倡议对我国入境旅游的影响和入境旅游对"一带一路"的影响；尤其值得高度关注的是传统丝绸之路沿线西部区域在具有全球意义的"一带一路"倡议向纵深推进过程中关联区域的产业分化和选择；高度关注关联区域在整体"一带一路"倡议发展中的优势或先导产业的介入。必须把握"一带一路"沿线西部地区入境旅游发展的新特征和运行趋势，科学合理地认知入境旅游发展和"一带一路"发展的互适，从而精准地制定"一带一路"沿线西部区域优势或先导产业发展战略。

二 丝绸之路沿线西部地区入境旅游发展研究设计

（一）研究区域概况

我国西部地区自古以来就是东西方文化和各类生产要素及商品交换的重要通道，是中华民族和华夏文明发祥地，同时也是中华多元民族文化最集中的存续地和展示地，该区域潜藏着丰富而厚重的文化资源和旅游资源，其中作为"全人类共同的记忆"的丝绸之路文化旅游在国家"一带一路"倡议启动和实施过程中成为全世界最受瞩目的旅游产品和旅游线路，其较小的旅游弹性对外国游客形成了高度的文化引力与文化魅力，为我国西部地区入境旅游市场的培育与发展奠定了良好的文化基础。在整个丝绸之路文化旅游体系中，该区域的各个区段既是丝绸之路文化旅游产业发展的重要组成部分，同时各个区段的文化特质又有显著差异，不同区段间的旅游资源和产品形成了有机错位，为我国西部地区入境旅游市场的培育与发展奠定了良好的资源与产品基础。

（二）数据来源、研究样本及研究方法

本文以入境旅游人数、入境旅游收入、入境客源国及人均花费作为考察我国西部地区入境旅游发展态势及研究我国西部地区入境发展战略的基础数据，数据来源于2006—2016年历年的《中国旅游统计年鉴》、《陕西统计年鉴》、《宁夏统计年鉴》、《甘肃统计年鉴》、《青海统计年鉴》、《新疆统计年鉴》、《北京统计年鉴》、《四川统计年鉴》、《上海统计年鉴》及历年各省（区、市）《国民经济与社会发展统计公报》。同时，

基于我国西部地区发展入境旅游的良好基础和条件，如无特殊注明，本文中所述"西部地区"为我国"丝绸之路经济带"沿线西部各省区，具体包括陕西、宁夏、甘肃、青海、新疆五省区。同时，为了更精准地把握我国西部地区入境旅游市场，本文选取北京、四川、上海分别作为我国华北、华南及华东地区的参照入境旅游目的地进行分析。

本文采用时间序列分析法和对比分析法，以我国其他入境旅游重点区域对我国西部地区的入境旅游市场增长率、人均花费、消费结构、客源国结构、客源国质量进行分析，同时，对各个区域入境游客客源国与消费结构质量进行对比分析。入境旅游客源质量分为两个方面，一是以整个入境旅游市场为基础，分为港澳台市场和外国人市场，这与我国的特殊条件有关，这种划分方法在我国出入境旅游统计体系中较为常见，虽争议较多，但一直作为官方统计我国入境旅游相关数据的基础，且笔者认为在这种划分方法中外国人比重越高则入境游客结构质量越高；二是国际上较为普遍的方法，即入境旅游市场单指国际旅游市场，入境旅游数据实为国际旅游数据，且一般认为这种方法能够更好地反映某一国家旅游市场发展的国际化与全球化水平。基于这两种不同的出入境旅游统计体系，笔者对入境旅游客源质量进行了入境港澳台与入境外国人结构、不同客源国入境外国人结构两方面的分析，并针对第一种客源质量分析设计了入境旅游客源质量指数 Q 值，公式如下：

$$Q = \frac{QI}{QF} \qquad (6—5)$$

其中，Q 为入境旅游客源结构质量指数，QI 为某一年度某一地区港澳台游客占当年全部入境游客的百分比，QF 为某一年度某一地区外国游客占当年全部入境游客的百分比。当 $Q > 1$ 时，表明入境游客中港澳台游客占比大于外国游客占比，则入境客源结构质量较低；当 $Q = 1$ 时，表明入境游客中港澳台游客与外国游客占比相等；当 $Q < 1$ 时，表明入境旅游客中港澳台游客占比小于外国游客占比，则入境客源结构质量较高。

而旅游消费结构是游客在旅游过程中所消费的各种类型的消费资料（物质产品、精神产品、服务）的比例关系，是反映入境旅游发展程度和旅游产品结构的重要指标。在各种类型的旅游统计年鉴中一般按照旅游消费的不同用途将旅游消费结构分为基本旅游消费和非基本旅游消费。

其中，基本旅游消费包括交通支出、游览支出、饮食支出、住宿支出等相对稳定且弹性较小的支出；非基本旅游消费包括旅游购物支出、娱乐休闲支出、邮电通信消费等相对波动且弹性较大的支出。本文通过入境旅游消费结构指数 E 值来反映入境旅游消费结构的变动趋势，公式如下：

$$E = \frac{EA}{EB} \qquad (6-6)$$

其中，E 为入境旅游消费结构指数，EA 为非基本入境旅游消费支出占入境旅游总消费支出的百分比，EB 为基本入境旅游消费支出占入境旅游总消费支出的百分比。E 值越大，表明区域入境旅游消费结构质量越高，即入境旅游消费中非基本性消费占比越大，基本性消费占比越小，入境旅游市场发展水平越高。

三 丝绸之路沿线西部地区入境旅游发展状况

（一）西部地区入境旅游现状分析

从图 6—2 可以看出，2006—2016 年我国西部地区入境旅游人数与入境旅游消费的变动趋势基本一致，且大致经历了三个发展阶段。第一阶段（2006—2009 年）为低位运行期。这一阶段，西部地区入境旅游市场初步形成，入境旅游人数与入境旅游收入变动较为平稳，入境旅游人数由 2006 年的 177.76 万人次增长至 2009 年的 191.61 万人次，增长率为 7.79%；入境旅游收入由 2006 年的 6.18 亿美元增至 2009 年的 8.25 亿美元，增长率为 33.50%，但两者的年均增长率仅为 0.28% 和 2.26%。第二阶段（2010—2013 年）为高位增长期。这一阶段，西部地区入境旅游市场蓬勃发展，入境旅游人数与入境旅游外汇收入保持高位快速增长，入境旅游人数由 2010 年的 332.32 万人次快速增长至 2013 年的 525.69 万人次，增长率达 58.18%，入境旅游消费由 2010 年的 9.39 亿美元增长至 2013 年的 22.01 亿美元，增长率为 134.40%，两者的年均增长率为 31.09% 与 28.52%。第三个阶段（2014—2016 年）为波动增长期。这一阶段西部地区入境旅游市场变动较大，出现了入境旅游人数与入境旅游收入变动不一致的状况，2014 年较 2013 年入境旅游人数年下降 18.28%，但入境旅游消费却增长 5.09%，2015 年较 2014 年入境旅游人数增长 11.08%，入境旅游消费却下降 14.96%，这可能与 2014 年与 2015 年西部地区入境旅游产品结构的调整有关,该阶段入境旅游人数与消费年均增长率又回落至3.24%和8.83%。

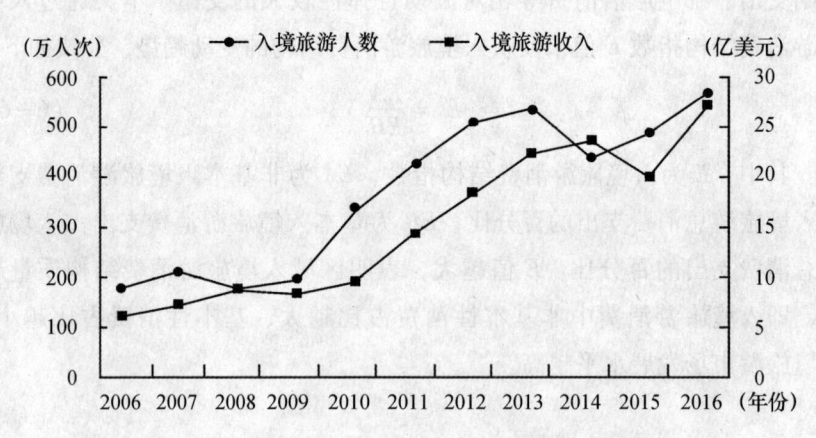

图6—2 2006—2016年西部地区入境旅游人数与入境旅游收入变化

数据来源:根据2006—2016年西部地区各省份统计年鉴计算得出。

(二)西部地区入境旅游增长率分析

1. 增长率演变分析。

从入境旅游人数的增长率来看(如表6—9所示),除华东与西部地区外,2006—2016年全国、华北和华南地区入境旅游人数的增长率呈波动下降趋势。全国入境旅游人数增长率由2006年的3.90%下降至2016年的3.50%;华北地区入境旅游人数增长率由2006年的7.55%下降至2016年的-0.82%;华南地区的入境旅游人数增长率由2006年的31.90%下降至2016年的13.03%;华东地区的入境旅游人数增长率由2006年的6.01%上升至2016年的6.77%,但上升幅度相对较小;2006年西部地区的入境旅游人数增长率在各国各个区域中最低,仅为5.36%,但经过10年的发展,自2015年开始,西部地区入境旅游人数增长率开始大幅度上升,至2016年上升至16.93%,成为全国入境旅游人数增长最为迅速的区域。

从入境旅游收入增长率来看(如表6—10所示),相较于入境旅游人数的增长情况而言,西部地区入境旅游的增长表现更为抢眼。同样,除华南与西部地区外,全国、华北地区和华东地区2006—2016年间入境旅游收入的增长率都呈下降趋势。其中,华南地区入境旅游收入增长率由

2006 年的 25.09% 上升至 33.80%；西部地区的入境旅游收入增长率虽然波动较大，但其由 2006 年的 6.37% 上升至 2016 年的 36.35%，上升幅度远大于华南地区，成为全国入境旅游收入增长率最高的地区。

表 6—9　　2006—2016 年不同地区入境旅游人数增长率对比

入境旅游人数增长率（%）\年份	2006	2007	2008	2009	2010	2011	2012	2013	2014	2015	2016
全国	3.90	5.50	-1.40	-2.70	5.80	1.20	-2.20	-2.50	-0.45	4.10	3.50
华北	7.55	11.58	-12.97	8.84	18.81	6.18	-3.75	-10.14	-5.03	-1.75	-0.82
华南	31.90	21.89	-59.06	21.50	23.46	56.27	38.65	-7.82	14.61	13.75	13.03
华东	6.01	9.89	-3.79	-1.79	35.33	-3.94	-2.10	-5.37	4.48	1.12	6.77
西部	5.36	15.83	-15.25	9.81	73.44	26.13	19.68	4.80	-18.28	11.08	16.93

数据来源：根据 2006—2016 年各个地区统计年鉴和《中国旅游统计年鉴》计出。

表 6—10　　2006—2016 年不同地区入境旅游收入增长率对比

入境旅游人数增长率（%）\年份	2006	2007	2008	2009	2010	2011	2012	2013	2014	2015	2016
全国	12.90	23.50	-2.60	-2.90	15.50	5.80	3.20	3.30	103.97	7.80	5.60
华北	11.23	13.74	-2.61	-2.24	15.69	7.38	-4.93	-6.88	-3.90	-0.06	10.10
华南	25.09	29.65	-58.05	34.22	22.71	67.71	34.41	-4.18	12.15	37.68	33.80
华东	9.78	19.59	6.12	-4.60	33.55	-8.90	-5.86	-4.53	8.79	4.47	9.56
西部	6.37	15.86	20.39	-4.29	13.82	51.22	27.46	21.60	5.09	-14.96	36.35

数据来源：根据 2006—2016 年各个地区统计年鉴和《中国旅游统计年鉴》计算得出。

2. 年均增长率分析。

由图 6—3 可知，2006—2016 年不同地区入境旅游人数年均增长率差别较大，年均增长率标准差为 0.067。其中，华南地区入境旅游人数年均增长率为 15.29%，排名第一，分别是华东、华北和全国入境旅游人数年均增长率的 3.61 倍、9.10 倍和 11.41 倍；西部地区次之，入境旅游人数年均增长率为 13.59%，是华东、华北和全国入境旅游人数年均增长率的 3.20 倍、8.08 倍和 10.14 倍；而华东、华北与全国的入境旅游人数年均增长率仅为 4.24%、1.68% 和 1.34%。同样，从 2006—2016 年不同地区入境旅游收入年均增长率对比来看，华南地区年均增长率为 21.38%，排名第一，分别是全国、华东和华北地区的 1.33 倍、3.50 倍和 6.27 倍；西部地区次之，入境旅游收入年均增长率为 16.27%，基本与全国 16.01% 的增长率持平，分别是华东和华北地区的 2.63 倍和 4.77 倍。因此，无论从入境旅游人数年均增长率还是从入境旅游收入年均增长率来看，西部地区入境旅游市场增长均快于全国平均水平，且大幅度领先于华北与华东地区。

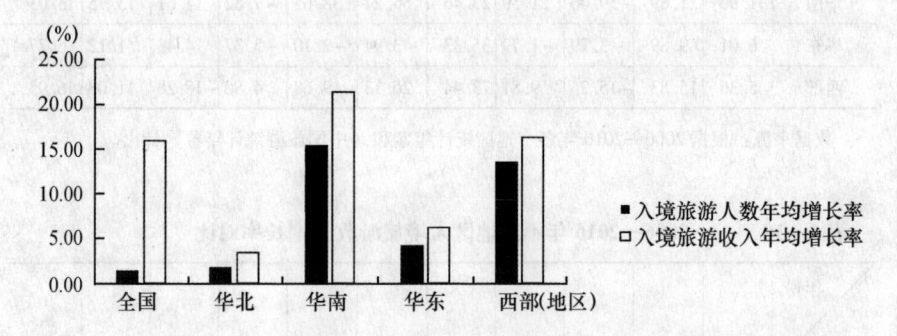

图 6—3 2006—2016 年不同地区入境旅游人数增长率与收入年均增长率对比
数据来源：根据 2006—2016 年各个地区统计年鉴和《中国旅游统计年鉴》计算得出。

（三）西部地区入境旅游人均消费分析

如图 6—4 所示，2006—2015 年不同地区的入境旅游人均消费皆呈上升趋势，2006 年华北、华东、华南和西部地区入境旅游人均消费为 246.09 美元/天、233.21 美元/天、174.98 美元/天和 150.94 美元/天，2015 年华北、华东、华南和西部地区入境旅游人均消费皆上升为 259.58 美元/天、272.67 美元/天、192.94 美元/天和 173.5 美元/天。西部地区是四个地区中唯一一个入境旅游人均消费稳步上升的地区；同时，华北与华南地区入境旅游人均消费显著高于华南与西部地区。这与西部地区宏观经济发展水平息息相关，但西部地区入境旅游人均消费 2015 年相较于 2006 年增长了 14.94%，这一比率大于华北（10.80%）、华东（11.31%）与华南（10.26%）地区。

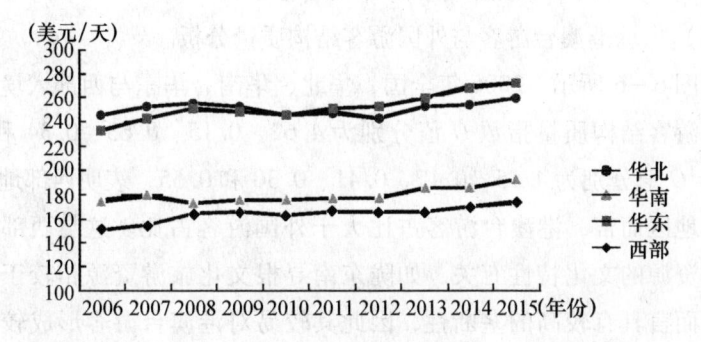

图 6—4　2006—2015 年不同地区入境游客人均消费对比

数据来源：根据 2006—2015 年各个地区统计年鉴计算得出（2016 年统计数据缺失）。

（四）西部地区入境旅游消费结构质量分析

如图 6—5 所示，2009 年全国与西部入境旅游消费结构质量指数 E 值分别为 0.72 与 0.71，2015 年全国与西部入境旅游消费结构质量指数 E 值分别为 0.55 与 0.53，表明 2009—2015 年西部地区入境旅游消费结构质量指数发展趋势与全国一致；全国与西部地区的入境旅游消费结构质量指数 E 值在 2009—2015 年都小于 1，且呈下降趋势，表明全国（平均水平）与西部地区入境旅游消费结构中基本消费占比越来越大；虽然

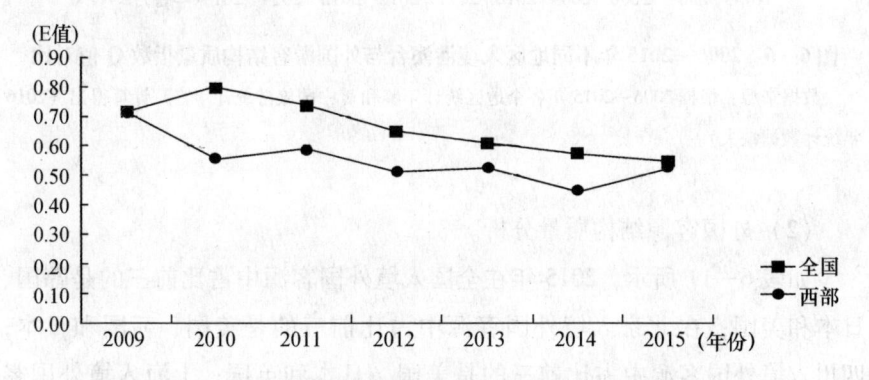

图 6—5　2009—2015 年西部与全国入境旅游消费结构质量指数 E 值对比

数据来源：根据 2009—2015 年西部各个省区统计年鉴和《中国旅游统计年鉴》计算得出（2005—2008 年和 2016 年统计数据缺失）。

2009—2015年西部地区入境旅游消费结构质量指数 E 值小于全国平均水平，但差距逐渐缩小，至2015年差距仅为2个百分点。

（五）西部地区入境旅游客源结构质量分析

（1）入境港澳台游客与外国游客结构质量分析。

如图6—6所示，2006年全国、华北、华南、华东与西部入境港澳台与外国游客结构质量指数 Q 值分别为4.62、0.15、0.63、0.34和0.42，2015年 Q 值分别为4.15、0.17、0.41、0.30和0.55，表明西部地区相对于其他地区而言，港澳台游客占比大于外国游客占比。这与西部地区入境旅游资源的文化特性有关，如陇东南寻根文化旅游资源相较于全球旅游资源而言具有较高的垄断性，因此其较易对港澳台游客形成较高的文化吸引力。

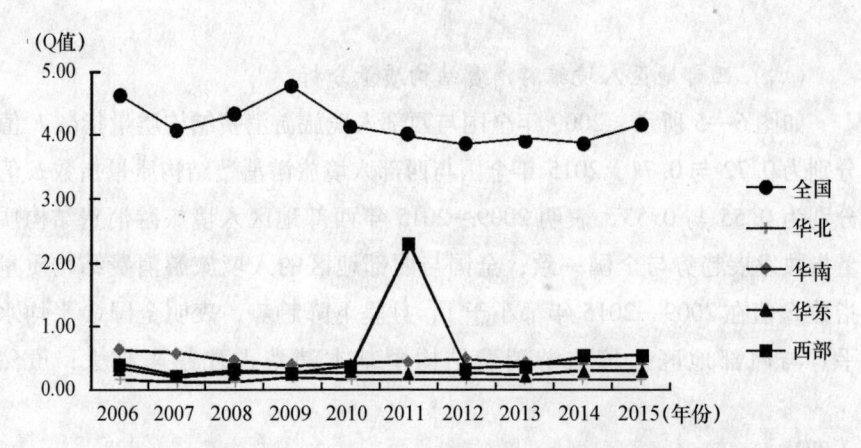

图6—6　2006—2015年不同地区入境港澳台与外国游客结构质量指数 Q 值对比

数据来源：根据2006—2015年各个地区统计年鉴和《中国旅游统计年鉴》计算得出（2016年统计数据缺失）。

（2）外国客源结构质量分析。

如表6—11所示，2015年在全国入境外国客源中占比前三的是韩国、日本和美国；在北京入境外国客源中占比前三的是美国、韩国和日本；四川入境外国客源中占比前三的是美国、日本和英国；上海入境外国客源中占比前三的是日本、美国和英国；西部地区中的陕西入境外国客源中韩国占比高达17.97%，美国游客占比也为15.50%，在宁夏入境外国客源中占比最高的为美国13.33%，甘肃入境外国游客中日本游客占比高达22.69%，青海入境外国游客中占比最高的为美国12.92%，而新疆是我国入境旅游统计年鉴中唯一一个列明中亚客源市场的省份，且哈萨克斯坦游客在其入境游客中占比高达78.83%，说明西部地区在中亚入境旅游市场中显然最具优势。

表6—11　　　　　　　2015年外国游客市场客源国结构对比

客源国 比例%	英国	法国	美国	澳大利亚	日本	韩国	印度尼西亚	马来西亚	新加坡	菲律宾	泰国	印度	巴基斯坦	哈萨克斯坦
全国	2.23	1.87	8.03	2.45	9.61	17.10	2.10	4.14	3.48	3.86	2.47	2.81	—	—
北京	4.81	4.27	19.41	3.80	7.23	11.63	1.37	2.18	3.08	0.65	1.39	2.25		
四川	9.00	3.86	14.88	4.63	8.88	—	—	6.52	6.39	—	3.34	—		
上海	3.53	3.32	12.54	3.09	15.11				3.22					
陕西	6.53	5.52	15.50	5.04	4.93	17.97	0.72	4.18	1.88	0.27	—	1.47		
宁夏	2.18	3.62	13.33	—	9.73									
甘肃	3.22	4.77	10.43	2.63	22.69	10.69	0.99	—	7.46	1.22	2.41	—		
青海	6.27	5.65	12.92	3.78	9.50	8.69	2.07	4.70	3.38	0.59	5.38			
新疆	0.39	0.54	0.50	0.18	0.39	0.47	0.06	0.38	0.33	0.06	0.16	0.07	0.64	78.83

数据来源：根据2015年各个地区统计年鉴和《中国旅游统计年鉴》计算得出，但由于部分客源国数据缺失，不同客源国占比之和不等于100%。

（六）西部地区入境旅游发展潜力分析

由图6—7可以看出，西部地区入境旅游人数与入境旅游收入在全国旅游市场中的比例依然较小，但呈波动上升趋势。这表明西部入境旅游市场的发展与开拓极具潜力：从入境旅游人数占比变化来看，2006年西部地区入境旅游人数占比为1.42%，之后一直呈上升趋势，并在2013年上升至4.07%，但2014年急剧下降为3.34%（与2014年我国入境旅游人数与收入的变化相同），2014年之后继续上升；从入境旅游收入占比变化来看，2006年西部地区入境旅游收入占比为2.11%，至2013年占比达到峰值4.48%，同样，入境旅游收入占比在2014年达到最小值1.87%，但 2014 年之后继续上升。

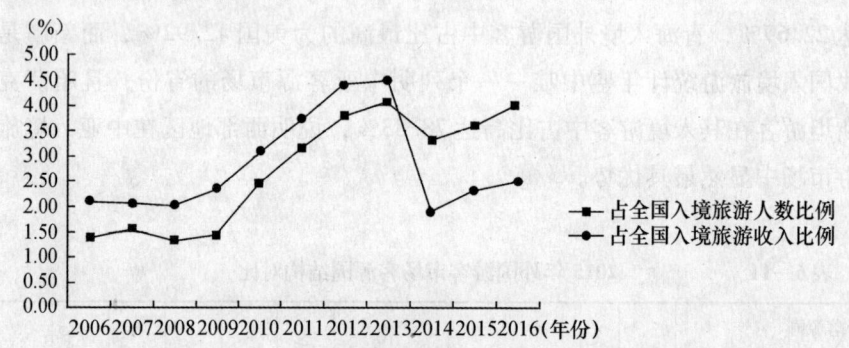

图 6—7　2006—2016 年西部地区入境旅游人数与入境旅游收入占全国比例变化趋势

数据来源：根据 2006—2016 年西部各个地区统计年鉴和《中国旅游统计年鉴》计算得出。

（七）研究结论

首先，在时间序列分析中的动态研究表明，尽管丝绸之路沿线西部地区在我国旅游产业规模中的份额尚小，但作为旅游产业三大市场的入境旅游市场发展增速比较明显，除在特定时点上因为全球经济和国内经济波动对跨境旅游影响而呈现小幅回落之外，其他年度均实现较大增长。尤其值得关注的是 2012 年—2016 年来丝绸之路沿线西部地区入境旅游人数和收入增长率大幅上升，成为我国入境旅游人数和收入增长最为迅速的地区。其次，近十年来西部地区入境旅游收入的增长幅度超过我国传统入境旅游目的地的华南地区，成为全国入境旅游收入增长率最高的地区。最后，从入境旅游人均消费来看，我国显然存在差距较为明显的二级区域，其中，全国一级区域应属华北和华东地区，二级区域是华南和西部地区，但西部地区旅游人均消费在 2016 年增长率为全国最高，显示出"一带一路"倡议的强大制度和影响效应，且可以乐观地认为这一效应将会在未来持续下去。

总体来看，无论是过去还是现在，丝绸之路沿线的入境旅游在全国的占比还相当低（2016 年入境人数占比 4.04%，入境收入占比 2.12%），但在"一带一路"倡议逐渐向纵深发展且全球影响力和对全球地缘旅游经济的改变越来越显著的态势下，我们有理由相信丝绸之路旅游，尤其是我国丝绸之路跨境旅游的发展一定预示着这一区域跨境旅游的强劲势头，并正迅速地改写我国入境旅游区域结构和区域格局。

四 "一带一路"倡议背景下西部入境旅游发展的战略构想

丝绸之路跨境旅游——尤其具有先发效应的入境旅游是"民心相通"的重要产业选项。在"一带一路"倡议向纵深推进的当下，关键是通过"民心相通"实现中国与沿线国家的互信，建立基于可持续发展的人文与信任基础；而基于双向文化、人文、经济和社会多重交流功能的现代旅游产业发展则可实现"一带一路"客源国人民与目的地人民之间的平等交流，在实现旅游经济双边价值的同时更重要的是增进情感、相互信任与学习，为其他区域合作、产业发展等多方面联系建立重要的以信任为内核的基础。

旅游产业通过近 20 年的发展，丝绸之路沿线西部各省区已有了相当规模的旅游产业（包括跨境旅游发展）的基础。实际上，"丝绸之路经济带"沿线的西部地区，尤其是西北内陆地区的陕西、甘肃、青海、宁夏和新疆五个省区在产业发展和结构演变中其发展重点越来越倚重现代文化旅游产业，在其经济总量和产业份额中文化旅游产业所占比重越来越大，已成为这些地区的优势产业、龙头产业甚至支柱产业，五个省区旅游产业占地区 GDP 比重均超过 10%。这既是区域政府审时度势、通过发展引领和政策导向获得的发展绩效，也是市场力量在资源配置过程中发挥作用的必然结果，而且西部地区的省区根据现代旅游产业发展需要进行基础设施建设和产业配置布局，由国家主导或区域主导的高铁、高速公路及市县镇交通网络有意识地向重点旅游资源集聚区集中，以着力解决国内旅游和跨境旅游的"可进入性"问题，如甘肃支线机场建设、高铁建设和通用机场建设首先考虑国内远距离入境游客的出入问题。在国家战略背景下这些区域的产业战略定位越发明确、精准和稳定，这一区域的基础设施建设就越能适应现代旅游产业的发展。

基于前文分析，在"一带一路"倡议背景下西部入境旅游发展可以从以下几方面进行战略设计。

第一，"一带一路"倡议的空间布局与地缘经济优势改变了西北地区开放发展的条件，使这一区域面临产业发展的良好前景。这是西北地区旅游产业发展空间条件与地缘经济条件的重大变化，必须在这一倡议背景下认识旅游产业发展对西北地区开放战略成长的先导作用。西部地区是承接我国东部产业转移的重要基地、我国向西开放的战略高地、我国资源产品和服务西出的重要通道以及与我国区域经济新增长相适应的重要路段和"时带"，旅游产业在向西开放发展中由于其经济属性、市场性、民间性及自发性等特质可以迅速地形成新的发展类型，因此需要较快地改善这一区域旅游经济和本体结构并形成开放发展新态势。

第二，在我国改革开放40年之后，由于市场化的资源配置基本方式的国内经济格局已经形成并基本固化，这部分决定着我国东、中、西三大区域在新一轮向西开放进程中的国际经济属性，从而使西北各省区很可能在越来越纵深发展的向西开放中沦为通道，存在向西开放发展中的"甩出效应"。因此，对应于"一带一路"倡议，将西北地区拥有绝对比较优势的资源型产业、现代畜牧业、现代农业以及现代旅游产业定位为向西开放的战略先导性产业就成为战略定位的重中之重，而文化旅游产业更应定位为具有引领和启动属性的重头启动产业；在产业发展基本层次和结构定位上，则要考虑承接入境旅游和国内大半径经济圈旅游作为未来建设和发展的重点。

第三，应合理安排和制定入境旅游的产业属性，充分而精准地认识"丝绸之路经济带"沿线西北地区各省区旅游资源的分布与游客，尤其是入境旅游消费的动机指向及消费效用获取的主要方式，对西北地区入境旅游游客的细分指标做初步分析和感知调查。作为丝绸之路腹地的这一区域拥有悠久而厚重的文化想象、丰富多彩的民族文化以及与文化融合新业态形成的体验经济，应以此作为开发入境旅游的重要因素；而西北地区不良的自然环境和条件也限制了这一区域入境旅游的旅游指向与效用空间。因此，大力发展观光体验旅游为基本特征的旅游形态应当成为这一区域旅游产业发展的战略重点，同时应高度考虑这一区域自然资源、文化资源及产业资源的历史差异与特定性，资源与产业融合发展形成的新型旅游也应当是体验旅游相当重要的内容，如宁夏和甘肃的伊斯兰文化旅游、甘肃河西走廊的体育节事旅游、陕西的农耕文化形态旅游以及新疆的自然和民族风情有机互补的旅游形态等。

第四，丝绸之路沿线西北地区各省区应在发展中高度重视区域旅游发展形成的既分省区又相互协作的、以丝绸文化为基本内容的旅游产业空间战略格局与开放格局。传播与认知规律表明，空间距离远近与游客选择替代存在紧密的关系，空间距离越近则游客越倾向于对相邻区域进行由此及彼的替代选择（即使在文化本体上相邻区域差异很大），因此，丝绸之路沿线各省区一定要适应有效的、高度差异化的旅游资源与产品分工格局，切忌资源和产品类型上的重复和叠加；同时，应充分认识到各省区作为丝绸之路文化的整体性、交融性和递延性，形成互补而不是替代的、部分而不是单体的、关联而不是分割的完整丝绸之路文化产品及由此形成的"文化链"和"旅游链"，并将这一完整产品在时空上进行有效的分割，对转型成功的现实旅游产品进行整体营销和部分营销。有必要指出的是，随着中国与丝绸之路沿线中亚、中东及欧洲地区互信的建立，交通、通信、签证等一系列旅游便利化条件的初步形成，丝绸之路文化旅游形象的国际定位和传播必须建立在整体丝绸之路和区域协作发展的基础上。这更需要政府在更高层面的战略介入。

第五，中国丝绸之路是一个整体，但是在区域地理层面又是由不同区段组成的，对丝绸之路沿线西部区域的子区域而言，能否成为入境旅游目的地，要进行现代旅游业意义上的理性和规范评价。丝绸之路对于不同的子区域而言，对于入境旅游目的地而言，有可能是"点"，也有可能是"面"和"线"，要区分丝绸之路的不同区段的不同特质，按照文化旅游的相应时空类型进行精心打造和形象传播。比如，陆上丝绸之路的重要区段——甘肃河西走廊，就是一个最适宜在"线"层面系统打造的全球文化旅游目的地，可以考虑以"丝绸之路河西走廊国际文化旅游廊道"的形式进行跨区域、全方位的建设和打造，在可预期的未来，使之成为全球首选的跨境旅游目的地，并形成对丝绸之路沿线其他西部区域强大的示范和联动效应。

参考文献

邓小平：《1978年8月19日听取文化部清查运动和工作情况汇报时的谈话》，冷溶、汪作《邓小平年谱（1975—1997）》，中央文献出版社2004年版。

《邓小平论旅游》，中央文献出版社2000年版。

《邓小平年谱（1975—1997）》，人民出版社2004年版。

《邓小平文选》（第2卷），人民出版社1994年版。

江泽民：《加快改革开放和现代化建设步伐，夺取有中国特色社会主义事业的更大胜利》，人民出版社1992年版。

胡锦涛：《中共中央关于深化文化体制改革推动社会主义文化大发展大繁荣若干重大问题的决定》，人民出版社2011年版。

习近平：《共同构建人类命运共同体——在联合国日内瓦总部的演讲》，《中国农业会计》2017年第2期。

习近平：《决胜全面建成小康社会夺取新时代中国特色社会主义伟大胜利——在中国共产党第十九次全国代表大会上的报告》，人民出版社2017年版第11卷。

习近平：《在俄罗斯"中国旅游年"开幕式上的致辞》，http：//www.gov.cn/ldhd/2013-03/23/content_2360500.htm，2013年3月23日。

习近平：《在文艺工作座谈会上的讲话》，《十八大以来重要文献选编》2016年第11期。

习近平：《在中共中央政治局第十二次集体学习时强调．建设社会主义文化强国着力提高国家文化软实力》，《习近平关于社会主义文化建设论述摘编》2017年第9卷。

习近平：《在中国文联十大、中国作协九大开幕式上的讲话》，人民出版社2016年版。

习近平：《在中央城市工作会议上的讲话》，《人民日报》2015年第3期。

把多勋：《区域旅游产业发展战略研究论纲》，《旅游科学》2005年第3期。

把多勋、彭睿娟、程容：《文脉视角下的区域旅游产业可持续发展研究》，《兰州大学学报（社会科学版）》2007年第35卷第1期。

白洋、艾麦提江·阿布都哈力克、邓峰：《我国"一带一路"交通基础设施对旅游专业化的空间效应》，《中国流通经济》2017年第31卷第3期。

杜一力：《在再学邓小平论旅游——邓小平理论30周年研讨会上的发言》，http://fashion.ifeng.com/travel/news/tourism/detail_2012_09/14/17616630_0.shtml，2012年9月14日。

方叶林、黄震方、张宏、彭倩、陆玮婷：《省域旅游发展的错位现象及旅游资源相对效率评价——以中国大陆31省市区2000—2009年面板数据为例》，《自然资源学报》2013年第28卷第10期。

国家统计局：《中华人民共和国2017年国民经济和社会发展统计公报》，《中国统计》2018年第3期。

国家统计局：《中华人民共和国2018年国民经济和社会发展统计公报》，《中国统计》2018年第3期。

花建：《论文化产业与旅游联动发展的五大模式》，《东岳论丛》2011年第32卷第4期。

纪光萌、由亚男：《中哈边境文化旅游产品需求测度研究——以霍尔果斯口岸为例》，《新疆财经大学学报》2017年第2卷第6期。

蒋英州、叶娟丽：《对约瑟夫·奈"软实力"概念的解读》，《政治学研究》2009年第5期。

李创新、马耀峰、李振亭：《马红丽.遗产廊道型资源旅游合作开发模式研究—以"丝绸之路"跨国联合申遗为例》，《资源开发与市场》2009年第9期。

李克强：《政府工作报告—2018年第十三届全国人民代表大会第一次会议讲》，《人民日报》2018年第3期。

李连璞：《区域旅游发展"同步—错位"诊断及差异分析——基于中国31

省（区、直辖市）国内旅游统计数据》，《人文地理》2008年第2期。

李跃军、周秋巧、姜琴君：《"旅游资源错位现象"与"旅游资源诅咒"辨析》，《旅游论坛》2018年第11卷第2期。

林振平：《建设三个面向的、民族的科学的大众的社会主义文化必须把握的几个重大问题》，《发展研究》2004年第8期。

刘佳、赵金金、张广海：《中国旅游产业集聚与旅游经济增长关系的空间计量分析》，《经济地理》第2013年第33卷第4期。

邱海莲、由亚男：《旅游廊道概念界定》，《旅游论坛》2015年第4期。

宋海岩、吴凯、李仲广：《旅游经济学》，中国人民大学出版，2010年版。

唐弘久、保继刚：《我国主要入境客源地游客的时空特征及影响因素》，《经济地理》2018年第38卷第9期。

汪德根、牛玉、陈田、陆林、唐承财：《高铁驱动下大尺度区域都市圈旅游空间结构优化——以京沪高铁为例》，《资源科学》2015年第37卷第3期。

王红艳、马耀峰：《基于空间错位理论的陕西省旅游资源与入境旅游质量研究》，《干旱区资源与环境》2016年第30卷第10期。

王俊、徐金海、夏杰长：《中国区域旅游经济空间关联结构及其效应研究——基于社会网络分析》，《旅游学刊》2017年第32卷第7期。

王立国、陶犁、张丽娟、李杰：《文化廊道范围计算及旅游空间构建研究——以西南丝绸之路（云南段）为例》，《人文地理》2012年第6卷第12期。

王美红、孙根年、康国栋：《中国旅游LR-NS-FA空间错位的组合矩阵分析》，《人文地理》2009年第24卷第4期。

王天津：《实施"一带一路"倡议创建对外开放新格局》，《国家治理》2018年第20期。

魏斌：《辽西遗产廊道旅游资源价值评价与协调发展研究》，硕士学位论文，渤海大学，2018年。

魏小安、冯宗苏：《中国旅游业：产业政策与协调发展》，旅游教育出版社1993年版。

吴必虎，俞曦：《旅游规划原理》，中国旅游出版社2010年版。

伍宇峰、荆子玉、刘国平：《旅游经济》，北京出版社1981年版。

向艺、郑林、王成璋：《旅游经济增长因素的空间计量研究》，《经济地理》2012年第32卷第6期。

肖潜辉：《中外旅游业管理》，中国旅游出版社1993年版。

《学习习近平总书记8·19重要讲话》，人民出版社2013年版。

鄢方卫、杨效忠、吕陈玲：《全域旅游背景下旅游廊道的发展特征及影响研究》，《旅游学刊》2017年第11卷第6期。

杨友宝：《东北地区旅游地域系统演化的空间效应研究》，博士学位论文，东北师范大学，2016年。

张辉：《旅游经济学》，陕西旅游出版社1991年版。

赵磊、方成、吴向明：《旅游发展、空间溢出与经济增长——来自中国的经验证据》，《旅游学刊》2014年第29卷第5期。

《中共中央国务院关于构建开放型经济新体制的若干意见》，《人民日报》2015年第10卷。

朱海艳、孙根年、李君轶：《中国31省市国内旅游经济差异影响因素的空间计量研究》，《干旱区资源与环境》2019年第33卷第5期。

邹统钎、晨星、刘柳杉：《"一带一路"旅游投资：从资源市场转向旅游枢纽》，《旅游导刊》2018年第5卷第9期。

邹统钎、黄鑫：《从旅游大国加快走向旅游强国》，《经济日报》2018年10月7日第1版。

Auliana Poon. Tourism, Technology and Competitive Strategies, C. A. B International, 1993, p. 96.

Blumentrath C, Tveit M S. Visual Characteristics of Roads: A Literature Review of People's Perception and Norwegian Design Practice, *Transportation Research Part A: Policy and Practice*, Vol. 59, No. 1, 2014, pp. 58 – 71.

Cottle Curt. The South Carolina National Heritage Corridor Taps Heritage Tourism Market, *Forum Journal*, No. 8, 2003, pp. 50 – 66.

Dawson K J. A Comprehensive Conservation Strategy for Georgias Green Ways, *Landscape and Urban Planning*, Vol. 33, No. 1, 1995, pp. 27 – 43.

D. J. Stynes, Y. Sun. Economic Impacts of National Heritage Area Visitor Spending, Michigan: Michigan State University, 2004.

Frederick J C. Local and Public Heritage at a World Heritagesite, *Annals of*

Tourism Research, Vol. 44, No. 5, 2014, PP. 143 – 155.

Ginting N. How Self-Efficacy Enhance Heritage Tourism in Medan Historical Corridor, Indonesia, *Procedia-Socia Land Behavioral Sciences*, Vol. 234, No. 10, 2016, pp. 193 – 220.

Hashemi H, Abdelghany K, Hassan A. Real-Time Traffic Network State Estimation and Prediction With Decision Support Capabilities: Application to Integrated Corridor Management, *Transportation Research Part C: Emerging Technologies*, Vol. 73, No. 10, 2016, pp. 128 – 146.

J. Tuxill, P. Huffman, D. Laven. Shared Legacies in Cane River National Heritage Area: Linking People, Traditions, and Culture, USNPS Conservation Study Institute, 2008.

Linehan J, Gross M, Finn J. Green Way Planning: Developing a Land Scape Ecological Net Work Approach, *Landscape and Urban Planning*, Vol. 33, No. 7, 1995, pp. 179 – 193.

Olsen, Tze and West. Strategic Management for the Hospitality Industry, New York: Van Nostrand Reinhold 1994, p. 89.

Ono W. A Case Study of a Practical Method of Defining the Setting for a Cultural Route. Xi'An: Xi'An World Publishing Corporation, 2005.

Pena S B, Abreu M M, Teles R. A Methodology for Creating Greenways Through Multi Disciplinary Sustainable Landscape Planning, *Journal of Environmental Management*, Vol. 91, No. 5, 2010, pp. 970 – 983.

Sandra Carey, Y. Gountas, Tour Operators and Destination Sustainability, *Tourism Management*, Vol. 18, No7, 1997.

Sullivan W C, Lovell S T. Improving the Visual Quality of Commercial Development at the Rural-Urban Fringe, *Landscape and Urban Planning*, Vol. 77, No. 8, 2006, pp. 152 – 166.

Tobler W R. : A Computer Movie Simulating Urban Growth in the Detroit Region, *Economic Geography*, No. 46, 1970, pp. 234 – 240.

Zube E H. Greenways and The U S Nation Park System, *Landscape and Urban Planning*, Vol. 33, No. 6, 1995, pp. 17 – 25.

后 记

  2017—2018年，作者陆续承担了甘肃省委政研室和甘肃省人大常委会几个智库研究委托项目，借此机会组织课题组成员，深入甘肃省各市州进行了系统的调研，形成了若干份调研报告，其中，由甘肃省委政研室委托的"推进全域旅游、提升甘肃省旅游业整体水平的对策研究"和"新时代甘肃旅游产业优势再塑与赶超模式探索研究"均获得了甘肃省委政研室"智库优秀奖"；由甘肃省人大常委会委托的"我省文化旅游产业发展现状及对策分析"获得了甘肃省人大常委会智库项目研究三等奖；期间，作者又带领学院旅游管理专业的部分研究生对甘肃省区域文化旅游产业发展、文化与旅游融合发展以及甘肃省入境旅游发展等问题进行了一些初步的思考，撰写并发表了几篇应用研究论文。在以上较为系统思考的基础之上，我们又对内容进行了全面的修改和提升，形成了《新时代甘肃省文化旅游产业发展新战略》这一成果。

  各章节编写分工如下：第一章，把多勋、张平保、陈芳婷；第二章，张平保、把多勋；第三章，把多勋、梁旺兵、陈芳婷、张平保等；第四章，把多勋、王力、陈芳婷、张平保等；第五章，把多勋、冯玉新、张平保、陈芳婷等；第六章，把多勋、陈芳婷等。全书由把多勋、张平保、陈芳婷修改、提升和统稿，并最终定稿。

  在全书的撰写过程中，甘肃省委政策研究室、甘肃省人大常委会对本书的实践调研工作给予了大力支持与指导。西北师范大学旅游学院的部分老师和2017级、2018级研究生刘润佳、张馨月、朱华、崔昊、马艺颖、王潇晗、高子梦、吴宇锋、秦旭、周洁、闫海、王卫朋、路小菲、杜嘉伟等也为本书第三、四、五章的资料收集、实地调研、数据处理、案例编写等工作付出了心血和劳动。在此一并表示感谢！

由于作者的时间和能力有限，书中难免存在疏漏及不足之处，也希望同行专家及广大读者批评指正。

把多勋
2021 年 3 月